KB069526

한국융연구원 연구총서 4

Studies from C.G.Jung Institute of Korea on Analytical Psychology 4:
Symbolism of
Korean Traditional Funeral Rite

한국 전통
상·장의례의 상징성

이부영 · 이도희 · 박상학 공저

학지사

한국융연구원 연구총서 제4권 발간에 부쳐

죽음이란 무엇인가? 저승이란 과연 존재하는가? 죽음 뒤의 삶이란 무엇인가?

넋이 있다면 산 자들과의 관계는 어떤 것인가? 죽은 자들의 넋을 보내는 의식에는 어떤 뜻이 있는가? C. G. 융의 분석심리학은 이 모든 물음에 대하여 어떤 응답을 해 줄 수 있는가? 한국융연구원 연구총서 제4권이 이 모든 물음에 대해 만족할 만한 응답을 주기에는 범위가 너무나 크고 깊다. 여기서는 주로 두 분석심리학적 연구를 통하여 여러 물음 중 죽은 자들의 넋을 보내는 제의의 심리학적 의미를 가지고 이에 대해 응답하기로 한다.

한 연구는 전통적인 유교적 상·장의례에 관한 것이고, 다른 하나는 전통 상·장의례에 수반되어 연출되는 우리나라 진도 특유의 민간 연희 '다시래기'에 관한 분석심리학적 연구다. 분석심리학적 연구란 궁극적으로 인간 무의식, 그 가운데서도 집단적 무의식의 원형상들이 어떻게 외부 현상과 행위에 표현되고 있는지, 그 현상의 심리학적·상징적 의미는 무엇인지를 이해하는 데 목적을 두고 있다. 필자들은 융의 상징 이해의 방법에 따라 충실히 작업하여 의미 있는 결과를 얻었다고 본다. 다만 불교의 천도제, 지노귀,

씻김굿 등 한국 샤머니즘의 사령제에 관한 연구, 가톨릭 연도에 관한 연구 등을 함께 실을 수 없는 것이 유감이다. 각 연구에서 죽음에 관한 본질적인 물음에 대한 융의 생각을 단편적으로 언급하기는 하였으나, 서문에서 그 대요를 소개하고 죽음과 저승, 죽은 자들을 위한 제의에 관한 분석심리학의 견해를 총체적으로 소개하는 것이 좋을 듯하여 따로 작은 글을 마련하였다. 샤머니즘의 사령제에 관해서도 간단히 설명하면서 이와 관련된 문헌을 소개하였는데, 이 방면에 관심 있는 사람들에게 도움이 되길 바란다.

　한국융연구원 연구총서를 벌써 네 번째로 출간하게 된 것은 학지사의 학문 진작에 관한 굳은 의지와 노력 없이는 불가능한 일이라고 생각하며, 김진환 사장님과 편집부 여러분에게 다시 한 번 감사드린다.

2016년 7월

한국융연구원장 이부영

차 례

한국융연구원 연구총서 제4권 발간에 부쳐 ...3

죽음과 저승, 죽은 자들을 보내는 제의 _ 이부영 ...9

죽음과 죽은 뒤의 삶을 보는 C. G. 융의 기본 입장 ...10

죽음과 저승에 관한 이야기 ...16

삶과 죽음에 대한 융의 생각 ...22

죽은 자들의 넋―사령(死靈)과 그 상징성 ...25

죽은 자를 위한 제의 ...31

지노귀굿의 경우 ...35

끝맺는 말 ...40

한국 전통 상 · 장의례 중 몇 가지 의례절차의 상징성 _ 이도희 ...43

시작하는 말 ...44

한국 전통 상 · 장의례 ...55

한국 전통 상 · 장의례 절차 ...58

확충 및 상징적 의미 고찰 ...70

임종 확인과 의례의 준비 ...72

시신의 처리 ...92

장송(葬送)의례 ...124

상주의 의무와 전(奠) · 제(祭) ...149

상 · 장의례에 나타난 시(時) · 공(空)의 문제 ...155

종 합 ...169

끝맺는 말 ...174

죽음에 대한 무의식의 관심과 관련하여 ...174

참고문헌 ...180

진도 다시래기의 분석심리학적 고찰 _ 박상학 ...185

시작하는 말 ...186

연구대상 자료 ...191

다시래기 초기 형태 ...191

문화재 지정본 다시래기 ...193

김양은 이본(異本): 대시래기 ...213

주 자료와 이본의 차이점과 공통점 ...225

다른 지역 상여놀이 ...226

다시래기 과정의 상징성에 관한 고찰 ...231

시간적 위치와 분위기 ...231

전제조건으로서의 호상(好喪) ...235

축제식 장례 ...240

인물들의 성격특성 ...246

다시래기의 언어 ...256

다시래기 속의 광대원형 ...263

출산과 죽음의 의식과의 관계 ...276

다시래기와 성(性) ...292

끝맺는 말 ...299

참고문헌 ...305

찾아보기 ...311

죽음과 저승, 죽은 자들을 보내는 제의 —분석심리학적 입장에서

—이부영—

죽음과 죽은 뒤의 삶을 보는 C. G. 융의 기본 입장

죽음과 저승에 관한 이야기

삶과 죽음에 대한 융의 생각

죽은 자들의 넋—사령(死靈)과 그 상징성

죽은 자를 위한 제의

지노귀굿의 경우

끝맺는 말

죽음과 죽은 뒤의 삶을 보는 C. G. 융의 기본 입장

어느 날 70세의 여제자가 80세의 융에게 상담하러 와서 죽음
과 죽음 뒤의 삶에 관한 그의 생각을 물었다고 한다. 융이 그녀에
게 이렇게 말했다. "당신이 임종 시에 죽음에 대해 내가 믿는 것을
회상한다고 해도 당신에게 전혀 도움이 안 됩니다. 당신은 이 물음
에 대해 당신 자신의 생각을 만들어야 합니다." 이것은 융의 수제
자 마리 루이제 폰 프란츠Marie Louise von Franz가 그녀의 1978년 논문
「죽음 가까이에서 경험한 원형상들Archetypes Surrounding Death」에서 한
이야기다. [1) 그 여제자가 폰 프란츠에게 이 이야기를 했다고 한다.
융은 분명 그녀 자신에게 이 문제를 골똘히 생각하고 죽음에 관련
된 꿈을 주의 깊게 살펴보라는 뜻으로 말했을 것이라고.

융은 제자들이 자신의 사상을 스스로의 경험을 통해 소화하
고 통찰하기를 희망하였다. 더구나 죽음과 같은 불가사의한 현상
에 대해 어떤 보편타당한 이론을 내세우는 것을 주저하였다. 그럼
에도 그는 그의 회상기에서 죽음 뒤의 삶에 대한 생각을 '그의 이야
기', 즉 신화를 통한 이야기라는 전제 아래 표명하였다. [2) 경험론자

---

1) Von Franz ML(1978) : Archetypes Surrounding Death, Quadrant, Vol.12(1) : p5.
2) Jaffé A(2012) : 《C.G. Jung의 회상, 꿈 그리고 사상》, 이부영 역, 집문당, 서울,

답게 융은 죽음과 죽음 뒤의 삶에 대해서도 죽음과 관련된 그 자신과 피분석자들의 꿈과 환상을 토대로 가설을 만들었다. 죽은 자들이 나타나는 꿈, 가까운 사람이 죽은 뒤에 겪은 꿈, 죽음을 알리는 동시적인 꿈, 죽어 가는 사람들이 꾼 꿈, 죽음과 관련된 환상들, 심한 병을 앓고 사경을 헤맬 때 꾼 융 자신의 꿈, 어머니와 여동생의 죽음과 관계된 융 자신의 꿈, 피분석자의 죽음과 결부된 동시성 꿈 등이 '그의 이야기'의 토대가 되었다. 이러한 다양한 놀랄만한 꿈을 여기서 모두 소개할 수는 없으므로, 자세히 알아보고자 한다면 융의 회상기 또는 편지를 참고하기 바란다.

꿈은 무의식의 표현이다. 따라서 꿈의 관찰을 통해 무의식이 죽음에 대해 어떤 반응을 하는지, 죽음에 임박해서 무엇을 말해 주고, 죽음이라는 사건을 어떻게 다루고 있는지를 알 수 있다. 프로이트와 달리 융에게 무의식은 억압된 충동의 창고가 아니라 창조적 자율성을 지니며 자아의식을 능가하는 타자, 즉 객체적 정신이다. 그의 집단적 무의식의 가설에서 볼 수 있듯이 그것은 개인의 삶의 경험을 넘어 태곳적부터 인류가 겪어 온 모든 경험의 침전인 원초적 인간적 행태의 조건들을 갖추고, 한 개체의 탄생과 더불어 세상에 나온다. 우리는 그런 원초적 인간행태를 발휘할 수 있는 선험적 조건들을 원형原型, Archetypen이라 부르는데, 많은 원형 가운데서도 가장 중심이 되는 원형인 자기원형Archetypus des Selbst은 의식의 중심

pp375-407, 제12장 "죽음 뒤의 삶" 참조.

인 '나', 즉 '자아Ich, Ego'를 무의식을 비롯한 보다 큰 전체 정신으로 변환시키는 원동력을 가진 원형이다. 이것은 여러 상징적 형태로 꿈에 나타나 의식에 작용한다. '자아나'는 한정된 의식의 중심이고, '자기'는 전체 정신의 중심이다. 인간은 누구나 각자 자신의 전체를 구현할 수 있는 원초적 잠재력과 가능성을 가지고 태어나므로 살아가면서 자신의 무의식적 능력을 발휘하게 되지만, 종교적 수행에 비길 만한 특수한 심리학적 작업예: 분석을 실시함으로써 전체가 되는 과정을 촉진시킬 수 있다. 작은 '나'가 전체 정신인 '자기'로 변화되어 가는 과정을 '자기실현'이라고 한다. 혹은 그 사람 자신의 모든 것을 산다는 뜻에서 개성화 과정Individuation이라고도 하는데, 이때 개성이란 그 사람을 다른 사람과 구분하는 개별성만이 아니라 그 사람의 전체로서의 개성을 말한다. 개성화 또는 자기실현은 무의식적인 것을 의식화해 나감으로써 이루어진다. 인생이란 바로 이 의식화를 통한 자기실현의 과정이라 할 수 있다.[3]

그러므로 융과 그의 분석심리학파에게 꿈을 본다는 것은 무의식에서 올라온 '자기의 의도'를 살피는 작업과도 같다. 자기의 의도는 우리에게 알 수 없는 삶의 비밀을 상징적 언어로 전달하기 때문에 그 언어를 해득하는 오랜 경험을 바탕으로 한 수업이 필요하다. 그 언어는 이성이나 합리주의적 지성으로는 파악하기 어려운 것이

---

3) 이부영(2012a) : 《분석심리학》, 제3판, 일조각, 서울.
　이부영(2014) : 《분석심리학 이야기》, 집문당, 서울.
　혹은 이부영(2002) : 《자기와 자기실현》, 한길사, 서울.

므로 '심혼Seele의 신화'에 귀 기울이는 자세로 무의식을 살펴보아야 한다.

죽음 뒤의 삶에 대하여 '자기의 이야기'를 '신화화'할 수밖에 없다는 말은 바로 이와 맥을 같이한다. 융은 현대인이 그들의 의식과 동일시하고 있는 비판적 이성은 신화의 세계, 죽음 뒤의 삶에 대한 생각이 충분히 표명되는 것을 방해하고 있다고 강하게 비판하였다. 또한 그는 유감스럽게도 인간의 신화적 측면은 오늘날 매우 푸대접받고 있으므로 많은 것을 잃게 되는데, 왜냐하면 파악할 수 없는 것에 관해 말하는 것 또한 중요하고 치유적인 것이기 때문이라고 했다.[4]

> 신화화하는 것은 이성의 측면에서 본다면 하나의 불모의 사변이다. 그러나 그것은 감정에 대해서는 치유적인 생활활동인 것이다. 그것은 인간 존재에 하나의 광채를 부여한다. 사람들은 그 광채를 놓치고 싶어 하지 않는다. 또한 사람들이 그것을 놓쳐야 할 아무런 이유가 없다.[5]

이성은 우리를 좁은 한계에 고착시키고, 비판적 이성이 지배하면 할수록 인생은 그만큼 빈곤해진다고 융은 말했다. 그 반면, 무의

---

4) Jaffé A(2012) : 앞의 책, pp375-376.
5) Jaffé A(2012) : 앞의 책, p377.

식과 신화를 우리가 의식화하면 할수록 우리는 더 많은 삶을 통합할 수 있다고 하였다.[6] 또한 융은 신화란 가장 초기 형태의 과학이라고도 하였다.

> 내가 죽음 뒤의 것에 관해 말할 때 나는 이를 내적인 감동으로 말하는 것이며, 거기에 관한 꿈과 신화를 이야기하지 않고는 무엇을 더 말할 수가 없다.[7]

물론 융은 이성의 과대평가를 비판한 것이지 이성 그 자체를 무시한 것은 아니다. 죽음과 같은 엄청난 물음에 대해서 이성과 합리주의만으로 답하려는 것은 불가능하다고 한 것이다. 왜냐하면 신화는 의식적인 인식과 무의식 사이의 피할 수 없는, 필요 불가결한 중간 단계이기 때문이다.[8] 또한 살아 있는 것이 죽은 뒤에도 계속된다는 꿈의 이야기나 신화는 삶의 영원성을 바라는 인간의 소원을 표현한 것에 불과하다는 반론도 있을 수 있으나, 그러한 인과론적 관점과 현재의 시간·공간 관념만으로는 설명할 수 없는 정신현상이 있다는 점을 생각할 때 이것은 너무 단순한 반론이다. 죽음, 사고, 재난과 같은 외부적 사건과 이와 의미상 일치되는 무의식의 정신적 사건 사이의 동시적인 발현은 인과원리로서 설명할 수 없는

---

6) Jaffé A(2012) : 앞의 책, p378.
7) Jaffé A(2012) : 앞의 책, p381.
8) Jaffé A(2012) : 앞의 책, p390.

것이다. 우리의 정신의 일부는 라인 검사Rhine Test[9]뿐 아니라 도처에서 목격되는 동시성 현상synchronicity phenomena[10]을 통해서 시간 · 공간의 지배를 받지 않는다는 시사를 주고 있다고 강조했다.

우리는 시간, 공간, 인과론을 지닌 우리의 세계가 그 뒤에 또는 그 밑에 있는 사물의 다른 질서에 관련되며, 나는 적어도 우리의 정신적 실존의 일부가 시간 · 공간의 상대성이라는 특징을 지니고 있다는 사실에 어떤 이론異論도 제기할 수 없다. 의식으로부터 점점 멀어지면 멀어질수록 그것은 절대성인 무시간성 · 무공간성에까지 다다르게 되는 것이다.[11]

---

9) 벽을 사이에 두고 제시된 카드의 그림을 알아맞히는 실험. 카드를 보이는 사람과 알아맞히는 사람 사이의 거리는 무한히 확대될 수 있다. 무의식이 활성화될 때 알아맞히는 확률이 높아진다는 사실이 확인되었다. 공간적 제약을 넘어 두 개의 의미상으로 일치된 사건이 동시에 일어나는, 인과원리로 설명할 수 없는 동시성 현상(예: 미국에 있는 어떤 사람이 죽은 시각에 한국에 있는 가족의 꿈에 그 사람이 작별인사를 하는 모습이 나타난 경우)의 실험적 근거로 제시된다.
10) 이부영(2012) : "비인과적 동시성론과 심성연구의 미래", 《분석심리학》, 제3판, 일조각, 서울, pp330-340.
11) Jaffé A(2012) : 앞의 책, p382.

죽음과 저승에 관한 이야기

그러면 이와 같은 자세로 이야기되는 죽음에 대한 융의 신화는 무엇인가? 융은 죽음 뒤의 정신의 영속성과 죽은 자와 산 자와의 교류에 관해 자주 말하고 있다. 그는 죽음에 직면한 사람의 꿈을 통해서 무의식은 임박한 죽음에 대해 별로 야단법석하지 않으며, 그 대신 그 사람이 통찰해야 할 긴급한 문제를 제시한다고 했다. 즉, 무의식은 계속된 개성화 과정에 관심을 가지고 있는 것 같다고 했다. '저곳'에서의 계속된 삶을 가정한다면 우리는 정신적인 것 이외의 어떤 다른 존재도 생각할 수 없다. 그는 정신적인 삶이 어떤 시간도 어떤 공간도 필요로 하지 않기 때문이라고 말한다. 내적인 '상像'들은 저승의 존재에 관하여 온갖 신화적 숙고의 자료를 제공하고 있는데, 자신은 저승의 존재를 상像의 세계에서의 계속적 전진이라고 상상해 본다고 하였다. 더 나아가 '죽은 자의 나라'라고 우리가 부르는 것과 '무의식'은 서로 같은 뜻이라고 보았다.[1] 무의식은 우리에게 육체의 죽음 뒤에도 파괴되지 않고 영원히 남는 어떤 것이 있다는 사실을 알려 준다. 융의 이와 같은 인상은 죽음 가까

---

1) Jaffé A(2012) : 앞의 책, p399.

이에 있는 사람들의 꿈을 광범위하게 연구한 폰 프란츠에 의해서도 증명되었다. [2]

융은 저승에 관한 인류의 관념은 개인적 욕구와 선입견 때문에 대체로 밝은 모습을 띠지만 자기의 경험과 꿈의 관찰로 미루어 보아 반드시 그런지는 알 수 없다고 하면서, 거기에도 어둠은 있고 그곳은 자연처럼 위대하고 무시무시한 곳일 것이라 하였다. [3] 물론 육체를 벗어나는 희열이 있고 신성한 결혼의 상들, 대극융합의 상징, 축제의 의미, 자기원형상, 즉 전체성의 상징이 죽어 가는 사람들의 꿈에 무한한 환희와 감동과 함께 나타나는 경우도 적지 않다. 융은 "창조의 근본에 아무런 근원적 결함이나 불완전함이 없다면 왜 창조하고자 하는 의욕, 충족되어야 할 것에 대한 그리움이 생기겠는가?" 하고 묻는다.

> "그곳 어딘가에 죽음 뒤의 상태에 종지부를 찍고자 하는 세계를 규정하는 당위성이 존재한다. 이와 같은 창조적 당위성은— 내 생각으로는—어떤 영혼을 이 세상에 다시 태어나게 하는가를 결정할 것이다." "3차원의 인생을 계속하는 것은 만약 영혼이 어떤 단계의 통찰에 도달되기만 했다면 아무 뜻도 없을 것이다. 그 영혼은 이때 이승으로 다시 돌아올 필요가 없을 것이며, 높은 단

---

2) Von Franz ML(1984) : *Traum und Tod*, Kösel-Verlag, München, p110.
3) Jaffé A(2012) : 앞의 책, p400.

계에 이른 통찰은 재육화에의 욕망을 저지할 것이다."[4]

크리스티네 만의 병고와 죽음에 관해서 이야기하는 가운데 융은 다음과 같은 말을 했다.

우리의 인생은 우리의 손만으로 만든 것이 아닙니다. 대부분 그것은 우리가 모르는 원천에서 생겨났습니다. 심지어 콤플렉스 들도 우리가 탄생하기 전 백 년 혹은 더 오래전에 시작되었다고 볼 수 있습니다. 카르마 같은 것이 있다는 말이지요.[5]

융은 1955년에 자살을 생각하는 영국의 어느 이름 모를 사람에게 쓴 편지에서 "내가 당신의 처지라면 나도 내가 무엇을 선택했을지 알 수 없지만 자살을 실행에 옮기지는 않았을 것이고, 오히려내가 할 수 있는 한 삶을 꼭 붙잡고 나의 운명을 견디었을 것"이라고 하면서 그 이유는 죽은 뒤에 무엇이 일어날지 모르기 때문이라고 하였다.

나는 죽음으로 모든 것이 끝나는 것은 아니라고 가정할 충분한 근거를 가지고 있습니다. 인생은 마치 하나의 긴 역사 속, 중

---

4) Jaffé A(2012) : 앞의 책, p401. 이것은 전생과 카르마에 대한 생각을 피력한 것이다.
5) Jung CG(1972b) : *Briefe II*, p47.

간에 일어난 한 작은 사건과 같다고 생각됩니다. 그 역사는 내가 있기 이전에 있었고, 3차원적 존재로서 사는 의식적 구간이 끝날 때에도 거의 틀림없이 계속 진행할 것입니다. 그런 까닭에 내가 힘 닿는 한, 견딜 수 있는 한 모든 선입견을 버리고 나에게 다가오는 죽음 뒤의 사건에서 오는 눈짓을 진지하게 숙고할 것입니다.[6]

마침내 융은 무시간적 인간, 즉 '자기Selbst'와 시간 · 공간 속의 세속적 인간의 관계에 대해 언급했다.[7]

그는 금속성 비행접시가 렌즈를 통해 꿈의 자아를 겨누는 꿈과 어느 사원에서 자기의 얼굴을 한 요기요가수행자가 열심히 명상하는 두 개의 꿈을 예로 들어 이 복잡한 문제를 풀고자 했다. 미확인 비행체 UFO는 '자기'의 상징인데, 보통 생각해 왔듯이 인간들의 무의식에 있는 자기원형상이 밖으로 투사된 것이 아니라 사실은 자신이 '체. 게. 융C. G. Jung'으로서 '자기'의 투사상이 아니었던가. 또한 저 꿈속의 요기는 체. 게. 융 그 자신을 명상하고 있다는 생각에 이르렀다. "아, 그래. 나를 명상하고 있는 것이 바로 그 요기요가수행자다. 그가 하나의 꿈을 꾸었다. 그것은 나다. 만약 그가 명상에서 깨어난다면 나는 이미 있을 수 없을 것이라는 것을 나는 알고 있었다."[8] 우리에게 익숙한 자아의식이 아니라 그 너머에 있는 우리가

6) Jung CG(1972b) : 앞의 책, p520.
7) Jaffé A(2012) : 앞의 책, pp402-405.
8) Jaffé A(2012) : 앞의 책, p403.

저승 또는 무의식이라 부르는 세계, 즉 '다른 쪽'에서의 경험에 의하면 참다운 것은 우리의 무의식적인 존재이고 우리의 의식세계는 일종의 착각이거나 하나의 가상적인, 일정한 목적을 위해서 만들어진 현실을 묘사하고 있다고 볼 수 있을 것이라고 융은 말하고 있다. 그 현실은 마치 꿈과 같아서 우리가 그 속에 있는 동안만 현실인 듯 보이는 것과 같은 것일 것이다. 그는 이런 생각이 동양의 세계관, 특히 미망迷妄과 같은 관념과 닮은 것 같다고 하면서 다음과 같이 말한다.[9]

> 그러므로 나에게는 무의식의 전일성은 온갖 생물학적 · 정신적
> 현상의 고유한 혼의 감독자spiritus rector로 보인다. 그것은 총체적
> 인 실현, 그러니까 인간의 경우 전적인 의식화를 지향한다.

분석심리학에서, 아니 사실은 모든 통찰적 정신요법에서 다소의 개념 차이에도 불구하고 '의식화'는 본질적인 목표다. 그런데 융학파는 의식화의 동력이 무의식에 있다고 보는 점에서 고전적 정신분석과 다르다. 물론 자아의 의식화를 향한 꾸준한 지향과 노력이 무의식에서 보내는 개성화를 촉구하는 상징을 받아들일 때 의식화가 더욱 활발히 이루어지는 것이다. 무의식이 의식보다 풍부한 앎을 지니고 있다. 그러나 죽은 자들도 가끔 새로 저승으로 온 사람

9) Jaffé A(2012) : 앞의 책, pp404-405.

들에게서 이승의 지식을 알고자 한다.

현세적 인간, 눈에 보이는 의식의 세계, 정신보다는 물질을 지향하는 시대, 죽음과 죽음 뒤의 삶에 대한 어떤 신화도 갖지 못한 채, 그럴 필요성조차 없는, 신화를 잃은 합리주의적 시대사조 속에서 융이 그의 회상기에 남긴 다음과 같은 말은 우리에게 시사하는 바가 크다.

> 인류에게 던져진 결정적 물음이란 '그대는 무한한 것에 연계되어 있는가' 하는 것이다. …… 무한한 것이 본질적인 것임을 내가 알 때라야만 나는 결정적으로 하찮은, 쓸데없는 일에 관심을 두는 일이 없을 것이다. …… 인간이 그릇된 소유를 고집하면 할수록 그리고 본질적인 것을 느낄 수 없으면 없을수록 그의 삶은 더욱 불만족스러운 것이 된다. …… 우리가 이미 이승의 삶에서 무한한 것에 결속되어 있다는 것을 느끼고 이해할 때 우리의 욕구와 자세가 바뀌게 된다. …… 무한한 것의 느낌은 다만 내가 극단적으로 유한할 때 도달할 수 있다. …… 내가 '자기 selbst' 안에서 가장 제약되어 있다는 의식만이 무의식의 무한성에 연결될 수 있다. 이러한 깨달음에서 나는 나를 유한하면서도 영원하며, 이것이면서도 다른 것으로 경험한다.[10]

---

10) Jaffé A(2012) : 앞의 책, pp405-407.

삶과 죽음에 대한 융의 생각

이상과 같은 맥락에서 융이 "죽음은 끝이 아닌 목표다."라고 주장한 것은 당연하다.

인생은 목적론적인 것 그 자체다. 그는 목표지향성 그 자체이며, 살아 있는 몸은 스스로 그 목적을 충족하고자 노력한다고 말한다.[1] 인류의 일반적인 심혼의 표명은 죽음이 인생의 의미 충족이며 그 고유의 목표임을 가리키고 있다. 심혼Seele의 깊은 본능에서 나오는 소리, 즉 가슴에서 울리는 소리를 거부하는 계몽주의적 합리주의는 신경증의 온상이라 하였다. 죽음에 임한 사람들의 꿈에 인격의 변화를 시사하는 상징들, 즉 여행, 재탄생, 장소의 변화 등의 상징이 나타나서 그 의식화를 촉구하는 것은 그러한 죽음의 목적에 부합되는 현상이다. 그러므로 인간은 중년기 이후에는 죽음에 대비한 내면의 여행에 힘을 기울여야 한다.[2]

융은 1918년에 알폰스 매더의 어머니의 죽음을 애도하며 보낸 편지에서 다음과 같이 말하고 있다.

---

1) Jung CG(2004) : "심혼과 죽음", 《인간과 문화》, C.G. 융 기본저작집 9, 한국융연구원 역, 솔, 서울, p96.
2) Jung CG(2004) : 앞의 글, pp101–103.

죽음은 삶의 충직한 동반자, 삶의 그림자가 되어 그를 뒤따릅니다. 살고자 하는 의욕은 또 죽고자 하는 의욕과 얼마나 같은지요. 통감하지 않을 수 없군요.[3]

융은 갑자기 남편을 사별한 부인에게 이승의 삶을 기준으로 본다면 죽음은 의미 없는 것으로 보이겠지만 많은 사람이 자신들의 삶의 척도를 최고로 충족한 시점에서 죽은 경우를 융 자신은 보았노라고, 인간의 삶에 대한 회답은 이승의 삶 안에 있는 것이 아니라고 위로하고 있다. 인도인과의 대화에서 융은 살아 있는 한 대극의 갈등을 피하기 어렵지만 대극으로부터의 완전한 해방은 죽음뿐이라고 했다.[4] 융은 또한 어떤 여인에게 보낸 편지에서 다음과 같이 그녀를 위로했다.

죽음 저편에서 일어나고 있는 것은 조금이라도 그것을 파악해 보려는 우리의 상상과 감정이 미치지 못할 만큼 말할 수 없이 엄청난 일입니다.[5]

그러고는 융은 자신의 여동생이 죽기 며칠 전, 인간세계에서는 볼 수 없는, 말할 수 없이 기품 있는 모습으로 그녀가 나타난 꿈

---

3) Jung CG(1972a) : *Briefe I*(1906-1945), Walter Verlag, Olten, p56.
4) Jung CG(1972a) : 앞의 책, pp168-169, p313.
5) Jung CG(1972a) : 앞의 책, p425.

을 이야기한 뒤에, 시간에 제약된 형태가 영원 속에서 해소되는 것은 결코 의미의 상실이 아니며 오히려 작은 손가락이 손에 속해 있음을 인식하는 것과도 같다고 말했다.[6] 친구 외리Oeri의 죽음을 애도하며 그의 부인에게 보낸 편지에서 융은 한때 생명에 가득 찼던 삶이 조금씩 무너져내리는 것을 바라보는 것이 얼마나 참기 어려운 일인지를 공감하면서도, 만약 우리가 우리의 심혼이 시간 속의 변화나 장소에 의한 제약을 입지 않는 어떤 지대에 다다른다는 사실을 안다면 그것을 견디는 것이 그리 힘들지 않을 것임을 시사했다. 그리하여 융은 다음과 같은 말로 편지를 끝맺고 있다.

저와 같은 존재 형태에서 우리의 탄생은 죽음이며, 우리의 죽음은 탄생입니다. 전체성의 저울은 평형 상태에 걸려 있습니다.[7]

---

6) Jung CG(1972a) : 앞의 책, 같은 페이지.
7) Jung CG(1972b) : *Briefe II*(1946–1955), Walter Verlag, Olten, p205.

죽은 자들의 넋—사령(死靈)과 그 상징성

'꿈에 죽은 사람들이 나타나서 마음이 뒤숭숭하다.'는 사람이 있다. 원시인은 꿈의 현실과 낮의 현실을 구별하지 않는다. 죽은 혼령이 직접 나타났다고 보고 혹시 그가 자기를 저승으로 데려가려고 온 것이 아닌가 하는 생각에 불안해할 수 있다. 그런 원시적 관념이 한국인의 꿈에 대한 태도에서도 발견된다. 분석심리학에서는 꿈에 등장하는 모든 인물상, 동물상을 비롯한 사물의 이미지들은 모두 무의식의 내용들, 특히 콤플렉스들이라고 본다. 콤플렉스란 심리적 복합체로서 태어난 이후에 개인의 감정 체험을 통하여 형성되는 마음의 응어리 같은 것이다. 태어날 때 이미 가지고 나오는 집단적 무의식을 구성하는 콤플렉스, 다른 말로 원형들이 있는데 이것은 개인의 경험을 넘어 인류의 태초로부터의 경험에서 유전된 것들이다. 콤플렉스는 병적인 것도 열등의식 같은 것도 아니고 우리의 정신을 구성하는 요소들이다. 융은 처음에 자기의 학설을 콤플렉스 심리학이라고 불렀는데, 콤플렉스 학설은 정신현상을 설명하는 데 그만큼 매우 유익하다.[1]

---

1) 이부영(2012) : "연상검사와 콤플렉스론",《분석심리학》, 제3판, 일조각, 서울.

그러면 꿈에 나타난 죽은 사람의 이미지는 무엇인가? 그것은 죽은 사람에 대해서 꿈꾼 사람이 가지고 있던 모든 추억, 기억, 인상이 모여서 만들어진 그 사람의 상으로 대변된 성격 경향, 감정적 특성, 가치관, 행동양식 등이 복합적으로 뭉친, 즉 꿈꾼 사람의 마음속에 있는 심리적 내용이다. 죽은 사람이라고 해서 우리의 기억에서 사라지는 것이 아니다. 꿈에 나오는 모든 인물이 그런 다양한 콤플렉스들이다.

분석심리학에서는 꿈을 꿈꾼 사람의 마음, 즉 무의식에 있는 내용들이 표현된 것으로 보고, 그 상징적 의미를 파악하고 이를 의식화하는 데 주력한다. 이런 과정을 주관 단계의 해석이라 한다. 그러나 꿈은 물론 객관적 현실이나 인간관계의 측면에서 보아야 할 경우가 있다. 객관 단계의 해석이 그것이다. 대개는 두 단계의 해석을 모두 거치지만 자신을 통찰하기 위해서는 주관 단계의 해석이 필수적이다. 만약 우리가 무의식의 콤플렉스들을 모르고 지낸다면, 그 콤플렉스는 외부로 투사되어 우리로 하여금 마치 자신 안에 있는 것을 밖에 있는 것처럼 여기면서 살아가는 반쪽 인생을 면치 못하게 한다. 무의식의 의식화가 왜 그렇게 중요한가에 대한 이유는 바로 여기에 있다.

원시부족들은 이 세계가 귀령들로 가득 차 있다고 생각한다. 사람도 여러 개의 영혼을 가지고 있다. 혼이 나가면 병이 나거나 죽는다. 악귀가 혼을 저승으로 유인하거나 잡아먹기 때문이다. 생명의 정수인 혼은 신체를 떠나는 즉시 위험에 처한다. 주술사는 그럴 때 길 잃은 혼들을 찾아서 다시 앓는 사람의 몸속에 넣어 주어야 한다. 악귀는 때론 희생자에게 직접 달라붙는다. 이때는 주술의 힘으로 떼어 내거나 내쫓아야 한다.

귀령들의 세계를 잘 살펴보면 거기에도 낮은 귀령에서 높은 신령에 이르기까지 여러 계위가 있고, 귀령마다 모두 성격이 다양하다. 높은 신령은 영험한 능력으로 인간들을 돕고, 숭배의 대상이 된다.

원시적 귀령관은 분석심리학의 콤플렉스론과 매우 닮았다. 원시인은 귀령들을 밖에서만 본다. 분석심리학은 그것들과 비슷한 여러 종류의 콤플렉스들이 정신 내면의 무의식세계 혹은 의식세계에 있다고 본다. 말하자면 원시인은 현대의 우리가 우리 마음 안에 있다고 생각하는 것들을 밖으로 투사하고 밖에서 본다. 귀령들의 작용과 성격을 연구한 융은 원시부족들이 생각하는 귀령들이 심리학적으로 무의식의 자율적 콤플렉스에 해당된다고 보았다.[2] 그러나 일찍이 융은 귀령이 단지 투사상으로서만 존재하며 심리학적인 해석만으로 설명될 수 있는 것인가에 의문을 품었고, 그의 오랜 경험과 관찰로 미루어 보아 귀령의 실재성을 부인할 만한 근거를 찾지 못했다고 하였다.

융은 죽은 자의 혼령에 관해서도 같은 맥락에서 환상과 꿈의

---

2) Jung CG(1967) : *Die psychologischen Grundlagen des Geisterglaubens*, G. W. Bd.8, Rascher Verlag, Zürich, pp341–360. 또한 이부영(2012) :《한국의 샤머니즘과 분석심리학: 고통과 치유의 상징을 찾아서》의 제4장 "귀령현상과 그 심리학적 상징성"과 제9장 "죽음, 저승, 사령과 살" 참고.

상으로 죽은 자가 실제로 나타나 산 자와 소통할 수 있는 가능성을 지적했다. 그러니까 융은 매우 특수한 경우에 꿈에 나타난 죽은 자의 이미지를 콤플렉스라고 보지 않고, 그것이 객관 단계로 죽은 사람의 혼이라고 해석될 수 있음을 직접 그 자신의 꿈과 다른 사람들의 꿈을 통하여 제시하였던 것이다.[3] 마리 루이제 폰 프란츠도 이 견해에 동의하였으며 그 사례를 제시하였다. 필자도 이를 지지하는 경험을 한 적이 있다. 물론 이는 특수한 경우에 한하며, 왜 그렇게 보아야 하는지에 대한 것은 아직 신화적 신비로 남아 있다. 폰 프란츠는 융이 시사한 시간·공간을 상대화하는 정신의 특성과 미시물리학의 이론적 성과를 비교하며, 죽어 가는 사람의 꿈에 대한 연구를 더욱 발전시켰다. 그러나 그녀는 겸손하게도 더 많은 확충이 필요하며 아직 연구의 시작에 불과하다고 하였다.[4]

한국 민간의 사령관은 오히려 단순, 소박하고 콤플렉스 심리학설에 대응하기에 비교적 잘 부합하는 체계를 보이고 있다. 그것은 아마도 샤먼이나 무당이 이론가가 아니라 병고를 치유하고 액을 물리치며 복을 가져다주는 실제적 임상가라는 점과 무관치 않을 것이다.

---

3) Von Franz ML(1984) : *Traum und Tod*, Kösel-Verlag, München, pp16–17.
4) 폰 프란츠의 연구 요약, 이부영(2012) :《한국의 샤머니즘과 분석심리학: 고통과 치유의 상징을 찾아서》, 한길사, 경기, pp411–421.

간단히 소개하면, 사령에는 갓 죽은 자의 넋과 원한을 가지고 죽은 자의 넋이 있다. 이들은 위험하므로 제일 먼저 치료해야 할 대상이지만, 해를 거듭할수록 그 위험성은 없어지고 복을 주는 신령으로 바뀐다. 이들은 조령이다. 무당의 조상신은 매우 큰 숭배의 대상으로 인격화된 자연신들, 해와 달, 바다, 용, 산신 등이 있다. 병귀들도 신이 되는데, 이들은 샤먼의 보호령의 역할을 한다. 그리고 계급이 낮은 잡귀가 있다. 저승사자는 무서운 귀신인데 장가를 가지 못한 총각귀신으로 알려져 있다. 자살귀는 매우 위험하며, 결혼 못 하고 죽은 자의 넋도 위험하다. 장군신, 방위를 지키는 장군, 보살, 대감 등 개성이 뚜렷한 신들이 있다. 장군신의 경우에는 살귀예: 군웅살, 軍雄殺를 짝으로 삼게 하여 신령의 선악 이중성을 나타내고 있다. 한국 민간의 귀령은 그 성격이나 종류에 있어 고등종교의 영향을 받은 흔적이 많지만 다른 민족들의 민간신앙이나 샤머니즘 사회의 귀령관과 공통점이 많다. 이러한 사령관은 죽은 사람에게 투사된 살아남은 사람의 한을 반영하고 있다. 갓 죽었을 때 살아남은 자의 비탄은 위험할 정도로 강하다. 시간이 가면 유족들의 마음은 평정을 찾고 나름대로 죽은 이에 관한 평가와 추억을 정리하게 된다. 원한을 가진 혼원혼은 결국 살아 있는 사람의 원한을 의미한다. 샤머니즘은 특히 억울한 사람, 한스럽게 죽은 영혼의 치유에 주력하는데, 그 점에서 고등종교의 장례와 다소 다르다. 한국의 샤머니즘에서는 '죽은 자의 탈'이 모든 재앙의 근원이다. 그래서 억울하게 죽은 자들에 관한 문진問診에 힘을 기울

이고 정기적인 사령제를 지내기보다는 수시로 굿을 해서 혼을 위로한다. [5]

---

5) 이부영(2012b) : 《한국의 샤머니즘과 분석심리학: 고통과 치유의 상징을 찾아서》, 한길사, 경기, pp421-442 참고.

죽은 자를 위한 제의

　죽음은 엄청난 사건이다. 죽은 자가 죽음에 대해 어떤 반응을 일으키는지 우리는 알 수 없다. 우리가 확실히 아는 것은 남은 가족의 충격과 비탄이다. 한 많은 죽음에서는 말할 것도 없다. 죽음은 산 자에게서 모든 것을 빼앗아 간다. 차디찬 시체, 불러도 대답할 리 없는 절대적 침묵, 인간관계를 무자비하게 단절해 버리는 폭력 앞에서 통곡할 수도 소리 낼 수도 없는 절망적인 무력감에 빠진다. 죽음은 가족의 의식세계에서 죽은 자에 얽힌 모든 추억과 경험 자료를 송두리째 빼앗아 간다. 사자의 콤플렉스는 그것이 지닌 정감적 에너지와 함께 의식에서 떨어져 나간다. 가슴이 뻥 뚫린 기분이 된다. 그 콤플렉스는 어디 다른 데로 가는 것이 아니라 무의식으로 떨어져 들어간다. 죽은 자의 혼이 저승으로 가듯이. 죽은 자도 그런 충격과 비탄을 겪을까? 흥미롭게도 심근경색 등으로 임사체험을 겪은 사람들이 공통적으로 보고한 내용이 그대로 우리나라 무가 속에 재현되고 있다. 즉, 죽은 자는 병상에 누워 있는 자기의 신체를 본다. 가족, 의사, 간호사가 놀라서 우왕좌왕하는 것을 본다. 그러나 그는 말을 건네고 싶어도 할 수 없다.
　한국의 무가 '죽음의 말'에서도 갓 죽은 자가 현대인의 임사체험과 똑같은 경험을 한다는 사실을 생생하게 알려 주고 있다. 죽음과 함께 일어나는 혼의 분리와 혼의 고유지각이 인류의 보편적인 생각임을 시사한다. '죽음의 말'에는 또한 죽은 자의 불안, 공포, 슬픔, 외로움, 이승으로 다시 돌아오고자 하는 간절한 열망, 저승 사자의 무자비한 생명의 차압, 저승으로 끌려가는 혼령, 하직하는 자의 눈물 어린 회상 등 정감적인 반응이 죽은 자의 이름으로 절절히 표현되는데, 이는 어느 누구보다도 산 자들의 심리에 부합된다. 그러나 그것이 또한 죽은 자들의 심정일지 누가 알겠는가. 사령제는 죽은 자들뿐 아니라 살아남은 자들을 위한 것임에 틀림없다. 그러나 무당이나 샤먼, 사령제에 참여하는 사람들의 입장에서 사령제는 일차적으로 '죽은 자와의 만남'이다. 사령제는 죽은 자와 산자 사이의 급격한 단절을 이어 주면서 다른 한편으로 죽은 자의 혼을 정화하고 완성시키는 것을 목적으로 실시되는 비의Mysterium다.

'죽음의 말'에도 후자의 과정이 있다. 갓 죽은 자가 이승과의 작별에서 겪는 슬픔과, 죽음을 수용할 수밖에 없는 당위성이 노래된 뒤에는 '저승길'을 가는 과정이 길게 제시된다. 저승길로 가는 모험과 위험, 필요한 조치, 위기를 넘기는 처방, 산 자들의 협력, 심판의 고문을 거쳐 궁극적으로 극락과 같은 곳에 도달하고 신과 같은 대우를 받다가 이승으로 다시 태어난다는 이야기다. [1] 융이 심리학적

---

1) '죽음의 말'에 대한 자세한 심리학적 고찰은 이부영(2012) : 《한국의 샤머니즘과 분석심리학: 고통과 치유의 상징을 찾아서》, 한길사, 경기, pp377-390, pp393-398 참조.

논평을 한 티베트의 사서[2]처럼 체계적인 것은 아니나 이 역시 인간 무의식에 선험적으로 존재하는 자기실현 또는 개성화 과정의 상징을 나타내고 있는 것이다.

호남 지방의 씻김굿이 당골이라는 사제에 의한 정화의 의식이라면, 지노귀굿 같은 중부 지방의 사령제는 보호신의 도움으로 무당이 죽은 자와 신령이 되어 산 자들에게 공수신탁를 내리는 진정한 샤머니즘의 제의라 할 수 있다. 여기에는 엑스터시망아경에 비길 고양된 감정과 지상의 인간과 신들의 세계와 저승의 주민들, 사령들과 이승의 사람들 간의 감정 어린 교류가 있으며, 무엇보다도 이들을 아우르는 신화가 있다. 다시 말해서, 여기서는 집단적 무의식의 원형상들이 집단의식의 틀에 비교적 덜 매인 채 원초적 형태로 분출되고 있다. 고등종교의 상·장의례도 무의식의 심층의 누미노제신성한 힘 체험을 바탕으로 생겼으나 많은 문화적·사상적 수정과 보완을 거쳐 일정한 틀로 정착된 것이다. 물론 한국의 샤머니즘도 과거 시베리아 및 중앙아시아의 샤머니즘보다 그 고태성이 많이 감소된 듯 보이고, 불교, 도교 등의 높은 도덕성의 영향을 적지 않게 받은 흔적을 보이지만, 강신무의 전통은 샤머니즘의 정수를 그대로 보존하고 있다. 요컨대, 샤머니즘의 사령의식은 심리학적으로 자아의식의 단절된 무의식과의 만남을 주선하며 동시에 새

---

2) Jung CG(1963) : *Psychologischer Kommentar zum Bardo Thödol*, G. W. Bd.11, Rascher Verlag, Zürich, pp550-567.

로운 의식의 변화에 임하여 무의식계 내부의 질서를 재편성하는 기회를 제공하는 것이다. 이에 대해서는 다음 절에서 간략히 소개하겠다.

지노귀굿의 경우

지노귀는 경기도 지방의 사령제로서 필요에 따라 실시되는 임시 사령제다. 즉, 제도화가 덜된 굿이다. '필요에 따른다'는 것은 자기 자신이나 가족의 안녕을 해치는 사건이 생겼을 때 점을 쳐서 죽은 사람을 위한 큰 굿이 필요하다고 판명되면 하게 된다는 것이다. 다시 말해서, 죽음의 의식은 의식이 위험에 처했을 때 무의식에 물음을 던져 무의식의 응답으로 결정된 굿이다. 이것이 정기적인 사령제와 다른 점이다.

지노귀굿도 다른 굿과 마찬가지로 크게 3단계로 나누어 볼 수 있는데, 그것은 ① 초신신들을 불러오는 과정, ② 맞이영신; 신을 맞아 이에 사로잡히고 공수를 주는 과정, ③ 송신신을 보내고 잡귀들을 먹여 보냄이라고 할 수 있다. 다른 굿과 다른 점은 저승사자와 실랑이를 벌이는 연희적 요소와 무명포를 가르는 것과 같은 상징적 행위, 무엇보다도 조상거리에 있는 죽은 자와의 감정 어린 대화, '넋두리'에 한 거리가 더 추가된다는 점인데 그것은 바로 바리공주의 무가를 부르는 과정이다. 이 과정에 대한 상징적 심리학적 확충은 다른 문헌에서 자세히 다루었으므로 여기서는 결론만 언급할까 한다. [1]

필자는 그 문헌에서 지노귀굿에서 진행되는 심적 과정에서 그것을 인간 심리의 상징적인 표현으로 파악할 때 현대의 심층적 정신치료의 과정에 상응한다는 결론을 내렸다. 프로이트학파 정신분석가들도 인디언이나 원시부족들의 메디신맨의 치료의식과 치료자의 훈련에서 현대 정신분석요법과의 유사성을 발견했다.[2] 무의식의 탐구, 무의식의 의식화를 중시하는 심층심리학파에서 당연히 추정될 만한 결과다. 모든 굿의 조상거리에서 실시되는 죽은 자와 산 자의 대화, 넋두리는 정신치료적인 의미를 충분히 갖고 있다. 죽은 사람을 잃은 슬픔뿐 아니라 죽은 사람을 향한 원망, 미움, 못 다 한 말 등 무의식에 억압 또는 억제된 감정과 생각들을 마음껏 표현하고 또한 무당의 입을 통해 죽은 자와 직접 대면할 수 있다는 점에서 충분히 그 치유적 성과를 짐작할 수 있다. 기독교의 영결예배와 불교, 유교 등 고등종교의 상 · 장의례는 어떤가? 의식절차의 엄격한 수행 이외에 통곡과 푸념의 행위를 가능한 한 절제 또는 억제하고 있지는 않은지에 대해서는 다음의 두 공저자가 설명할 것이다.

그런데 필자가 지노귀굿에서 넋두리를 넘어서는 중요한 과정을 발견했다고 생각한 것은 앞서 말한 바리공주 거리였다. 바리공주 거리는 굿을 하는 사람에게든 참가자에게든 쉬는 시간이다. 무

1) 이부영(2012) : 《한국의 샤머니즘과 분석심리학: 고통과 치유의 상징을 찾아서》, 한길사, 경기, pp443-491.
2) 이부영(2012) : "굿과 정신치료", 《한국의 샤머니즘과 분석심리학: 고통과 치유의 상징을 찾아서》, 한길사, 경기 참고.

당은 바리공주의 옷차림으로 의자에 앉아 북을 치며 조용히 바리공주 무가를 노래한다기보다는 읊는다. 열심히 듣는 사람도 있지만 잡담하는 사람도 있다. 넋두리 같은 강렬한 감정 교류도 있을리 없다. 그런데 바리공주 무가의 내용은 엄청난 상징을 포함한 무당의 조상인 바리공주에 관한 위대한 서사시였다. 그것은 바리공주가 이승으로부터 추방되고 고통과 시련을 겪은 뒤 재생의 영약을 획득하여 죽은 이들을 살리는 만신의 왕이 된다는 이야기다. 무가는 이렇게 버림받고 죽도록 고생한 뒤 다시 일어나 치유자가 된 바로 그 바리공주가 이제 죽은 자를 저승으로 인도한다고 거듭 강조하고 있다. 이 점을 주목할 필요가 있다. 필자는 지노귀굿에서 바리공주의 무가를 부르는 데는 목적이 있다고 생각했다. 무당이나 그 밖의 참여자도 미처 생각하지 못하고 있는 목적일지 모른다. 그것은 넋두리의 개인적이며 인간적인 감정 콤플렉스의 해소에 그쳐서는 안 된다. 고통과 죽음에는 더 깊은 의미가 있다는 것, 죽음은 끝이 아니라 또 하나의 시작이며 궁극적으로 재생의 의미를 가지고 있다는 것을 바리공주, 즉 신이 된 자의 고통과 죽음과 재생의 이야기를 통해서 전달하고자 한다는 것이다. 인간적인 고통은 신의 고통으로 지양된다. 죽은 자 또한 신의 고통과 그 극복의 역사를 같이할 기회를 얻은 것이다. 분석심리학에서의 정신치료는 단지 병고를 완화하고 증상을 없애는 것만을 목적으로 하지 않는다. 고통의 깊은 뜻을 인식하면서 무의식을 의식화하여 낡은 '자아'의 죽음을 통하여 '자기'로, 즉 하나의 전체 정신의 실현을 돕는 작업이다. 바리공주는 우리 각자의 마음속에 있는 치유자의 원형이고, 바리공주의 무가는 치유의 신화, 치유자의 조건이다.

이런 점에서 지노귀굿을 일관하는 '이념'은 원시부족의 경우와 다소 다르고, 불교의 영향으로 높은 수준의 도덕성을 보여 준다고 할 수 있다. 그러나 '의미 있는 고통'에 관한 신념은 샤머니즘의 입무과정shamanic initiation에서 보는 것처럼 샤머니즘의 중요한 유산의 하나다. 바리공주 무가가 제시하는 도덕성은 집단적 도덕규범과 같은 것이 아니라 그것을 넘어서는 것임을 무가의 귀결이 증명하고 있다.

다시 처음으로 돌아가서 지노귀굿의 3단계 또는 4단계를 분석 심리학적 용어로 번역해 보자. 첫 단계인 초신은 자아의식이 무의식에 관심을 기울여 무의식을 활성화함으로써 무의식의 누미노제의 활력을 얻는 단계다. 두 번째 단계인 맞이는 무의식의 콤플렉스를 의식에 떠올려 그를 표현하고 그와 대면하여 그 의미를 동화하는 과정인데, 여기에는 두 과정이 있다. 하나는 개인적 콤플렉스의 의식화이고, 다른 하나는 치유자 원형상Healer Archetype과의 접촉을 통하여 보다 높은 의미를 깨닫는 과정이다. 세 번째 단계인 송신은 마무리 단계지만 결코 덜 중요한 과정이 아니다. 그것은 원형상들을 그것이 본래 속하고 있던 세계, 즉 심리학적으로 집단적 무의식으로 돌려보내고 잡다한 작은 콤플렉스들을 소화시키고 정리하는 과정이다. 원형상들은 강력한 에너지를 가진 것이어서 우리가 그 영향 아래서 여러 창조적인 지혜와 변환의 자극을 얻을 수는 있지만 그와 동일시하거나 그것을 의식에 동화할 수는 없다. 꿈에 나타난 산 자와 죽은 자 간에 유지해야 할 어쩔 수 없는 간격은 그러한 분리의 필요성을 가리키는 것이다.

끝맺는 말

어떤 사람의 죽음이든 죽음은 '한'을 남긴다. 그 사회의 통상적인 기준에 어긋나지 않은 경우, 즉 '제명에 죽은' 경우라 할지라도 약하게나마 반드시 '한'이 남는다. 그것이 죽음이다. '한'이란 타다 남은 감정, 잔여감정이다. 삶의 불을 남김없이 태웠다고 해도 여한이 남는다. 완전을 지향하는 인간의 욕심 탓인가. 그 '남은 감정' 때문에 죽은 자를 보내는 의식이 필요하고, 죽은 자에 대한 추도가 산 자를 위해서도 필요하다.

세상의 모든 사람이 어떤 형식으로든 죽은 자를 위한 추도를 한다. 심지어 무신론자나 유물론자들도 시신을 미라로 만들어 영구 보존하고 있다. 이데올로기와 상관없이 죽음 뒤의 삶의 영원성을 은연중에 바라는 것 같다. 분석심리학은 합리주의가 꺼리면서도 관심을 버리지 못하고 있는 문제에 도전하여 신화로써 이 문제를 풀고자 한다. 그 작업은 아직 진행 중이다. 분명히 존재하지만 보이지 않게 된 저승의 세계를 어떻게 설명할 수 있겠는가? 현대 미시물리학의 에너지론으로 또는 블랙홀의 이론으로 가능하겠는가? 결국은 시간·공간의 제약을 받지 않는 정신의 본질의 문제에 귀착된다. 한 개체는 인류의 역사 전체를 안고 태어난다. 그것은 역사 이전부터 되풀이해 온 삶과 죽음에 의해 축적된 경험의 다발이다.

우리는 그런 긴 역사의 궤적에 작은 발자국을 남기기 위해 살고 있다. 사실 우리는 매일매일 밤이 오면 무의식의 세계에 갔다 온다. 여러 번 죽고 다시 태어난다. 육체의 죽음에도 변하지 않고 남는 영원한 돌이라는 관념이 생각난다. 그것은 정신이라고 부르는 것일 것이다. 우리는 정신의 실체를 아직 잘 모른다.

사령에 관한 관념을 살펴보면 한 가지 눈에 띄는 현상이 있다. 사령의 특성은 그 시대, 그 사회의 사생관死生觀과 밀접한 관계가 있지 않나 하는 점이다. 삶에 대한 긍정적 태도는 죽음에 대해서도 긍정적인 태도를 갖게 한다는 가정이다. 신라인의 긍정적 사생관과 그 시대의 긍정적 사령현상, 고려, 조선조의 원귀현상과 그 시대의 위축된 민중생활이 서로 관계가 있는 것 같다고 본 것이다. 삶을 불태우는 것은 그만큼 죽음의 한을 감소시키는 것이다. 현대에서 분석심리학적 용어로 말한다면 삶을 불태운다는 것은 그 개인에게 주어진 의식적·무의식적 삶을 충분히 사는 것이다.

죽은 자를 보내는 의식은 부족한 삶을 마저 불태우고자 하는 시도다.

한국 전통 상·장의례 중 몇 가지 의례절차의 상징성
– 분석심리학적 입장에서

—이도희—

시작하는 말

한국 전통 상·장의례

확충 및 상징적 의미 고찰

끝맺는 말

시작하는 말

  아주 어린 시절 시골에 살 때의 일이다. 어느 날 갑자기 우리와 담 하나를 사이에 두고 살던 옆집에 동네 어른들이 모여들고, 마당에 천막을 치고, 무언가를 하며 부산하게 움직이는 일이 벌어졌다. 사람들이 모여 음식을 만들고 떠들썩한 중에 여러 명이 슬피 우는 소리도 들려왔다. 그제야 그동안 병석에 누워 계셨던 그 집에 사는 친구의 할아버지가 돌아가셨다는 것을 알게 되었다. 그 말을 듣고 나는 무언가 송연함을 느꼈다. 그리고 그렇게 많이 다녔던 그 집 쪽으로는 왠지 가서는 안 될 것 같았고, 그쪽을 쳐다보아서도 안 될 것 같은 막연한 느낌이 들었다. 옆집이 우리 집 마당 가장자리를 경계로 하여 한 발짝도 넘어가서는 안 될 금기의 지역이 되어 버린 느낌이었다. 하루인가 이틀이 지난 뒤, 나는 동네 어른들이 화려한 포장으로 치장된 상여를 메고 나가는 장면을 멀리서 숨을 죽여 가며 바라보았다. 마치 봐서는 안 될 비밀을 몰래 보는 듯한 느낌이었고, 동시에 나도 대단한 비밀에 동참하고 있다는 뿌듯한 느낌도 있었다.

  이것이 내가 경험한 죽음과의 첫 대면인 셈이었다. 그런 일이 있고 나서 한참 뒤에 나는 그날 쓰였던 상여가 동구 밖 야산에 있던 허름한 집 속에 보관되어 있었다는 사실을 알게 되었다. 그 후 옆집 할아버지의 장례식을 먼발치에서 보며 겪었던 그날의 느낌은 이제 동네를 드나들며 곳집을 지날 때마다 반복해서 경험하게 되었다. 이러한 어린 시절의 경험은 그 후로도 오랫동안 나에게 영향을 미쳐 왔다. 성장하여 어른이 된 지금도 '죽음' 하면 두려움과 외경畏敬으로 느껴지는 구석이 남아 있는 것이 사실이다. 아니, 나이가 들어 가면서 나 자신의 죽음에 대한 두려움이 더욱 커지고 있는 것 같기도 하다. 그리고 꿈에서도 죽음 그리고 그와 관련된 상像들이 드물지 않게 등장하기도 했다.

죽음은 우리의 일상생활에서 듣기에 좋고 익숙한 단어가 아니다. 일반적으로 누구나 죽음이라는 말을 삼가게 되고, 죽음과 관련된 것들에 대해서는 애써 외면하고 모른 척하고 살아가고 있다. 정신과 임상에서도 종종 꿈에 죽은 사람이 나왔다고 보고하면서 불길한 느낌을 이야기하는 환자들을 본다. 그들은 특별한 이유도 없이 죽은 사람이 자신의 꿈에 등장했다는 사실만으로 그런 느낌을 경험하는 것이다. 그리고 현대의 피분석자들에게서 죽음과 관련된 내용의 꿈을 드물지 않게 보고받는다.[1] 때로는 꿈속에서 자신

---

1) "'재생'의 상징적 의미"[(이부영(1997) :《심성연구》, 12(2), pp89-114]에 한 여성 피분석자의 죽음과 관련된 일련의 꿈이 제시되었다. 에드가 헤어초그(Edgar Herzog, 2000)의 *Psyche & Death*에도 죽음과 관련된 다양한 꿈을 예시하였다. 폰 프란츠(Von Franz ML, 1998)는 *On Dream & Death*의 서문에서 중년 이후의 많은 사람이 죽음의 꿈을 꾼다고 했고, 그것이 바로 임박한 죽음을 가리키는 것이 아니고 죽음의 상징(memento mori)으로 이해된다고 말했다. 그리고 그런 꿈은 대개 자아가 인생에 대해 지나치게 젊은 태도를 취할 때 나타나서 꿈꾼 이에게 자기성찰을 요구한다고 했다.

이 죽는 것을 스스로 목격하는 경우도 있고, 가까운 친지의 죽음, 미지의 인물의 죽음 등 다양한 경험을 한다. 어떤 경우는 꿈에 미지의 시신이 나타나기도 한다. 대개 이러한 꿈들은 꿈꾼 이에게 강한 정동적인 영향을 미쳐 두려움과 공포를 체험하게 한다. 미지의 죽음의 세계에 대한 공포가 시신에 대한 공포로 이어져 이러한 영향을 미치는 것이다.

그렇지만 이러한 일반인의 태도가 늘 일치하는 것은 아니다. 한국의 전라도와 서울에 거주하는 다양한 연령대의 성인 남녀 1,013명을 대상으로 한 설문조사[2]에서 이러한 일반적인 태도와는 다른 결과를 보고하고 있다. 죽음은 '세상이 끝나는 것'이라는 응답이 26.9%인 반면, '영혼이 육체에서 이탈한 것'이라는 응답은 51.5%나 되어, 영혼의 존재를 인정한 73.3%의 응답과 함께 응답자의 대다수는 죽음 뒤의 영혼의 삶의 가능성을 믿는 듯이 보였다. 그리고 응답자의 8.6%가 죽음을 '많이 두렵다'고 했고, 36.2%가 '두렵다'고 답하고 있어, '두렵지 않다'고 응답한 55.1%보다 적었다. 또한 65.9%에 해당하는 의외로 많은 사람이 사후세계의 존재를 인정하고 있었다. 이러한 결과는 강의를 듣는 중학교, 대학교 학생들에게 '영혼과 내세의 존재를 인정하는가?'를 물어보았더니 종교의 유무와 상관없이 대부분의 학생이 인정한다고 답했다는 최운식[3]의 관찰과도 일치한

---

2) 이재운(2001) : "한국인 죽음관에 대한 설문조사 보고", 《한국인의 사후세계관》, 전주대학교 출판부, 전주, pp305-369.
3) 최운식(2001) : 《옛이야기에 나타나는 한국인의 삶과 죽음》, 한울, 서울, p65.

다. 현실에서는 사람들이 죽음을 두려워하면서도 설문조사에서는 의외로 많은 사람이 사후세계를 인정하였고, 죽음이 두렵지 않다고 답한 사람이 두렵다는 사람보다 약간 많았다. 이러한 결과는 현대 한국인이 가진 죽음에 대한 태도의 일단을 보여 주고 있다. 종교적으로나 지적으로는 누구나 죽는 것을 인정하고 사후의 세계를 인정하며 일반적으로 죽음을 담담하게 말하지만, 꿈이나 실제적인 죽음과의 만남은 두려움으로 받아들이는 것이다.

이러한 경향은 한국의 전통 꿈 해석을 보여 주는 속신[4]에서도 볼 수 있다. '꿈속에서 시체를 묻거나 잘 보살펴 주면 재물이 생긴다.' '꿈속에서 시체를 보면 산삼 캔다.' '꿈에서 무덤 속 송장을 보든지 만지든지 하면 재수가 있다.' '시체 꿈을 꾸면 돈이 생긴다.' '꿈에서 죽은 사람을 보면, 그 사람은 장수한다.' 등의 속신은 임상에서 환자들이 말하는 일반적인 태도와는 다르게 꿈에 시신이 나타나면 무언가 길한 일이 생긴다는 믿음을 보여 준다. 이러한 꿈 해석은 두려움을 애써 극복하려는 노력이나 '꿈은 현실과 반대'라는 일반적인 믿음이 반영된 것일 수도 있겠으나, 시체를 귀중한 것, '땅속에 묻힌 보배'에 비유한다는 점에서 시체와 죽음의 중요성을 인식한 데서 나온 것일 수도 있다. 반면에, '꿈에서 죽은 사람과 이야기하면 안 좋다.' '꿈에서 죽은 사람을 따라가면 죽는다.' '꿈에 죽은 사람을 만나서 깨어나지 못하면 저승길로 간 것이다.' '꿈

---

4) 최래옥 편(1995) :《한국민간속신어사전》, 집문당, 서울, pp33-63.

에서 죽은 사람이 살아나면 재수가 없다.' 등의 속신과 같이 막상 죽은 사람이 꿈속에 나와 직접 접촉할 때는 경계심을 나타낸다. 마치 죽은 사람의 혼이 꿈속에 살아 들어와 나쁜 영향을 미치는 것으로 믿는 듯하다. 이러한 믿음은 죽음에 대한 현대 한국인의 양가적兩價的인 태도[5]를 반영하는 것으로 보이지만, 반드시 한국인에게만 특유한 반응은 아닌 듯하다. 우리는 누구나 죽을 수밖에 없는 유한한 존재이고, 그러한 사실을 운명적으로 받아들인다. 그러나 죽음의 세계는 우리에게 늘 알지 못하는 미지의 세계로 남아 있는 것이 사실이다. 미지의 세계, 즉 무의식의 세계는 우리에게 본능적인 두려움을 야기하고 신성력神聖力, numinosum을 동반한 강렬한 정동情動을 유발한다. 그것은 공포감일 수도 있고, 때론 신비스러운 매력으로 느껴질 수도 있다.

융은 "상당수의 젊은이들이 그들이 그토록 열망하는 인생 앞에서 실로 공황적인 불안을 갖는 것처럼, 아마도 더 많은 수의 늙어가는 사람들이 그와 같은 공포를 죽음 앞에서 가지고 있을 것이다."[6]라고 말하면서 죽음에 대한 공포를 인생의 후반기에 사람들

---

5) 죽음에 대한 한국인의 태도는 시대에 따라 다른 것 같다는 견해가 있다. 구비 전설 문헌에 의하면 삼국시대에는 생자와 사자의 교류가 자연스럽게 이루어지고 사자(死者)가 유익한 공헌을 하는 데 비해서, 고려와 조선조의 사령(死靈)은 두드러지게 어둡고 부정적인 영향을 주는 것으로 알려져 있다는 것이다. 그 이유는 아마도 불교와 유교의 사생관의 차이와 관계되지 않을까 추정되고 있다. 이부영(1995) : 《한국민담의 심층분석》, 집문당, pp175-187.
6) Jung CG(2004a) : "심혼과 죽음", 《인간과 문화》, C.G. 융 기본저작집 9, 한국융연구원 역, 솔, 서울, p65.

이 갖는 신경증의 한 원인으로 보았다. 그는 인생이 하나의 목표를 향하고 있는 에너지의 흐름이라고 보고, 성숙과 생물학적으로 인생의 최고점에 도달한 인생의 중반 이후에도 그 목표지향성은 그침이 없다고 했다. 그러나 인생의 전반기에는 그 지향성이 위로 올라가지만, 후반기에는 그것과 똑같은 강렬함과 부단함을 가지고 아래로 내려간다. 후반기의 목표는 산꼭대기가 아니라 등반이 시작된 골짜기에 있기 때문이다.[7] 그러므로 인생의 중반기부터는 오직 인생과 더불어 죽고자 하는 사람만이 활기를 유지할 수 있다. 왜냐하면 인생의 정오에 이른 은밀한 시간에 포물선의 역전, 즉 죽음의 탄생이 일어나기 때문이다. 인생 후반기는 상승, 발전, 기대, 생의 충일이 아닌 죽음이라고 할 수 있다. 인생 후반기의 목표는 종말인 것이다.[8] 그러나 융은 여기서 만약 우리가 죽음은 단지 의미 없는 인생의 끝이 아니라 인생의 의미 충족이며 그 고유의 목적이라고 생각한다면, 그것은 인류의 일반적인 심혼에 더 많이 일치한다고 할 수 있다고 말했다. 이러한 견해들은 많은 종교에서 죽음을 대하는 태도와도 일치한다. 그는 이들 종교의 대다수는 죽음을 준비하는 복잡한 체계이고, 인생은 종국적인 목표인 죽음을 준비하는 것 이외에 아무것도 아니라고 말할 정도라고 했다. 그리고 두 개의 가장 위대한 종교인 기독교와 불교에서 존재의 의미는 그 종말에 완

---

7) Jung CG(2004a) : 앞의 책, p96.
8) Jung CG(2004a) : 앞의 책, p98.

성되는 것이라고 말했다.[9]

또한 융은 '티베트의 사서死書'에 관한 주석에서 "최상에 도달한 관념은 바르도Bardo, 中有; 티베트 불교의 죽음과 환상 사이의 상태를 말한다.의 끝에서 나오는 것이 아니라 전적으로 바르도의 시작, 즉 죽음의 순간에 나오는 것이며, 이후에 발생하는 것은 새로운 육체적 탄생 속으로의 하강degradation에 이르기까지 미혹과 무명 속으로의 완만한 미끄러져 떨어짐이다."라고 말하고, 정신의 절정은 육체적 삶이 끝나는 때에 얻어진다고 했다.[10] 그리고 그는 상당히 오랜 심리학적인 관찰을 통해 죽음에 직접 근접할 때까지 무의식의 심적 활동을 추적하여 일련의 사실을 관찰했는데, 그것은 이들에게 다가오는 인생의 종말은 거의 언제나 정상적인 삶에서도 심리학적인 상태 변화를 시사할 만한 상징들로서 통보되고 있었다는 것이다. 즉, 장소 변화, 여행 등과 같은 재탄생의 상징들로 되었다는 것이었다.[11] 사실 '바르도 퇴돌'의 가르침 역시 입사식入社式, Initiation을 체험하도록 하거나 스승Guru의 가르침을 사자死者가 다시 회상하도록 하는 것을 목적으로 하는데, 왜냐하면 그 가르침은 본질적으로 생자生者의 입사식이 저세상에 대한 준비인 것처럼 사자가 바르도 삶으로 가는 입사식이기 때문이다. 그러나 생자의 입사식에서 '저세상'은 죽은 뒤의 세상이 아니라 의지와 견해의 반전이고, 심리학적인 '저세상'이

9) Jung CG(2004a) : 앞의 책, pp99-100.
10) Jung CG(1977b) : *Psychology and Religion*, C. W. 11, pp524-525.
11) Jung CG(2004a) : 앞의 책, p102.

거나, 기독교적으로 말하면 세계와 죄악의 속박으로부터의 '구원'이다. 이 구원은 이전의 어두움과 무의식의 상태에서 분리되고 벗어나는 것이고, 깨달음과 해탈에 이르게 하고, 승리와 '주어진' 모든 것을 초월하게 해 준다. 이러한 점에서 '바르도 퇴돌'은 에반스 벤츠Evans Wentz도 느꼈던 것처럼 출생 때 상실했던 심혼의 신성神性을 다시 회복시키기 위한 목적을 가진 입사식 과정이다.[12] 바르도 퇴돌에서 입사식은 절정에서 점차 작아지다가 자궁 속으로의 재생과 함께 끝마치는 일련의 과정이다. 그리고 티베트의 사서는 죽은 자 자신의 변환과정일 뿐 아니라, 살아 있는 자의 입장에서 보면 그들은 그런 절차에서 자신의 무의식에서 일어나고 있는 개성화 과정의 상징을 발견한다는 점에서 심리학적인 의미가 있다고 볼 수 있다.

이와 같이 분석심리학에서 본 죽음은 인생의 끝이 아니라 많은 종교에서 보여 주듯이 인격의 완성이며, 그러한 과정은 다양한 상징으로 표현되고 있다.

나는 죽음에 대한 나 자신의 개인적인 의식 및 무의식의 체험과 환자와 피분석자의 죽음과 관련된 다양한 무의식 관련 자료를 접하면서 이러한 상像들을 어떻게 볼 수 있을까 하는 의문이 생겼다. 그에 대한 답을 얻기 위해서는 죽음과 관련된 인류의 보편적인 심성을 알기 위한 확충작업이 도움을 줄 것이다. 그 작업의 한 과정으로 여기서는 죽음을 다루는 종교적 제의, 그중에서도 유교적인

---

12) Jung CG(1977b) : 앞의 책, p514.

영향을 많이 받아 온 한국의 전통적인 상·장의례를 연구의 대상으로 삼았다. 그 이유는 아마도 어린 시절에 접했던 강한 원형적原型的 경험의 영향도 있는 것 같다. 한국에서 사령死靈제의에 관하여 분석심리학적으로 연구한 최초의 논문으로 이부영이 1966년에 스위스 취리히 융연구원 수료논문으로 발표한 "Die Toten und 'SAL', das Tötende im koreanischen Schamanismus"가 있다.[13]

상·장의례는 한국의 관혼상제 중에서 가장 종교적인 색채가 강하고 다양한 상징성을 가지고 있으면서 다른 의례에 비해 아직까지도 원래의 형태를 많이 보존하고 있다. 그렇지만 복잡한 의례를 행하면서도 그 상징적 의미를 모르고 단순히 맹목적으로 하는 경우가 많은 것이 사실이다. 이것은 마치 가톨릭 교인이 성당에서 미사를 볼 때 포도주와 빵이 무엇을 의미하는지, 성찬 때 종鐘을 왜 치는지를 모르는 것과 같다.

융은 종교적인 제의religious rite와 그것의 풍부한 상징은 현재 우리들은 잃어버려 알지 못하는 시원으로부터 발전됐음이 틀림없다고 했다. 그것은 한 장소에서뿐 아니라 동시에 여러 장소에서 서로 다른 시기에 똑같은 방법으로 발전해 왔고, 결코 만들어진 것이 아니라 인간 본질의 근본적인 조건에서 자발적으로 생겨난 것으로서 모든 곳에서 같은 형태라고 말했다.[14] 그리고 그것은 머리에서 나

---

13) 이에 관해서는 이부영(2012) : 《한국의 샤머니즘과 분석심리학: 고통과 치유의 상징을 찾아서》, 한길사, 경기, pp377-502를 참고.

오는 것이 아니라 다른 곳에서, 아마 가슴에서, 어쨌든 언제나 표층일 뿐인 의식과는 별로 닮지 않은 정신적인 심층에서 유래한 것이다. 그러므로 종교적 상징은 또한 명백한 '계시의 성격'을 지니고 있다. 즉, 그것들은 절대로 생각해 낸 것이 아니다. 오히려 수천 년이 경과하는 동안에 식물처럼 인간 심혼이 점진적으로 자라나 자연 그대로의 계시가 된 것이다. [15]

이러한 관점에서 한국의 전통 상·장의례도 결코 유교의 교의에 의해 의식적으로 치밀하게 만들어진 것만은 아니고, 죽음에 관한 인류의 심성이 자연 그대로 드러난 것을 의례화한 것이라고 가정해 봄 직하다. 그리고 그것은 시대가 변함에 따라 여러 종교적 요소를 습합하면서 다양한 상징성을 보충하게 되었을 것이다. 여기서는 이러한 전제하에, 분석심리학에서 상징을 연구하는 데 사용하는 확충의 방법[16]을 통한 해석학적인 방법으로, 한국 전통 상·장의례 중 몇 가지 절차를 대상으로 그것의 상징적 의미를 살피려고 한다.

이 작업의 주요한 목적은 현대인의 무의식에 나타나는 죽음과 관련된 다양한 상像을 이해하는 데에 있다. 그리고 이 작업에서 관심의 초점이 되는 것은 민속학이나 고고학, 인류학, 종교학 등 전통적인 상·장의례를 역사적·사회적 측면에서 연구하는 것이라

---

14) Jung CG(1977b) : 앞의 책, p223.
15) Jung CG(2004a) : 앞의 책, p100.
16) 이도희, 이부영(1993) : "심리학적 상징으로서의 '어린이'", 《심성연구》, 제8권 제1, 2호 : p7. 이부영(1995) : 앞의 책, pp27−32.

기보다 인간의 보편적인 심성, 즉 원형의 상징적 표현을 살피는 것
이다.

한국 전통 상 · 장의례 [1]

　상 · 장의례는 사람이 일생에서 마지막으로 겪는 과정인 죽음에 따른 의례를 말한다. 이 과정은 죽음을 확인하고, 시신을 처리하고, 매장하고, 상喪 기간 동안 가족과 근친들이 행하는 각종 의례를 포함한다. 상 · 장의례는 죽은 자에게는 이승의 생을 마감하고 저승의 세계로 이행하는 통과의례이며, 살아남은 이들에게는 죽은 자를 떠나보내는 분리의례의 성격을 갖고 있다. 이러한 의례는 각 민족 집단과 시대 그리고 종교적인 배경에 따라 다양하게 존재해 왔다. 한국의 경우도 예외는 아니어서 상 · 장의례는 시대와 종교적인 배경에 따라 다양하게 변모해 왔고 현재도 변화하고 있다. 그렇지만 그것은 하나가 다른 하나를 완전히 배제하는 식으로 변화했던 것이 아니고, 서로 영향을 미쳐 어느 정도 절충되는 양상을 보여 주고 있다.

　일반적으로 한국의 전통 상 · 장의례를 말할 때, 민속학자들은

---

1) 여기서 한국 전통 상 · 장의례라 함은 주로 유교의 전통에 입각한 것을 말하지만, 한국에는 유교적 상 · 장의례 이외에 불교의 상 · 장의례도 있고, 비정기적인 사자 (死者)제의로는 민간신앙을 바탕으로 한 씻김굿, 지노귀굿 등 무속적 제의도 있다. 무속제의에 관해서는 이부영(1970) : "'사령(死靈)'의 무속적 치료에 대한 분석 심리학적 연구", 《최신의학》, 13(1) : pp79~94를 참고.

흔히 그 뿌리를 주자朱子의 《가례家禮》에서 찾는다. 주자는 《주자가례》를 그의 나이 40세인 1169년에 모친상을 당했을 때 저술하기 시작하여 1170년에 완성하였다. 그는 모친상 중에 고금의 예를 참작하여 상장喪葬과 관혼冠婚의 규례를 저술하고 책 이름을 《가례家禮》라고 하였다. 이것은 당시 사회의 수요에 적응하여 보편적으로 시행 가능한 예제를 수립하고자 하는 목적에서 쓰였다.[2] 한국에는 고려 후기에 성리학이 들어오기 시작하면서 《가례》도 전해진 것 같다. 그리고 조선시대가 시작되면서 유교를 정치의 지도이념으로 확립하기 위한 목적으로 《경국대전》과 함께 제정된 《국조오례의國朝五禮儀》에 비로소 대부大夫, 사士, 서인庶人의 관혼상제가 실리게 되었다. 여말선초에는 주로 지배계층에게 가례에 따른 관혼상제를 준수할 것을 적극 권장하였다. 조선 중기에는 《가례》를 한글로 번역하여 피지배계층까지 적극적으로 실행하도록 하였고, 이때부터 그 이론적 근거에 대한 연구가 활발해졌으며, 조선 후기에 이르러 비로소 전국적으로 유교적 가례가 보급된 것으로 보인다.[3]

그러나 한국의 전통 상·장의례를 유교적인 것으로만 볼 수는 없다. 물론 근간을 이루는 것은 유교적인 세계관이 담긴 절차다. 그렇다고 해서 유교적 세계관이 전통 상·장의례를 전적으로 제어하는 것이라고는 할 수 없다. 실제 관행으로 벌어지고 있는 전통

---

2) 주명준(2001) : "조선시대의 죽음관", 《한국인의 사후세계관》, 전주대학교 출판부, 전주, p169.
3) 장철수(1984) : 《한국전통사회의 관혼상제》, 정신문화문고 5, 고려원, 서울, pp5-17.

상 · 장의례의 양상을 보면 효孝의 표현이라는 조상숭배의 한 양상
이 집약되는 의례인 유교적 상 · 장의례와는 상당한 거리가 있음을
발견하게 된다. 실제 우리가 전통 상 · 장의례라고 부르는 것에는
유교적인 것, 불교적인 것, 무속적인 것 등이 절충되어 있다. 죄인
또는 불효자로 자처한 상주들의 차림새나 행위에서 유교적인 특성
을 발견할 수 있고, 염라대왕과 저승사자를 염두에 둔 의례절차인
사자밥 차리기와 상여의 형태 등에서는 민간 불교적인 특징을 찾을
수 있다. 그리고 떠들썩한 상가의 분위기, 출상 전날의 축제적인
놀이, 부정을 가시게 하거나 잡귀를 쫓아내고 탈이 없기를 바라는
여러 의례와 행위 등에서는 민속신앙 또는 무속적인 특징이 나타난
다.[4] 이렇듯 현재 일반에서 관행으로 행해지고 있는 전통 상 · 장
의례는 오랜 역사적인 배경 속에서 형성되고 변해 왔다. 따라서
상 · 장의례 속에는 원초적인 모습이 아직도 생생하게 살아남아 있
는가 하면, 비교적 근래에 끼어든 새로운 의례들도 없지 않다.

　미국의 인류학자인 멀레피트A. W. Malefijt는 그의 저서 《종교와 문
화Religion and Culture》에서 시신屍身을 다루는 의례를 각각 사자의례
死者儀禮, cult of the dead와 조상숭배祖上崇拜, ancestor worship로 구분하여
사용하고 있다. 그에 따르면 죽음의 세계를 무서운 것으로 인식하
고 있는 곳에서는 시신도 역시 무서운 존재로 다루어 사자死者를

---

4) 허용호(2001) : "전통상례를 통해서 본 죽음", 《한국인의 죽음과 삶》, 철학과 현실
　사, 서울, pp235-237.

될 수 있으면 이승과 분리시키려고 노력하는 방법인 사자의례를 따르고 있으며, 그렇지 않은 곳에서는 죽은 사람을 신神의 존재로 전환시키는 절차에 따라 조상을 이승과 연결시키려고 노력하는 조상숭배를 따르고 있다. 한국의 상·장의례는 사자의례와 조상의례가 혼합된 것으로 보인다. 지금은 유교와 불교에 의해서 조상숭배 관념에 의한 상·장의례가 지배적이지만, 유·불교가 들어오기 전 시대의 상·장의례를 엿볼 수 있는 역사적 기록에는 사자의례의 모습이 잘 나타나 있다.[5]

여기서 제시한 한국 전통 상·장의례 절차는 《예서禮書》에 나온 절차를 기본으로 하고, 그 밖에 한국 민간에서 관행으로 시행하고 있는 절차를 추가하였다. 참고로 삼은 문헌은 장철수1984, 1997, 이민수 편역1987, 임재해2000, 김삼대자金三代子, 1990 등이다. 이 중 장철수1997를 주로 참고하고 다른 문헌에서 인용한 것은 각주를 달았다.

한국 전통 상·장의례 절차

《예서》에 나타난 상례의 의례절차는 초종初終, 습襲, 소렴小殮, 대렴大殮, 성복成服, 조상弔喪, 문상聞喪, 치장治葬, 천구遷柩, 발인發靷, 급묘及墓, 반곡反哭, 우제虞祭, 졸곡卒哭, 부제祔祭, 소상小祥, 대상大祥, 담제禫祭, 길제吉祭의 총 19단계로 되어 있다.

---

5) 장철수(1997) : 《한국의 관혼상제》, 집문당, 서울, pp40-42.

초종初終

초종은 임종에 대한 준비, 복復, 수시收屍, 상喪 기간의 역할 분담, 상제들에 대한 근신내용, 시사전始死奠, 치관治棺, 부고訃告에 관계되는 절차로 이루어져 있다.

운명이 가까우면 정침正寢[6]에 모시고 속광屬纊[7]을 한다.

복은 고복皐復, 초혼招魂이라고도 하는데, 지붕 위에 올라가 북쪽을 향하여 망자의 웃옷을 휘두르며 이름을 세 번 부른다.[8]

수시는 시상屍牀을 마련하여 옮기고, 입에는 각사角柶[9]를 물려 벌리고, 다리는 연궤燕几를 써서 맨다.[10]

상 기간喪 期間의 상제들에 대한 근신내용은 역복불식易服不食으로

---

6) 이민수 편역(1987) :《冠婚喪祭》, 을유문고 180, 을유문화사, 서울, p37.
7) 햇솜을 환자의 입과 코 위에 놓아두었다가 숨이 끊어지면 입과 코를 막는 것을 말한다.
8) 〈예운(禮運)〉에는 지붕에 올라가는 것은 혼이 위에 있기 때문이며, 혼을 불러 그 체백(體魄)에 합치토록 하여 살아나지 않으면 죽은 것으로 취급하는 것이라고 했다. 〈상대기(喪大記)〉에는 세 번 부르는 것은 천, 지, 사방에서 혼이 오는 것을 말하는 것이라고 하였다. 초혼을 할 때는 곡을 그치고 조용한 가운데 한다. 지붕에 올라가서 왼손으로는 망자 웃옷의 목을 잡고 오른손으로는 허리를 잡아 북쪽을 바라보고 '모복(某複)'이라고 세 번 길게 부른다. 이민수 편역(1987) : 앞의 책, p38. 그런 뒤에는 옷을 망자의 주검 위에 덮는 것이 일반적이나, 영좌에 주거나 지붕 위에 던져 주기도 한다. 그러다가 나중에 입관할 때 관 속에 넣기도 한다. 임재해(2000) :《전통상례》, 빛깔 있는 책들 16, 대원사, 서울, p21. 이때 사용하는 옷은 죽은 사람이 입었던 옷, 그중에서도 몸에 직접 닿았던 속적삼을 사용한다. 최운식(2001) : 앞의 책, p73.
9) 뿔로 만든 것으로 멍에같이 생겼다. 나중에 반함(飯含)하는 절차를 위해 사용한다.
10) 침상과 포장을 마련하여 시신을 옮겨 뉠 때 머리는 남쪽으로 향하게 한다. 이민수 편역(1987) : 앞의 책, p39. 시상 앞에는 병풍을 치고 향상을 차린다. 향상 위에는 촛불과 함께 포를 올리고 상주가 분향(焚香)을 하고 헌작(獻爵)하여 놓는다. 향과 촛불이 꺼지지 않도록 주의한다. 장철수(1984) : 앞의 책, p67.

남자 상제들은 심의深衣를 입되 옷섶을 여미지 않는다. [11] 여자 상제들은 머리를 풀고 화려한 옷치장을 버리고 흰 옷차림에 맨발을 한다. 음식에 대해 아들들은 3일, 기년朞年과 구월복인九月服人은 세 끼니, 오월五月과 삼월복인三月服人은 두 끼니를 먹지 않는다. 그다음에 축관이 시사전을 드린다. [12] 집사는 포와 식혜를 탁자 위에 놓고, 축관은 손을 씻고 술잔을 씻은 다음 술을 따라 시신의 동쪽 어깨에 닿을 만큼 올린다.

실제 관행에는 초혼 다음에 '사자使者밥'을 차리는 것이 있다. 사자밥은 세 그릇의 밥을 기본으로 하되, 그 내용물은 지방마다 각기 다르다. 초혼하는 장소도 문 밖, 방 밖, 또는 사자밥 앞으로 각각 다르다. [13]

화톳불은 밤에 마당 가운데에 피운다. 이것은 염습을 하기 전이라도 사람이 죽은 즉일로 하는 것이 마땅하다. 《예소禮疏》에 의하면 "초상이 있으면 마당 한가운데 화톳불을 밤새도록 피우다가 새벽이 되면 끈다."고 했다. [14]

---

11) 흰 두루마기로 역복을 하며 한쪽 팔을 끼우지 않는다.
12) 생시에 올리던 포해(脯醢) 가운데 남은 것을 차려 시신의 왼쪽(동쪽) 어깨쯤에 놓는다.
13) 저승사자는 흔히 셋이라고 하여 사자상(使者床)을 차릴 때에도 밥과 술, 짚신, 돈 등을 모두 셋씩 차린다. 반찬으로는 간장이나 된장만 차린다. 임재해(2000) : 앞의 책, p24.
14) 임재해(2000) : 앞의 책, p47.

습襲

《예서》에 나타난 습의 절차는 굴감掘坎, 목욕, 습, 곡, 반함飯含, 설료設燎, 설영좌設靈座, 입명정立銘旌으로 되어 있다.

집안 깨끗한 곳에 구덩이를 파고굴감 시신을 목욕시키는데, 쌀뜨 물로 위부터 씻겨 내려간다. 상투를 틀고 머리칼과 손발톱을 깎아 담아 둔다.[15] 목욕시킬 때 사용한 수건, 빗, 남은 뜨물 등은 구덩 이에 버리고 묻는다.[16] 그리고 습의襲衣를 입힌다.[17] 시신의 머리를 남쪽으로 하고 시사전을 옮긴다. 남녀 상주들은 고석藁席을 깔고 마주 보고 곡을 한다. 이어서 반함飯含을 하는데, 주인이 흰 소매 를 벗어 허리 오른쪽에 꽂고, 버드나무 수저로 쌀을 떠 입에 넣고 구슬이나 엽전을 입에 넣는다.[18] 반함이 끝나면 남은 습의를 입힌 다.[19] 혼백魂帛[20]을 만들어 영좌를 꾸며 모시고 명정銘旌을 세운다.

---

15) 이것은 대렴을 한 뒤에 이불 속에 넣는다. 평상시에 빠진 이가 있으면 함께 주머 니 속에 넣는다. 이민수 편역(1987) : 앞의 책, p44.
16) 습에 쓰는 목욕물은 향나무를 잘게 쪼개어 삶은 향탕수(香湯水)나 쑥 삶은 물 아 니면 쌀뜨물을 쓴다. 향탕수로 머리를 감긴 뒤 남자는 상투를 틀어 동곳을 꽂고, 여자는 쪽을 지어 버드나무 비녀를 꽂는다. 이어 향탕수를 솜으로 찍어 시신의 얼굴과 윗몸, 아랫몸을 차례로 씻기고 준비해 둔 수건으로 물기를 말끔히 닦아 낸다. 조발낭(爪髮囊)도 네 개를 준비한다. 임재해(2000) : 앞의 책, pp29-30.
17) 중치막, 허리띠, 저고리, 바지, 행전, 버선을 신긴다. 옷은 첩첩이 껴서 아래옷 부터 입힌다.
18) 일설에 의하면 사(士)는 쌀과 조가비를 물려 주고, 대부(大夫) 이상은 이 외에 주 옥(珠玉)을 쓴다. 이민수 편역(1987) : 앞의 책, p46. 첫 술은 "백 석이요." 하면서 입 안 오른쪽에, 둘째 술은 "천 석이요." 하면서 입 안 왼쪽에, 마지막 술은 "만 석이요." 하면서 입 안 가운데에 떠 넣는다. 임재해(2000) : 앞의 책, p33.
19) 이때 폭건, 충이, 명목, 악수, 심의 대대, 신을 씌우고 입힌다.
20) 영혼이 주검에서 떠나 머무는 곳을 상징한 물체로 한지를 전후좌우로 몇 차례 접어서 만들거나 삼색 실을 우물 정(井)자 모양으로 엮어 만든다. 혼백을 흰 상 자에 넣어 모시는데 이를 혼백상자라 한다. 임재해(2000) : 앞의 책, p36.

이때 조문하는 사람들이 시신과 상주에 대해서 곡을 하면 상주는
곡만 할 뿐 말을 하지 않는다.

소렴小殮

시신을 옷으로 싸는 절차로《예서》에 나타난 절차는 소렴, 괄
발括髮, 전奠, 대곡代哭으로 되어 있다. 소렴은 사자의 옷 가운데서
적당히 골라 한다. 옷을 겹겹으로 하여 머리를 괴고 양어깨와 다리
의 빈 곳에 채운다. 남은 옷으로 시신을 덮고 이불로 싸서 세로띠
와 가로띠로 맨다. 남자 상제는 머리를 삼끈으로 묶고 웃옷의 한
쪽 어깨를 드러낸다. 여자 상제는 북머리 쪽을 하여 대나무 비녀를
꽂는다. 다음에 전을 드리고 대곡으로 곡성을 끊이지 않는다.

대렴大斂

소렴한 이튿날, 죽은 지 3일째 하는 절차로 대렴, 설영상設靈牀,
설전設奠, 설상차設喪次, 지대곡止代哭으로 되어 있다.

대렴이란 입관하는 것을 말하고, 관 안에 칠성판[21]과 요를 깔고
시신을 놓는다. 관 귀퉁이에 생전에 빠진 머리와 이빨 등을 넣고
옷으로 빈 곳을 채운다.

관 동쪽에 영상[22]을 설치한 다음 전을 올린다.

---

21) 송판에 북두칠성과 같은 7개의 구멍을 뚫은 것이다. 대렴할 때 관 속에 출회를
간 다음 종이를 덮고 그 위에 칠성판을 얹어 사용한다. 김삼대자(1990) : "상장례
용구 및 용품",《한국의 상장례》, 미진사, 서울, pp145-158.

그리고 중문 밖에 의여倚廬를 짓고 남자의 상차로 삼는다. 여자의 상차는 중문 안에 마련한다.

이때는 대곡을 그치게 하고 조석곡만 한다.

실제로는 습과 소렴, 대렴이 합쳐져서 하나의 절차, 즉 염습으로 행해지고 있다. 시신은 지방에 따라 향물, 쑥물, 쌀뜨물 등으로 목욕을 시키며, 습의, 즉 수의를 입힌다.

성복成服

성복의 절차는 성복, 식죽食粥, 조석전, 상식, 천신薦新으로 되어 있다.

성복은 죽은 지 4일 만에 남녀 상제들이 관을 마주 보고 5복[23]으로 갈아입으며 곡을 한다. 상제는 이때부터 죽을 먹기 시작한다. 전을 올리며 때가 되면 상식[24]을 한다. 저녁에는 전을 올린 다음 영상에 이불과 베개를 펴고 혼백을 받들어 곡을 한다. 초하루

---

22) 침상에 자리, 베개, 이불, 빗 그리고 병풍 등을 차려 살아 있을 때와 같이 해 놓은 것을 말한다.
23) 상복의 종류: 혈연관계의 친소에 따라 복잡하게 규정되어 있다. 참최(斬衰, 아들이 아버지를 위해 입는 상복) 3년; 재최(齊衰, 아들이 어머니를 위해 입는 상복) 3년; 장기(杖朞, 적손이 그 아버지는 죽고 조부가 있을 때 조모를 위한 상복), 부장기(不杖朞, 조부모, 백숙부모, 형제를 위해 입는 상복) 5월, 3월; 대공(大功, 종형제와 종자매를 위한 상복) 9월; 소공(小功, 종조부와 종조모를 위한 상복) 5월; 시마(緦麻, 종증조부, 종증조모를 위한 상복) 3월; 요사(夭死)한 사람의 경우에는 여기서 한 단계씩 낮춘다. 이민수 편역(1987) : 앞의 책, pp57-61. 상주는 아버지를 잃은 경우에는 대나무 지팡이를, 어머니를 잃은 경우에는 오동나무 지팡이를 짚는다. 임재해(2000) : 앞의 책, p41.
24) 상식은 헌작(獻爵), 개반개(開飯蓋), 삽시(揷匙), 정저(正箸), 진숙수(進熟水), 철상(撤床)의 절차로 되어 있다.

에는 조전을 올리는데, 이때는 여러 가지 찬을 차리며 또 새 음식이
있으면 올린다.

실제로는 성복은 4일 만에 하지 않고 상복이 준비된 다음 입관
후에 한다. 성복은 안마당에 자리를 깔고 정화수를 놓고 마주 서
서 곡을 하면서 옷을 바꾸어 입은 다음 맏상주가 성복제를 지낸
다. 상복의 복장도 일정한 규칙 없이 집안마다 각각 형편에 따라
달리한다.

조상弔喪

흰옷 차림으로 전을 올릴 것을 준비하고, 전물奠物로는 향, 초,
술, 과일을 올리고, 부의賻儀로는 돈과 옷감을 준비한다. 미리 조상
하는 사람의 이름을 알리고 영좌 앞에서 곡을 하고 전을 올린 다
음 조상한다.

문상聞喪

상주가 먼 곳에 있다가 상을 당했을 때 행하는 절차로 실제로
는 행해지지 않는다.

치장治葬

《예서》에 나타나 있는 치장의 절차는 장기葬期, 택지擇地, 사후토
祠后土, 천광穿壙, 작회격作灰隔, 각지석刻誌石, 조대여造大轝, 삽翣, 작주
作主로 되어 있다. 3개월이 지나야 장사를 지냈으며, 그 이전에 마

땅한 장소를 골라야 한다. 그날이 되면 먼 친척 중 한 사람을 가려 후토后土, 즉 토지신에게 고사告辭를 하게 하고 착광한다. 광중을 만든 다음 석회로 곽槨과 같이 되게 만든다. 지석誌石을 새기고 대여大輿와 삽[25]을 만들고 밤나무로 신주神主를 만든다.

실제로 장기에 3~9일이 소요되는 것이 보통이다.

천구遷柩

《예서》에는 조전朝奠, 조조朝祖, 대곡代哭, 부의賻儀, 조전祖奠, 취여就轝, 견전遣奠, 봉혼백奉魂帛의 절차로 진행되는 것으로 나와 있다.

발인하기 전날 오복인五服人들이 모여 조전을 올리고 영구를 사당으로 옮겨 다시 전을 올린다. 그리고 대청으로 영여를 옮긴 다음 발인까지 대곡을 시킨다. 친한 손님들은 다시 전을 올리고 부의를 한다. 해질 무렵에 석전을 올린다. 영구를 옮겨 대여에 싣고 견전遣奠을 올린다. 축관이 혼백을 받들어 영여에 올리고 신주를 그 뒤에 둔다.

실제로는 발인까지는 영구를 그대로 모시고, 발인 전날 해 질 무렵에 상주가 상식을 올리며, 아침에도 상식을 올린다. 상여가 꾸며졌으면 영구를 내 모신다. 복인들이 영구를 받들어 방의 네 모퉁이에 맞추고 방문을 나설 때 문지방에 한 번 걸치고 나오면서 바가지를 엎어 놓고 깨뜨린다. 영구를 상여에 모신 다음 상주가 발인제를 올린다.

---

25) 운삽[雲翣, 사(士)가 쓰는 것]과 불삽[黻翣, 대부(大夫)가 쓰는 것]이 있다.

지방에 따라서는 '대도듬, 대뜨리, 상여놀이'라고 하여 상여를 안마당으로 들여와서 꾸며 메고 이튿날 행상에 앞선 예행연습을 하기도 한다. 이때에 나이 많은 동리 어른을 태우고 만가를 부르기도 하는데, 이것을 매우 좋아하거나 즐거워하고 있다.[26]

발인發靷

《예서》의 발인 절차는 구행柩行, 곡보종哭步從, 친빈전親賓奠으로 되어 있다.

구행의 순서는 방상,[27] 명정, 영여, 공포功布, 대여, 운불삽으로 하고, 상주와 복인들이 곡을 하며 뒤따른다.

여자 상제들은 집에 머문다.

급묘及墓

《예서》에 나타난 급묘의 절차는 설영악設靈幄, 전奠, 증현훈贈玄纁, 실회토實灰土, 사후토, 하지석下誌石, 제주題主, 봉주奉主로 되어 있다. 방상이 도착하면 창으로 광중의 네 귀퉁이를 찌르고, 영구가 도착하면 혼백을 영악에 모시고 전을 올린다. 영구가 도착하면 내

---

26) 장철수(1884) : 앞의 책, p84.
27) 벼슬이 4품 이상일 때는 네 눈이 달린 것을, 그 이하일 때는 두 눈이 달린 것을 사용했다. 곰 가죽을 어깨에 걸치고 검은 웃옷과 빨간 아래옷을 입고 양손에는 창과 방패를 든다. 잡귀를 몰아내 죽은 이의 저승길을 깨끗이 닦아 주는 셈이다. 진도 지방에서는 이와 같은 행위를 일러 '희광이 춤'이라고 한다. 희광이는 사형 집행인인 망나니의 다른 이름이다. 임재해(2000) : 앞의 책, p66.

려 명정으로 덮었다가 하관한다. 운불삽은 광중 양쪽에 세워 둔다. 상주가 현훈玄纁[28]을 축관에 주어 관의 동쪽에 바친다. 횡판으로 덮고 회와 흙으로 다진다. 묘 옆에서 사후토祀后土하고 평토가 되면 지석을 묻는다. 신주를 영여에 모시고 영좌를 거두어 돌아온다.

반곡反哭

《예서》에 반곡은 반혼곡返魂哭, 설設영좌, 조상弔喪과 함께 복인에 대한 근신내용이 포함되어 있다. 영여를 받들고 돌아오면서 곡을 하며 집에 도착해서는 영좌에 신주를 모신다. 그리고 조상하는 사람을 맞는다. 다음부터 구월복인은 음주와 식육을 할 수 있으며, 대공복 이하는 자기의 집으로 돌아가 평소와 같이 생활을 한다.

우제虞祭

우제에는 초우제, 재우제, 삼우제의 세 종류가 있다. 우제의 절차는 목욕, 진설, 출주, 입곡, 강신, 진찬, 초헌初獻, 아헌亞獻, 종헌終獻, 유식侑食,[29] 합문闔門, 계문啓門, 사신辭神이며, 삼우제에는 그다음에 매혼埋魂, 파조석전罷朝夕奠이 뒤따른다.

초우제는 반곡한 날에 지낸다. 사신한 다음 축관이 혼백을 모시고

---

28) 예단, 폐백으로 쓰는 것인데 검은빛과 붉은빛의 비단을 말한다. 《가례》에는 원래 현을 여섯 개, 훈을 네 개로 하고 각각 18자 비단을 쓰는 것이라고 했다.
29) 밥을 아홉 번 뜨는 시간 동안 유식(집사자가 첨잔을 하고 숟가락을 밥에 꽂고 젓가락을 대접에 올려놓는 것)을 한다.

깨끗한 곳에다 묻는다. 이후로 조석곡을 하되 전을 올리지 않는다.

초우제를 지낸 뒤 유일柔日에 재우제를 지내며, 또 강일剛日이 되면 삼우제를 지낸다.

실제로는 반곡한 날 지첩을 붙이고 초우제를 지낸다. 그리고 식사 때가 되면 상식을 올린다. 이튿날 아침에 재우제를 지내고 성묘를 다녀온다. 삼우제 때까지 식사 때가 되면 상식을 올리고, 삼우제도 재우제와 같이 지낸다. 이후에는 첫 초하루와 보름날 아침에 상식을 드린 다음 성묘를 다녀온다.

졸곡卒哭

《예서》에는 삼우를 지낸 뒤 강일이 되면 졸곡제를 지낸다고 되어 있다.

실제로 졸곡제는 100일쯤 되는 정일丁日 또는 3개월째 되는 날 아침에 지내며, 곡은 삼우제 지낸 이튿날에 그친다.

부제祔祭

《예서》에서는 졸곡 다음 날 지낸다. 상제들이 목욕하고 새벽에 진설한 다음 영좌에 곡을 한다. 실제로는 지내지 않는다.

소상小祥

《예서》에서는 1주기가 되면 소상을 지낸다. 하루 전에 상제들이 목욕하고 입고 있는 상복 가운데 남자는 수질首絰을, 여자는 요질腰絰을 없앤다. 상주들은 비로소 채소와 과일을 먹는다.

실제로는 일주년이 되기 전날 저녁에 진설과 함께 상식을 올리며 이튿날 새벽에 소상을 지낸다.

대상大祥

《예서》에서는 2주기가 되면 대상을 지낸다. 모든 절차는 소상과 같으며, 이후 영좌를 걷고 상장은 꺾어 깨끗한 곳에 버리고 상복을 벗는다.

실제로는 전날 저녁에 상식을 올리고 이튿날 새벽에 대상을 지낸다. 그리고 수질, 요질, 상장喪杖 등을 태우고 탈상을 한다. 그러나 두건과 소복은 계속 입는다.

담제禫祭

《예서》에서는 대상 후 1개월이 지난 달에 택일하여 담제를 지낸다. 이후 상제들은 비로소 음주, 식육을 한다.

실제로는 대상 후 100일쯤의 정일丁日에 담제를 지내고, 이 이후부터 빛깔이 있는 옷을 입을 수 있다.

길제吉祭

《예서》에서는 담제를 지낸 뒤 1개월 안으로 택일하여 길제를 지낸다. 절차는 3일 전에 제계하고 사당에 고한다. 제수에 비로소 희생을 준비한다. 실제로는 지내지 않는다.

확충 및 상징적 의미 고찰

앞에서 살펴본 전통 상·장의례의 19가지 의례절차 중 실제로는 초종, 염습습, 소렴, 대렴을 하나로 합침, 성복, 조상, 치장, 발인, 급묘, 우제, 졸곡, 소상, 대상, 담제 등 모두 12단계가 행해지고 있다. 그리고 이러한 절차들은 관점에 따라 여러 가지로 구분할 수 있다. 우선 과정으로 보면, 상례를 위한 준비절차초종, 시신처리 방법습, 소렴, 대렴, 치장, 천구, 발인, 급묘, 사자에 대한 생자의 의무와 행동성복, 조상, 문상, 반곡, 우제, 졸곡, 부제, 소상, 대상, 담제, 길제으로 나눌 수 있다. 그리고 영혼과 육신의 분리라는 의미에서 보면, 영혼과 육체가 갈리는 절차초종, 습, 소렴, 대렴, 영혼이 떠난 육체를 모시는 절차성복, 조상, 치장, 천구, 발인, 급묘, 육체를 떠난 영혼을 모시는 절차반곡, 우제, 졸곡, 부제, 소상, 대상, 담제, 길제로 나눌 수 있다. 또한 방주네프Van Gennep의 통과의례 모델에 맞추어 보면, 임종, 고복, 사자상까지의 의례가 죽은 자를 이승에서 분리시키는 의례라면, 그 뒤 탈상까지는 영혼이 이승을 떠나서 저승의 성원으로 통합하기까지의 전이기에 해당되는 의례다. 소상과 대상까지의 전이기를 거치고 탈상의례를 하게 되면 영혼이 저승에 완전히 통합되는 셈이다. [1]

사자死者——(습)——혼백魂帛——(장례/매장)——신주神主

전奠(12종류)   제祭(9번)

　　그림과 같이 사자는 죽은 뒤 습의 과정을 통해 육신에서 혼魂이 분리되어 혼백魂帛에 거하게 되고, 다시 육신이 매장된 다음에는 신주神主를 만들어 모시게 된다. 이 과정에서 혼백과 신주에 대한 수많은 의례가 있다. 초종에서 매장 전까지 시신에게 올리는 음식은 전이라 하여 시사전에서 견전까지 12번을 차린다. 이것이 시신을 매장한 다음 반곡을 한 후에는 신주에 대한 제로 바뀌는데, 우제부터 길제까지 9번을 차린다.

　　여기서는 그 목적이 상·장의례 절차에 담겨 있는 심리학적인 상징의 의미를 살펴보는 데 있는 만큼, 비교적 유교의 효 사상이 많이 반영된 사자에 대한 생자의 의무와 행동에 관련된 절차보다는 원시적인 심성이 보다 더 많이 담겨 있다고 생각되는 초종과 시신처리 방법에 관한 절차를 중점적으로 고찰하려고 한다. 그렇다고 전자가 심리학적으로 의미가 없는 것이라고 생각하지는 않는다. 그것은 죽음에 대한 또 다른 논의를 할 때 보다 자세히 다루어질 수 있을 것으로 생각된다.

　　논의의 편의상, 죽음의 확인과 의례의 준비초종, 시신의 처리염습, 장송葬送의례대렴 이후 급묘까지, 상제의 의무와 전·제, 상·장의례의

---

1) 임재해(2000) :《전통상례》, 빛깔 있는 책들 16, 대원사, 서울, p13.

시간·공간의 문제 등으로 나누어 살펴보고, 마지막으로 전체적으로 분석심리학적인 의미를 추론해 보겠다.

임종 확인과 의례의 준비

죽음을 맞이하는 과정은 다른 어느 통과의례보다 경건하다. 임종이 가까우면 환자를 정침正寢에 모시고, 헌 옷을 벗기고 새 옷을 입히고, 머리를 동쪽으로 향하게 넌다고 했다. 정침이란 원래 남자는 사랑방에, 여자는 안방에 옮겨 임종하도록 하는 것을 말하지만, 한국에서는 일반적으로 안방 아랫목에 모시는 식으로 행하고 있다. 그리고 천거정침의 단계에 이르면 객지에 나갔던 자식들과 가까운 가족들을 모이게 한다. 임종 때에는 가족들이 방을 비우지 말고 지켜봐야 한다. 만일 자식이 부모의 임종을 보지 못하면 가장 큰 불효로 알고 평생 죄스럽게 생각한다.

성서에도 사람이 죽으려 할 때 그것을 관찰하는 것이 의무로 되어 있다.[2] 기독교 사회에서는 임종에 있는 사람에게서 죄 고백을 받고, 자신의 재산과 유산을 적절히 처리할 시간을 준다. 유언은 죽어 가는 자가 영원으로 가는 준비를 할 때 중요했다. 관습적으로 가능하면 10명의 남자를 참여토록 했으며 어떤 경우에도 혼자 놔두지는 않았다.[3]

---

2) 여호수아 23:14
3) Davies J(1999) : *Death, Burial and Rebirth in the Religions of Antiquity*, Routledge, London and N.Y., p104.

이러한 관습은 죽음에 대한 원시적 공포를 극복한 문화 단계에서 볼 수 있는 것으로, 죽어 가는 이에 대한 효의 의미나 죄 고백 혹은 이승을 정리할 시간을 준다는 의미도 있지만, 그러한 절차 안에는 또 다른 상징적인 의미도 있다. 죽어 가는 과정은 심리학적으로 무의식으로의 하강, 즉 의식수준의 저하_{abaissement du niveau mental}가 일어나는 상태를 말한다. 이 현상은 사자뿐 아니라 생자의 의식에도 일어나고, 이때는 집단적 무의식의 원형들에 쉽게 영향을 받게 된다. 따라서 그러한 상황에서 주의 깊은 관찰이 절대적으로 필요하다.

　여기서 관심이 가는 부분은 임종을 맞이한 사람을 북쪽으로 난 문 옆에 머리가 동쪽으로 향하도록 눕힌다는 것이다. 음양오행설에서 동쪽은 남쪽과 더불어 양陽의 방위이고, 오방위五方位를 기준으로 해 청룡으로 푸른색을 뜻한다. 동쪽은 목木으로서 계절로는 봄이다. 그리고 동쪽은 해가 솟아오르는 방향으로 소생과 부흥을 뜻하고, 죽음과 부활에 관련된 의식에서는 해돋이와 생명을 상징한다. 기독교에서도 동쪽은 생명과 빛을 상징하고, 동쪽으로 향하는 것은 영적인 계시와 신으로 향함을 의미한다.[4] 따라서 죽어 가는 사람을 동쪽을 향해 눕힌다는 것은 동쪽이 갖는 양기陽氣와 빛을 받아 꺼져 가는 생명을 다시 소생시켜 보려는 것을 의미한다고 볼

---

4) 한국문화상징사전 편찬위원회(1996) :《한국문화 상징사전2》, 두산동아, 서울, pp163-166.

수 있다.

그리고 햇솜을 환자의 코와 입에 놓아두었다가 숨이 끊어지는 것을 확인하고 입과 코를 막는 속광屬纊의 절차를 거친다. 이것은 호흡의 정지를 확인하여 죽음을 인정한다는 과학적인 시각으로 볼 수 있는 절차이면서도, 영혼은 일반적으로 육체의 선천적인 구멍, 특히 입과 콧구멍으로 탈출한다고 생각하는 원시적인 관념과 관련 되는 절차이기도 하다. 프레이저Frazer의 《황금가지The Golden Bough》에 는 이와 관련된 여러 예가 보고되고 있다. 마르케이산Marquesan족族 은 죽어 가는 사람의 영혼이 도망치는 것을 방해하여 그의 목숨을 연장시키기 위해 입과 코를 막는다. 뉴칼레도니아족에게서도 같은 관습이 보고되고 있다. 또 남아메리카의 이토마나Itomana족은 죽은 자의 영혼이 나가서 다른 사람의 영혼까지 유인할 경우를 대비하 여 죽어 가는 사람의 눈, 코, 입을 봉한다. 니아스 주민들은 최근 에 죽은 자들의 귀령을 두려워하고, 그것이 호흡과 같이 코와 입을 통해 나간다고 생각해서 시신의 코를 봉하고 턱을 묶어 떠도는 영 혼을 성소tabernacle에 가두어 두려고 한다.[5] 그리고 낮잠을 자는 동 안 콧구멍에서 생쥐가 나갔다가 다시 들어왔는데 잠에서 깨어 보 니 그것이 꿈이었다는 한국의 민담[6]에서도 영혼이 콧구멍으로 드 나든다는 것으로 보아 이것이 보편적인 원시적 관념임을 알 수 있

---

5) Frazer JG(1969) : *The Golden Bough*, I vol. Abridged Ed. The Macmillan Co., Toronto, Ontario, pp208-209.
6) 성기설(1976) : 《한국구비전승의 연구》, 일조각, 서울, p253.

다. 즉, 전통 상·장의례 때 행하는 입과 코를 막는 행위는 일반적으로 알려진 불순물이 흘러나오지 못하도록 한다는 실제적인 이유보다는, 구멍을 통해 영혼이 빠져나가는 것을 방지하려는 것이거나 아니면 악한 영향을 주는 방금 죽은 자의 영이 빠져나가는 것을 방지하려는 원시적인 관념에서 비롯된 것으로 볼 수 있다.

이상에서 보면 죽음은 영혼이 육신에서 떠나는 것이라는 관념을 알 수 있다. 이것은 인류의 보편적인 관념이다. 이익은《성호사설》에서 죽음이란 양기陽氣가 떠서 흩어짐을 뜻하며, 흩어진 양기는 둘로 분화하여 하나는 양으로서 신神이 되고, 다른 하나는 땅으로 강하하여 음으로 귀鬼가 된다고 하였다. 여기서 양기의 정령精靈은 혼魂이고, 음기의 정령은 백魄이다. 우리의 육체는 죽음으로써 혼과 백으로 분리된다는 것이다. 고대 이집트인들도 죽은 사람의 영혼의 한 부분인 그의 별 또는 새 모양의 '바ba'는 하늘을 나는 태양신의 배舟를 따르며 공중을 자유롭게 난다고 하였다. 반면에, 일종의 분신分身인 '카ka'는 밑의 세상에서 시신과 함께한다고 한다.[7] 한국의 민간에서는 하늘을 나는 혼이 형상화되어 시각적으로 나타나기도 한다. 환자가 쇠잔해져서 소생할 수 없는 경우 죽기 며칠 전 또는 몇 달 전에 그에게 붙어 있던 혼백이 불덩이로 형상화되어 육신

7) Von Franz ML(1998) : *On Dream & Death*, Open Court, Chicago and Lasalle, Illinois, pp3-4.

을 떠나간다는 믿음이 여러 지방에 전해져 온다. 전남 지방에서 보고된 것으로 그 혼魂불은 황홍색黃紅色이고 크기는 둥글둥글한 대접만 한데, 그것이 나오면 처마 끝에서 고무풍선이 부침하는 양 네댓 번 추녀에 붙었다 떨어졌다 하는 것처럼 오르내리고 이내 날아가듯 포물선을 그리면서 비상하다가 지면에 떨어지면 꺼져 버린다고 한다. 사람들은 일단 혼불이 환자에게서 나가면 백약이 무효라서 다시 소생할 수 없다고 믿고 있다.[8] 이렇게 혼이 위로 날아오른다는 관념도 인류 보편적이다. 일본, 독일, 중국 등지에는 사람이 죽으면 곧 천장에 구멍을 뚫고 지붕의 기와를 1~3매 벗기는 풍습이 있다. 그리고 유럽에는 일반적으로 사람이 죽으면 출입문이나 창문을 여는 풍습이 있는데, 이러한 풍습들은 죽은 사람의 영혼이 그곳을 통해 나가게 하려는 뜻이라고 한다. 인도양의 안다만도의 원주민들은 죽은 후 사령死靈은 지하로 내려가고 정령精靈은 하늘로 올라간다고 믿으며, 네그리토족은 사자의 영혼은 육체를 떠나 밀림이나 바다의 형태로 되어 영생불멸한다고 믿는다.[9] 인도에서 탑 위쪽에 있는 출구는 여러 이름을 가지고 있는데, 일명 브라흐마란드라도 그중의 하나다. 이 말은 요가-탄트라의 테크닉에서 중요한 역할을 하는 두개골 맨 위의 출구를 가리키며, 죽음의 순간 이곳을 통하여 영혼이 날아간다는 것이다. 영혼이 쉽게 탈출할 수 있도

8) 이규창(1994) : 《全羅民俗論攷》, 집문당, 서울, p187.
9) 최운식(2001) : 《옛이야기에 나타는 한국인의 삶과 죽음》, 한울, 서울, p71.

록 하기 위해 죽은 요가수행자의 두개골을 깨뜨리는 관습도 이러한 관념과 관련이 있다. 이러한 인도의 관습에 대응하는 것으로서 유럽과 아시아에 널리 퍼져 있는 신앙이 있다. 그것은 죽은 사람의 영혼이 굴뚝이나 지붕, 특히 지붕 가운데서도 '성스러운 영역' 위쪽에 해당하는 지붕을 통하여 떠나간다고 생각하는 것이다.[10]

이러한 관념을 엿볼 수 있는 것으로 한국 전통 상·장의례에는 속광으로 죽음을 확인한 다음에 떠나가는 영혼을 부르는 고복의 절차가 있다. 의례적인 행위를 통해 죽어 가는 사람들에게서 떠나가는 영혼을 불러와 소생시킨다는 이야기는 예로부터 범세계적으로 많이 있어 왔다. 예를 들면, 호주 우룬제리 부족의 어떤 남자가 그 영혼이 이탈하였기 때문에 최후의 숨을 거두려고 하였다. 그때 주의呪醫가 와서 막 저녁노을 속으로 들어가는 영혼을 쫓아서 그 절반쯤에서 붙잡았다. 주의는 이 방황하는 영혼을 붙잡아 어포섬opossum 모피에 싸 가지고 돌아와 죽은 남자의 몸 안에 다시 넣어 주었다. 그러자 잠시 후 그 남자는 살아났다고 한다.[11] 미얀마의 카렌족은 영혼이 육체로부터 빠져나가서 그 소유자를 죽게 하지 않을까 하는 걱정을 잠시도 놓지 않는다. 어쩐지 자기의 영혼이 치명적인 일보를 밟는 듯한 걱정이 들면 그 사람은 그것을 멈추게

---

10) Eliade M(1998) :《성과 속》, 한길사, 서울, pp161-162.
11) 한국에도 도깨비로부터 소녀의 영혼을 빼앗아 그것을 되돌려 주어 죽어 가는 소녀를 소생시켰다는 〈아버지의 재산〉 이야기가 전해진다. 이부영(1995) :《한국민담의 심층분석》, 집문당, 서울, p265.

하기 위한 혹은 그것을 불러오게 하기 위한 의식을 거행하는데, 가족 전원이 참가하여야 한다. 이때 암탉과 수탉 그리고 아주 좋은 쌀과 한 다발의 바나나로 식사가 조리된다. 다음에 일가의 장長이 되는 사람이 언제나 밥을 수북이 담은 주발을 손에 들고 사닥다리 꼭대기를 세 차례 치고 "푸르르루 영혼아! 돌아오라. 바깥에서 늦장 부리지 말라. 돌아오라."라고 말한다. 그 후에 가족은 함께 식사를 한다.[12] 중국의 아모이廈門에서는 어린아이가 경련을 일으키면, 놀란 엄마는 급히 지붕으로 올라가 그 아이의 옷을 달아맨 대나무를 흔들면서 "내 아이 아무개야, 돌아오너라, 돌아오너라, 집으로 돌아와."라고 외친다. 한편, 그 집의 다른 동거인 한 사람이 방황하는 영혼의 주의를 끌기 위해 종을 치는데, 영혼은 그 옷을 알아보고 그 속에 들어간다고 한다. 이렇게 한 후 영혼을 싼 옷을 병든 아이의 위나 옆에 둔다. 만일에 그 아이가 죽지 않으면 조만간 완쾌될 것이 틀림없다. 같은 의미로 어떤 인디언들은 도망친 영혼을 장화에 넣은 다음 발을 넣어서 영혼을 몸에 집어넣는다.[13] 이와 같이 떠나가는 영혼을 불러오는 데 다양한 방법이 동원되고 있다. 그중에서 한국의 상·장의례에서 사용하고 있는 방법은 지붕에 올라가 북쪽을 향하여 고인의 옷을 흔들면서 이름을 세 번 부르는 것이다.

---

12) Frazer JG(1969) : 앞의 책, p212.
13) Frazer JG(1969) : 앞의 책, p216.

여기서 북쪽은 민간에서는 귀신이 드나드는 귀문鬼門이 있는 방향이고, 사람의 명命을 관장하는 신이 살고 있는 곳이다. 그리고 북쪽은 해가 뜨는 곳을 향해 왼쪽으로서 음陰의 방향이고, 어둠, 추움, 죽음, 정태성의 상징이고, 검은색과 검은 거북이로 표현된다. 북쪽은 12지로 자子, 쥐이고, 사시四時로는 겨울이고, 오행으로는 물이며, 역경의 괘로는 감괘坎卦에 해당한다. 거북 형상의 현무는 물을 맡은 태음신太陰神을 상징하는 동물로 무덤의 북벽과 관 뒤쪽에 그려지기도 한다. 그렇지만 북은 물을 나타내면서 다산, 증식, 풍년 등의 긍정적인 의미를 갖기도 한다.[14] 음의 방향인 북쪽은 바로 죽은 뒤에 사자의 육신을 떠난 혼이 날아가는 방향이다.

북쪽을 향해 고인의 이름을 부르면서 흔드는 것은 고인이 생전에 입던 옷이다. 그것도 어느 지방에서는 특히 몸에 직접 닿았던 속적삼을 사용한다고 한다. 심리학적으로 보면, 옷은 일반적으로 표상화表象化된 내적인 태도, 또는 환경에 작용을 했거나 그것으로부터 보호하는 것을 나타낸다. 비의秘儀에서 옷을 갈아입는 것은 정신적인 태도의 변화를 의미한다. 예를 들어, 옷을 벗기 시작한 것은 맞지 않는 과거의 태도나 페르소나를 벗는 것을 의미하고, 예복禮服은 보다 높은 수준의 의식에서 발견되어 온 새로운 종교적인 태도를 의미한다.[15] 그리고 폰 프란츠는 연금술 교본《밝아 오는 새

---

14) 한국문화상징사전 편찬위원회(1996) : 앞의 책, pp332-336.
15) Von Franz ML(translation by Hull RFC)(1966) : *Aurora Consurgens*, Inner City Books, Toronto, p374.

벽Aurosa Consurgens》을 해석하면서, 그 교본의 영혼 또는 신부는 무덤에서 일어난 신랑the spiritualized body에게 옷을 주는 불타고 색을 입히는 영靈이라고 했다. 이러한 모티브는 영이 물질의 세계를 싸고 있는 색깔 있는 의복이라는 고대의 관념을 생각케 한다. 영지주의자 바실리데스Basilides에 의하면 세계—영world-Soul은 물질로 내려온 빛의 '엔파시스enphasis' 혹은 '색깔'에 불과하다. 파일로Philo는 세계—영은 "많은 색깔을 지닌 이 세계의 직물"을 만든다고 했다.[16] 그리고 이러한 것은 의복은 피부이고, 영을 나타낸다는 원시적인 등식에 따른 것이라고 했다.[17] 한국의 여러 지방에서 행해지는 굿에서 망자의 넋을 부를 때, 고인이 생전에 입었던 옷을 사용하는 것도 같은 맥락으로 이해된다. 장례와 관련된 민간 속신 중 '동네에 사람이 죽으면 빨래를 널지 않는다.'[18]는 것이 있다. 금방 육체를 벗어나 떠도는 망자의 영혼이 빨래에 깃드는 것을 방지하기 위해 그런 금기를 두었을 것이다. 그리고 '죽은 사람의 옷이나 신발은 식구들이 가지지 않는다.' '죽은 사람의 옷이나 신을 사용하면 재수 없다.'[19]는 속신에는 망자의 옷에 망자의 혼이 들어 있어 그것이 해로운 작용을 할 것이라는 관념이 엿보인다. 고복의례에서 떠나가는 혼을 다시 불러들이기 위해 세 번의 복을 한 후 사용한 옷은 지붕에 놓

---

16) Von Franz ML(1966) : 앞의 책, pp372-373.
17) Von Franz ML(1966) : 앞의 책, p372n.
18) 남민이(2002) : 《상장례 민속학》, 시그마프레스, 서울, pp36-37.
19) 최래옥 편(1995) : 《한국민간속신어사전》, 집문당, 서울, p269.

거나 시신에 덮어 놓고 있다가 입관할 때 관에 함께 넣어 준다. 이 것은 옷에 깃들어 있을지 모르는 혼魂을 시신과 함께 매장함으로써 시신에 남아 있는 백魄과 새로운 결합을 하도록 하는, 즉 재생을 위한 조치가 아닌가 생각된다.

이렇게 두 번의 죽음을 확인하는 절차를 거치고 난 다음에서야 시신을 수습하는 절차를 갖게 된다. 시신은 시상을 마련하여 옮기 고, 입은 각사를 물려 벌리고, 다리는 연궤를 써서 매고, 머리를 남 쪽으로 향하여 눕힌다. 임종을 맞이할 때 동쪽으로 향했던 머리의 방향을 죽음이 확인된 다음에는 남쪽을 향하게 한다. 남쪽은 오행 에서 불에 속하며, 계절로는 양기陽氣가 무성하게 길러진 여름에 해 당된다. 남쪽은 주작朱雀과 붉은색으로 나타낸다. 주작은 남방을 지키는 신조神鳥로 불과 바람을 결합시킨다. 서양에서 남쪽은 한낮 의 태양과 불을 상징하며, 화염이 타오르는 지옥과 사막을 의미한 다.[20] 동쪽이 같은 양陽이면서 목木에 속하고 떠오르는 태양이라면, 남쪽은 화火에 속하고 활활 불타는 태양이다. 그리고 불이 순화와 재생을 상징한 것은 동서양에서 공통적이다. 서양에서는 부활절 전 날에 부싯돌과 무쇠로 새 불을 일으키는 의식이 있다. 유럽 민담에 는 성자들이 대장간의 불 속을 지남으로써 몸을 생기 있게 만들고, 병자를 불 속에 집어넣어 치료하며, 늙은이를 젊게 한다는 이야기

---

20) 한국문화상징사전 편찬위원회(1996) : 앞의 책, pp84-85.

가 있다. 죽음으로써 다시 태어나는 입문의식에서의 불은 세례를 받을 때의 물과 같은 상징성을 지닌다. 유럽 북방 민족의 국중대회 는 태양제와 관계를 가졌다. 지상에서 이용되는 불의 쓰임에 따라 태양의 힘이 소모된다고 생각하여 그들은 나무 섶에 불을 붙여 피 로에 지친 태양에 원동력을 더했다. 여기서의 불은 재생을 의미한 다.[21] 알렉산드리아의 클레멘트는 불은 신이나 그리스도에 의해 점 화되고, 연옥煉獄을 통과하는 것은 일종의 불의 세례라고 했다. 어 떤 사람에게 이 불은 벌罰이지만, 다른 사람에게는 축성祝聖의 수단 이 된다. 후자에게서 불은 타지 않고 영적인 불로서 영혼을 통해 흐른다. 그것은 구체적인 불이 아니고 미묘체subtle의 영적인 불이 다.[22] 이러한 관점에서 보면 남쪽으로 머리를 향한 것은 불의 세례 를 받기 위한 것을 상징적으로 드러낸 것이라고 볼 수 있다. 이것 은 다음에 있을 물로 씻는 의례와 함께 시신을 정화淨化하고 성화聖 化하는 작업으로 볼 수 있다.

심리학적으로 죽음은 의식의 절대적인 소멸을 의미하며, 그로 써 그것이 의식 가능한 한 심적 생활의 전적인 정지 상태를 의미한 다.[23] 그리고 죽음의 상태에서는 혼魂이 분리되어 하늘의 근원으로

---

21) 한국문화상징사전 편찬위원회(1992) :《한국문화 상징사전1》, 동아출판사, 서울, p375.
22) Von Franz ML(1998) : 앞의 책, p81.
23) Jung CG(2004b) :《인격과 전이》, C.G. 융 기본저작집 3, 한국융연구원 역, 솔, 서울, p281.

되돌아간다. 이러한 상태는 심리학적으로 지남력의 상실이라는 어두운 상태와 같다. 그것은 자아의식이 해리되고 분해된 상태를 말하고, 정신병 상태와도 비교할 수 있다. 이런 상실의 상태에서는 그것을 주의 깊게 방비할 수 있도록 의사의 확고한 지남력이 필요하다.[24] 한국 전통 상·장의례에서는 그런 역할을 신체에서 유리된 혼을 저승으로 데리고 가는 인도자인 저승사자로 형상화하고 있고, 사람이 죽으면 화톳불을 피워 밤새도록 밝히는 일로 이를 돕는다.

'사자使者밥 차리기'는 《가례》에는 없는 절차로 불교와 민간신앙의 영향을 받아 한국의 거의 모든 지역에서 관행으로 행해지는 절차다. 지방마다 약간의 차이는 있지만 대체로 세 그릇의 밥과 술, 짚신, 돈 등을 상 위에 놓고, 반찬으로는 간장이나 된장만 놓는다. 저승사자는 흔히 셋이라 하여 각각 셋씩 차린다고 한다. 한국 무속에서 저승사자 역할을 하는 대표적인 인물이 강림이다. 제주도 무가 '저승차사 본풀이'에는 저승차사의 행색과 인간 강림이 저승을 다녀오고 인간의 영혼을 데려가는 인간차사가 되는 과정을 거대한 서사시처럼 읊고 있다.[25] 지방 관속이었던 강림은 일찍 죽은 세 도령의 수명을 연장하기 위해 저승에 파견돼 염라대왕을 잡아오고, 제멋대로 명命을 누리는 동방삭을 잡아오는 공을 세워 염라대

24) Jung CG(2004b) : 앞의 책, pp288-292.
25) 이은봉(2001) : 《한국인의 죽음관》, 서울대학교 출판부, 서울, pp113-153.

왕으로부터 인간차사의 역할을 부여받았다. 그러니까 강림은 저승과 이승을 왔다 갔다 할 수 있는 영혼의 인도자인 셈이다. 또한 총각으로 죽은 자의 넋으로도 알려져 도령으로 불리는 강림은 명계의 지부왕이 파견한 일직사자, 월직사자와 함께 임종을 맞이한 병든 사람의 죽음과 생명을 지배하고, 죽은 자를 명토冥土로 인도한다고 한다. 또한 무가 '황천해원풀이'에는 임종을 맞이한 사람에게 가서 시신으로부터 혼을 분리해 내는 강림도령뿐 아니라, 저승가는 길에서 어려움을 겪을 때 나타나서 도와주고 저승길을 소상히 알려 주기도 하는 남해 용왕의 아들 청의青衣동자도 나온다.[26] 이와 같이 강림, 청의동자 등으로 불리는 저승사자는 시신에서 혼을 차압하는 일, 저승으로 가는 길을 안내하는 일 그리고 저승을 지키는 일 등의 세 가지 역할을 하는 것을 볼 수 있다. 이러한 세 가지의 역할이 각각 인격화하여 세 명의 저승사자가 된 것은 아닌지 생각해 볼 수 있다. 비슷한 유화가 《이집트 사자의 서》에도 나오는데, 그곳에는 오시리스 법정에 이르는 관문이 파피루스에 따라 각각 7개, 10개, 15개 혹은 21개로 나타난다. 죽은 뒤 오시리스 법정으로 가는 사자死者는 각 관문에 이르면 문을 지키는 안내인, 문지기, 전령 등 세 명의 이름을 불러야만 그곳을 통과할 수 있다고 한다.[27] 이들은 저승길에서 만나는 세 명의 안내자다. 그리고

---

26) 이도희, 이부영(1993) : "심리학적 상징으로서의 어린이", 《심성연구》, 제8권 제
   1, 2호, pp4-5.
27) 서규석 편저(2003) : 《이집트 死者의 書》, 문학동네, 서울, pp98-100.

마니교摩尼敎의 마니가 쌍둥이al taum 천사를 통해 받은 계시의 가르침에 따르면 모든 죽은 자의 영혼은 그것의 주인의 이미지를 얻는다. 영혼은 육체를 떠나자마자 구원자를 찾아낸다. 그것은 자신의 주인의 이미지를 하고 세 명의 천사와 함께 위로 올라가 진리의 심판정審判廷에 도달해 승리를 얻는다.[28] 여기서도 영혼이 심판정에 이르는 길에 세 명의 천사가 동반된다.

이와 같이 죽음을 가져오고 사자死者가 저승으로 가는 길을 알려 주고 도와주는 역할을 하는 특별한 존재들은 전 세계적으로 많이 알려져 왔다.[29] 고대 그리스에서는 이 일을 맡는 것은 사후세계로의 영혼의 안내자라고 알려졌다. 이시스와 헤르메스-머큐리의 역할은 아주 잘 알려져 있다.[30] 조로아스터교에서 심판을 받고 친바트 다리Chinvat Bridge로 떠나는 여행은 죽은 뒤 네 번째 되는 날 아침에 시작되는데, 다리에 이르러 죽은 자는 영혼의 분신分身을 만나게 된다. 만일 죽은 자가 정의로운 사람이라면 그것은 아름다운 젊은 소녀로 나타나 그녀의 인도로 안전하게 넓은 다리를 건너 천국으로 인도되지만, 그가 악한 사람이라면 사악한 늙은 노파를 만나 그녀에게 쫓겨 좁고 날카로운 다리를 거쳐 지옥으로 떨어진다고 한다.[31] 죽은 자의 생전의 행실에 따라 인도자의 모습도 달라

---

28) Von Franz ML(1998) : 앞의 책, p74.
29) 한국의 무조(巫祖) 바리데기는 죽음을 극복한 자로 보다 높은 품격의 무신(巫神)이다. 이부영(1970) : "'사령(死靈)'의 무속적 치료에 대한 분석심리학적 연구", 《최신의학》, 13(1) : pp79-94.
30) Van Gennep A(2000) : 《통과의례》, 전경수 역, 을유문화사, 서울, pp207-208.

진다. 그리고 폰 프란츠는 예를 들어 주검, 악마, 야마Yama, 예수 Jesus, 하데스Hades, 죽음의 여신Hel 등과 같이 근본적으로 꿈에 나타나는 인격화된 죽음을 가져다주는 상들은 신상神像의 어두운 면 이외에 아무것도 아닌 듯이 보인다고 했다. 그것은 실제로 신이나 여신인데 인간에게 죽음을 가져다주고, 인간이 이러한 신성한 것의 어두운 부분에 덜 익숙하면 할수록 그것을 더욱더 부정적으로 경험할 것이라고 했다. 그렇지만 인격화된 죽음을 위해 또는 산 자를 데려가기 위해 오는 이러한 '타자他者'는 때로 꿈속에 긍정적인 상으로도 나타난다고 했다.[32] 같은 책에서 그녀는 그것의 예로 40대 중반의 남자 피분석자가 보고한 다음의 첫 꿈을 소개했다. 꿈꾼 이는 이 꿈을 분석받고 건강이 급격히 나빠져 죽었다고 한다.

나는 들판을 걸었다. 주위는 어두웠고 하늘은 구름으로 덮였다. 갑자기 구름 사이로 균열이 생기고, 햇살 사이로 아름다운 벌거벗은 젊은이의 모습이 나를 쳐다본다. 나는 형언할 수 없는 사랑과 행복을 느꼈다.[33]

여기서 꿈꾼 이는 '아름다운 벌거벗은 젊은이'를 감동으로 경험하고 있다. 그런데 그는 결과적으로 꿈꾼 이를 데리러 온 사자였

31) Davies J(1999) : 앞의 책, p43.
32) Von Franz ML(1998) : 앞의 책, pp72-73.
33) Von Franz ML(1998) : 앞의 책, pp72-73.

음이 나중에 밝혀진 셈이다. 이렇게 살아 있는 사람의 혼을 차압하여 저승으로 데리고 가려는 인격은 한국의 현대인의 꿈에도 종종 등장한다. 정종수[34]도 자신의 어머니가 오랜 지병을 앓던 중 "간밤 꿈에 검정 옷을 입은 세 놈이 와서 자꾸만 어디론가 가자고 해 그것을 뿌리치느라 팔이 아프다."라는 말씀을 하시고 보름 만에 세상을 뜨셨다고 한다. 그러면서 그는 아마도 어머니가 죽음을 예감하셨을 것이란 말을 덧붙였다.

강림도령의 이러한 기능 때문에 죽은 자를 운반하는 상여에 그를 형상화하여 장식하기도 한다. 흥선대원군의 부친인 남연군을 운구할 때 썼던 중요민속자료 제31호 남은들 상여를 보면 용머리판 마루대 중간에 인물상이 하나 꽂혀 있다. 바로 쌍상투를 한 머리에 마치 먼 길을 안내하는 사람처럼 팔짱을 낀 동자상이다. 그리고 조선 후기의 김육의 아들 청풍부원군이 죽었을 때 시신을 향리로 운구하기 위해 썼던 상여중요민속자료로 춘성군 서면 안보리에 보관에도 같은 위치에 동자상이 타고 있다.

그런데 이러한 저승길로 안내하는 저승사자를 위한 사자상使者床에 올리는 밥의 반찬으로는 간장이나 된장만 놓을 수 있다고 한 점이 특이하다. 이것은 한국의 거의 모든 지방에서 예외 없이 동일하다. 간장과 된장은 콩을 발효시켜서 만든 한국의 대표적인 조

---

34) 영남대학교 박물관의 제25기 박물관문화강좌 강의록(http://museum.ac.kr)

미료다. 한국 민간에서는 이것만 놓는 이유를 짠 간장이나 된장을 먹고 목이 말라 물을 마시기 위해 자주 쉬거나 돌아오길 기대해서라고 한다.[35] 하지만 콩이 갖는 상징적 의미를 살펴보면, 이것이 결코 그런 해학적인 의미만 갖는 것이 아님을 알 수 있다. 콩은 그리스 · 로마시대에 죽은 자의 영역인 하데스에 속했다. 그것은 죽은 자의 음식이었다. 피타고라스의 비교집단에서는 콩을 먹는 것을 엄격히 금했는데, 그것은 콩에 조상의 영이 있다는 믿음 때문이었다. 또한 스위스에서는 10월 말부터 11월 2일까지 한밤중에 죽은 자가 고대의 헤르메스—메르쿠리우스의 안내를 받고 알프스의 다른 편에 있는 보탄의 안내로 지하세계에서 나와 배회한다고 하는데, 이때 그들은 콩만 먹는다는 것이다. 그리고 유럽의 여러 나라에서 예수승천일에 콩을 심는데, 이것은 콩 줄기가 높이 자라서 예수가 승천할 때 같이 하늘로 가기 위한 것이다. 많은 신화와 설화에서도 영웅은 콩을 심고 그 줄기를 타고 하늘로 올라간다. 그러므로 콩은 지하세계적인 성질을 강하게 가지고 있으면서 동시에 우리를 저세상으로 이어 주는 능력을 가진다.[36] 저승, 즉 무의식의 세계와 연결되는 다른 많은 것과 마찬가지로 콩도 점치는 도구로 사용한다. 많은 나라에는 콩알을 관棺에 넣었다가 꺼낸 다음 그것을 던져서 그 수를 헤아려 점을 치는 풍습이 있다. 한국에서도 섣

---

35) 임재해(2000) : 앞의 책, p24.
36) Von Franz ML(1997a) : *Archetypical Patterns in Fairy Tales*, Inner City Books, Toronto, pp174-176.

달 그믐날에 농가에서 콩을 이용해 다음 해의 풍년을 예측하는 점을 치는 풍습이 있고, 특히 경기도 지방의 내림굿에서는 콩을 다른 곡식들과 함께 신명종지에 넣어서 강신降神자가 콩이 든 종지를 집으면 군웅신이 내린 것이라고 한다. 동양에서 콩은 그 모양(◗)으로 인해 태극(◖)의 원리를 상징한다. 그래서인지 콩에다 물과 불을 동시에 가하여 만든 메주는 음과 양이 동시에 공존하는 오행의 원리를 지닌다.[37] 그리고 콩이 저승세계와 관계한다는 풍습은 대만에서 장례 때 관이 나가면 콩을 뿌리는 풍습이나, 한국에서 조상께 제사를 지낼 때 강신 과정에서 술을 넣을 퇴주退酒그릇에 콩을 넣는 것에서도 발견할 수 있다. 이러한 콩이 갖는 상징성을 고려해 볼 때, 사자상에 콩으로 만든 간장과 된장만 반찬으로 놓아야 한다는 것이 수긍이 간다. 즉, 콩으로 된 간장과 된장은 이승과 저승을 왕래하고 죽은 자를 저승으로 연결해 주는 저승사자의 음식인 것이다.

초상이 있으면 즉시 마당 가운데에 화톳불을 밤새도록 피우다가 새벽이 되면 끈다.[38] 이 불은 상여가 나가면 친지 중 경험 있는 부인의 지휘로 시신이 있었던 방을 청소하면서 마당의 차일을 걷고 끈다. 횃불은 생명원리의 불꽃이며, 불은 남근, 나무는 여성이므로

---

37) 한국문화상징사전 편찬위원회(1996) : 앞의 책, pp689-692.
38) 이규창(1994) : 앞의 책, p203.

여성인 나무에서 솟아나는 신성한 남성원리, 나무라는 물질에 들어가 있는 영혼의 불꽃을 나타낸다. 따라서 다산을 가져오는 영의불, 광명, 예지, 진실, 불사不死를 의미하며, 또한 암흑을 비추어 주며 만물을 꿰뚫어 보는 신을 나타낸다.[39] 로마에서 횃불을 장례에 사용하는 것은 죽음의 어둠을 밝히고 내세에 빛을 주기 위함이었다. 슬라브 민족에게 횃불은 태양신 바로그가 가져오는데, 이것은 태양신의 재생을 나타낸다.[40] 하⊤이집트의 사이스에서 행한 오시리스 비밀의식 때 백성들은 각자의 집 문 밖에 기름등잔을 매달았는데, 이 등잔은 밤새도록 켜져 있었다. 이 관습은 사이스뿐 아니라 이집트 전역에 퍼져 있는데, 그 이유는 죽은 자의 영혼이 일 년 중 어느 날 밤에 그리운 집으로 돌아온다는 속신이 퍼져 있기 때문이다. 그때 사람들은 영혼들을 대접하기 위해 먹을 것을 마련해 놓고 묘지에서 왔다가 다시 묘지로 돌아가도록 어두운 길을 안내하기 위해 등불을 켜 두는 것이다.[41] 한국 상고시대 북방의 여러 부족과 삼한의 여러 나라가 봄, 가을에 열었던 '밤낮을 쉬지 않고 음주飲酒 가무歌舞한 국가대회'의 분위기도 불을 둘러싼 군중의 광희로 어우러진 제의였다. 이때 생명력의 근본인 불은 극단적인 반대 양상의 대립을 대체하기 위해 하나의 특수한 살아 있는 제물을 파괴해야 한다. 그리하여 한 세계의 끝, 한 부활의 약속 앞에서 벌이는

39) Cooper JC(1994) :《세계문화상징사전》, 이윤기 역, 까치, 서울, p413.
40) Cooper JC(1994) : 앞의 책, p414.
41) Frazer JG(1969) : 앞의 책, pp433-434.

제의에는 불이 반드시 존재했다. 제사 때 초와 향불을 피우고 소지를 올리는 것도 불이 지닌 생명력이 하늘과 땅을, 이승과 저승을 이어 준다고 생각한 데 기인한다. 아브라함은 이삭을 번제로 드리기 위해 산에 갈 때에 불을 가지고 갔으며, 번젯날에는 불을 계속 피워 꺼지지 않도록 했다. 즉, 불은 하느님께 가납되고 있음을 표시하는 것이기 때문이다. [42] 융은 그의 저서 《변환의 상징Symbols of Transformation》에서 빛과 불의 속성은 감정적인 색조의 강도를 묘사하면서 리비도libido로 나타나는 정신적인 에너지를 표현한다[43]고 하면서 '리비도의 변환'에서 불과 관련된 다양한 확충 자료를 제시하고 있다. [44] 이러한 의미에서 초상이 난 집의 마당에 불을 피우는 것은 사자의 혼이 저승으로 가는 어두운 길을 밝혀 주는 의미와 더불어, 그것이 지닌 정신적인 에너지를 통해 재생과 부활을 위한 의식임을 나타내는 것으로 볼 수 있다.

수시를 마친 다음 시사전을 드린다. 마치 살아 있는 사람을 대하듯이 생시에 올리던 포해 가운데 남은 것을 차려 시신의 동쪽 어깨쯤에 올린다고 되어 있다. 여기서 대부분의 문화권에 존재하는 '살아 있는 시신屍身, living corpse'의 모티브를 볼 수 있다. 사자는 처

---

42) 한국문화상징사전 편찬위원회(1992) : 앞의 책, pp371-375.
43) Jung CG(1976) : *Symbols of Transformation*, C. W. 5, Princeton Univ. Pr. N.J., p85.
44) Jung CG(1976) : 앞의 책, pp142-170.

음에는 아직도 많은 부분에서 살아 있는 존재로 다루어진다. 인도 게르만 민족은 시신을 죽은 뒤 여러 달 동안 집에 두기도 하고, 어떤 문화권에서는 사자가 저승으로 간다는 생각이 우세해도 시신이 죽은 자를 나타낸다는 풍습이 계속 존재한다. 특히 죽은 자를 먹이는 풍습에서 잘 나타나는데, 이는 거의 대부분의 민족에게 아직도 널리 퍼져 있는 풍습이다. 많은 곳에서 무덤의 시신이 있는 위치에 구멍을 내어 음식을 넣어 주고 숨을 쉬도록 하는 삽관揷管을 하는 경우도 있다. [45] 한국의 상 · 장의례에도 이러한 관념들이 남아 있어, 시신을 매장하기 전까지 올리는 전과 탈상 전까지 매 끼니마다 올리는 상식上食은 제물이라기보다는 다분히 살아 있는 분에게 드리는 음식이라는 성격이 강해 보인다.

시신의 처리

상 · 장의례의 준비 단계가 끝나면 가장 중요한 단계인 시신을 처리하는 과정이 시작된다. 《예서》에는 습, 소렴, 대렴 등의 세 과정으로 구분하여, 첫째 날에 습을 하고, 다음 날은 소렴, 세 번째 날에 대렴을 하도록 하였다. 그러나 실제 관행에서는 죽은 지 둘째 날에 이들 셋을 합쳐 하나의 과정으로 행하고 있다. 즉, 시신을 씻기고, 수의를 입히고, 관에 안치하는 과정을 하나로 합쳐서 행하고 있다.

---

45) Von Franz ML(1998) : 앞의 책, pp1-2.

각 민족에서 시신을 처리하는 과정에는 죽음에 대한 관념이 잘 드러난다. 고대 이집트인들은 인간이 죽으면 '카ka'는 묘에 남아 있고, '바ba'는 체외로 빠져나와 비상하여 사자의 미라 주위를 선회하거나 미라 위에 앉아 있다가 다시 체내로 들어간다고 믿었다. 이와 같이 체내에서 빠져나간 '바ba'가 다시 시신에 붙어 있는 '카ka'와 결합하여 새로운 삶을 시작한다는 믿음에서 시신을 보호하는 사상으로 발전하였다.[46] 이들은 죽은 뒤 천연탄산수소 용액으로 씻는 과정에서 시작하여 미라를 만들어 관에 넣는 과정까지의 70일간의 정교한 시신처리 의례절차를 발전시켜 왔다.[47] 한국에서는 이집트와 같이 미라를 만들었다는 보고는 없지만, 유교적인 조상의례와 전통적인 관례에 따라 정교하게 시신을 처리하는 방법을 발전시켜 왔다.

습은 우선 시신을 씻기는 절차로 시작된다. 씻는 의례인 세정식 洗淨式은 인간을 정화하고 죄를 소멸해 주며 육체와 정신이 붕괴되는 것을 저지한다. 때문에 중요한 종교적 행위를 하기 전에는 세

---

46) 서규석 편저(2003) : 앞의 책, pp88-92.
47) 일반적으로 건조시키는 데 40일이 소요된다. 요셉의 아버지 야곱이 죽었을 때에 대한 창세기의 기록에는 미라를 만드는 데 40일이 걸리고 애도기간이 70일이었다. 죽음의 순간부터 매장할 때(또는 죽음에서 재생)까지의 70일이라는 기간은 천랑성(Dog Star)이 태양과 겹쳐져서 사라지는 70일의 기간을 반영한 것이다. 이 별이 사라졌다가 다시 나타나는 것은 이집트인들의 새해, 즉 매년 일어나는 나일강의 범람이 시작되는 때를 예고한다. 그러므로 고대 이집트인들은 70일을 재생에 필요한 기간과 연결했을 것이다. El Mahdy C(2002) : *Mummies, Myth and Magic in Ancient Egypt*, Thames & Hudson, London, pp52-72.

정식을 하는데, 이것을 통해 인간은 성스러운 질서에 들어갈 준비를 갖추게 된다. 그리하여 신전에 들어가기 전이나 제물을 바치기 전에는 반드시 세정식이 있다.[48] 그리고 기독교의 세례와 같이 씻음은 인격을 새롭게 변환시킨다. 신라의 시조 박혁거세는 동천에서 목욕시키자 몸에서 광채가 났다고 하고, 알영 부인은 몸매와 얼굴 모습이 남달리 아름다웠으나 입술에 닭의 부리 같은 것이 있어 분천에서 목욕시키니 부리가 떨어져 완벽한 미인이 되었다고 한다.[49]

시신을 씻는 제의는 고대 이집트의 미라 제조과정에도 있다. 이집트에서는 사람이 죽으면 미라를 만드는 사람을 불러 시신을 관가棺架에 실어 정화의 텐트 이부ibu로 데리고 간다. 여기서 70일간의 제의가 시작된다. 이부에서 시신은 천연탄산수소가 함유된 물로 깨끗이 씻긴다.[50] 이러한 이집트의 시신처리 과정은 연금술에 영향을 미쳐, '검은 시신'을 씻기는 것으로 18세기까지 오랫동안 지속되었다. 이때 연금술에서의 세탁 대상은 검은 원물질原物質, prima materia 이고, 검은 원물질과 씻어 내는 물질 그리고 씻는 자, 이 셋은 모두 달리 위장한 동일한 메르쿠리우스다.[51] 물과의 모든 접촉은 재생을 포함하고 있다. 가입의례에서 물은 '새로운 탄생'을 부여하고, 주술적 의례에서 그것은 치유하는 능력을 보여 주며, 장례의례에서는

---

48) Eliade M(1995) : 《종교형태론》, 이은봉 역, 한길사, 서울, p274.
49) 일연(1956) : 《삼국유사》, 고전연역회 역, 학우사, 서울, pp68-71.
50) El Mahdy C(2002) : 앞의 책, pp56-57.
51) Jung CG(1977b) : 앞의 책, p279.

사후의 재생을 보증해 준다. 그것은 물 안에는 모든 잠재력이 통합되어 있기 때문에 가능하다.[52] 따라서 씻는 행위는 단순히 시신을 아름답게 꾸미는 외적인 의미를 갖는 행위이기보다는 세정을 통해 사자에 새로운 변환을 가능케 하고 앞으로 일어날 상징적인 재생을 예비하는 과정이라고 말할 수 있다.

그런데 한국의 상·장의례에서 사용하는 물은 향탕수이거나 쑥물 아니면 쌀뜨물이다. 향香은 부정을 제거하여 깨끗이 하는 정화기능을 하고, 세속과 성스러운 공간을 분리하고 순수함을 만든다. 때문에 제사를 비롯해서 모든 성스러운 종교의식은 향불을 피움으로써 시작된다. 그리고 향은 신계神界의 상징으로 신과 인간의 교통매개물이기도 하다.[53] 종교의식 때 볼 수 있는 분향焚香은 희생물과 제단의 변환을 상징하며 제의에 기여하는 모든 종류의 물질의 영화靈化를 의미한다. 그것은 존재할지 모르는 악마적 힘을 좇아내는 액막이 의식인데, 프네우마pneuma의 향기로 공기를 채워 악령으로부터 방해받지 않도록 하기 위함이다.[54] 이런 관점에서 보면 사람이 죽은 뒤 시신을 향香물로 씻고 옷을 입히는 것은 저승으로 가기 위한 일종의 정화의례이면서, 육체적인 것을 영적인 것으로 변환시키는 과정이라고 볼 수 있다.

시신을 씻을 때 한국 민간에서 가장 널리 사용되고 있는 물은

---

52) Eliade M(1995) : 앞의 책, p265.
53) 한국문화상징사전 편찬위원회(1996) : 앞의 책, p738.
54) Jung CG(1977b) : 앞의 책, p206, p212.

쑥을 달여 만든 쑥물이다. 단군신화에는 쑥이 영약靈藥으로 등장한다. 짐승을 사람으로 변이시킬 수 있는 신령스러운 약이고, 조화를 가져오는 매개체이기도 하다. 곰은 무덤으로 상징되는 동굴에서 햇빛을 보지 않고 마늘과 쑥만으로 연명하여 백 일을 지내고 나서 웅녀가 되었다. 어느 아메리카 원주민들 사이에서는 쑥이 여성의 성년식 때 복용된 사례가 보고되고 있는데, 이는 쑥이 여성성을 갖게 하는 역할을 한다는 것을 뒷받침한다. 그리고 그리스에서 쑥은 곰과 동일시되는 사냥의 처녀 신이자 달의 신인 아르테미스에게 바쳐지고, 출산의 여신 에일레이투이아에게도 바쳐진다. 한국에는 이사한 집의 잡귀를 물리치기 위해 약쑥을 태우는 풍습이 있고, 단옷날 왕은 쑥으로 만든 호랑이 애호艾虎를 규장각의 신하들에게 하사하였다. 여기서 쑥은 영초靈草이며, 호랑이는 사기邪氣를 누를 수 있는 맹수여서, 애호가 사기를 물리친다고 믿었다고 본다. 중국이나 일본에서도 쑥은 영약으로 여기고 벽사의 기능을 가지고 있다고 본다. 한방에서는 쑥을 뜸뜰 때 사용하거나 약제로도 많이 사용한다. 그리고 쑥을 삶은 물에 목욕을 하면 잔병이 없어지고 건강에 좋다고 하여 현대에도 쑥탕이 유행하고 있다.[55] 이와 같이 쑥은 사기를 물리치는 능력을 가져 정화를 하고 병을 치료하기도 하며, 성숙과 변환을 일으키는 영적인 능력을 가지고 있다. 이러한 이유 때문에 한국인은 태어나서 죽기까지 쑥물로 두 번 목욕을 한다

55) 한국문화상징사전 편찬위원회(1992) : 앞의 책, pp451-453.

고 한다. 첫 번째는 아이가 태어나 3일째 되는 날 쑥물로 목욕시킨 뒤 배냇저고리를 입히는 것이고, 두 번째는 이승에서 생을 마감하고 저승으로 가기 위해 마지막으로 쑥물로 목욕하는 것이다. 어린 아이의 목욕은 전세前世적 존재에서 현세現世적 존재로, 망자의 목욕은 현세적 존재에서 내세來世적 존재로 변신시키기 위해서다.[56] 한국의 씻김굿에서 쑥물로 목욕하는 절차는 망자가 저승에 잘 들어갈 수 있도록 깨끗이 씻기는 정화의례로 굿의 핵심적인 거리다. 그래서 이 거리의 이름이 굿 전체의 이름이 되어 있다. 씻김은 망자의 육신으로 간주되는 '영돈' 또는 '영대靈代'를 말아서 씻는데, 이때 사용되는 물은 향물, 쑥물, 맑은 물이다. 이 물을 차례로 빗자루에 적셔 위로부터 아래까지 골고루 씻겨 내리는데, 무녀는 씻김을 하면서 망자의 천도를 비는 무가를 부른다. 씻김은 물이 지닌 정화력에 의거해 이승의 잔재를 청산하는 것이며, 새로운 존재로 인격 전환하는 상징적 방식이다.[57]

이와 같이 영원한 물은 신체를 원소로 분리하고, 변환의 힘이 있다. 그것은 놀라운 세척을 통해 검음nigredo을 백화白化, albedo시키고, 죽은 것에 활기를 불어넣고, 죽은 이들을 부활시키기 때문에 교회의 제의에서 성수聖水의 힘이 있는 것이다.[58] 그러므로 시신을 씻어

---

56) 표인주(2001) : "호남지역 상·장례와 구비문학에 나타난 죽음관", 《한국인의 사후세계관》, 전주대학교 출판부, 전주, p237.
57) 이경엽(1999) : "씻김굿의 제의적 기능과 현세주의적 태도", 《한국민속학》, 제31집 제1호.

정화하는 과정은 연금술의 백화 과정과 비교할 수 있다. 또한 연금술에서 백화는 일출과도 비교된다. 백화는 암흑 뒤에 나타나는 빛이며 어둠 뒤에 나타나는 광명이다.[59]

이것은 심리학적으로 죽음으로 인해 생긴 무의식 속으로의 자아自我의 용해, 즉 '오염' 때문에 생긴 부정不淨을 정화하는 것이다. 즉, 자아의식을 무의식에서 떼어 내고 무의식의 위험한 작용에서 벗어나고자 시도하는 것이다. 그러니까 물로의 정화는 뒤섞인 것을 구별하는 것을 말한다.[60]

한국의 일반에서 시신을 씻을 때 쌀뜨물을 사용하는 것은 이러한 연금술의 백화 과정과 비견할 수 있다. 쌀뜨물은 흰색을 띠기 때문에 예로부터 여인들의 화장수로도 널리 사용되어 왔고, 최근에도 피부의 미백美白을 목적으로 사용하는 예가 있다. 얼마 전까지 민간에서 널리 행해진 미용 처방을 보면 쑥을 달인 물에 목욕함으로써 건강과 동시에 미백을 기대하기도 하였다. 신라시대에는 쌀가루 등의 백분白粉을 사용하였다. 《고려도경》에는 고려 사람들도 흰 피부를 가꾸기 위해 부유층의 여인들은 향수에 목욕하기도 했다는 기록이 남아 있다.[61] 쌀뜨물, 쑥물 그리고 향수로 목욕하는 것이 피부를 회게 한다는 점에서 서양 연금술의 백화 과정과의 유사점을 찾을 수 있을 것 같다. 그리고 지리산 쌍계사 근처의

---

58) Jung CG(2004a) : 앞의 책, pp263-264.
59) Jung CG(2004a) : 앞의 책, p296.
60) Jung CG(2004a) : 앞의 책, pp316-317.

단천 마을에서는 쑥물로 시신을 씻는 것을 "피를 삭군다."라고 한
다. 이는 피를 없앤다는 의미라고 한다. [62] 시신의 피를 없앰으로써
희게 하려는 것을 간접적으로 볼 수 있다. 융이 그의 논문 〈미사에
서의 변환의 상징Transformation Symbolism in the Mass〉에서 인용한 한 예
에서도 비슷한 유화를 볼 수 있다. 남아프리카의 작가 로렌스 반
데어 포스트Laurens van der Post는 한 강의에서 어떤 부족의 새로 뽑힌
족장이 허약하여, 그를 강하게 하기 위해 한 소년을 죽이고 그 머
리를 처리하여 영약을 만드는 과정을 소개하였다. 여기서 희생자는
죽은 뒤 오랫동안 물에 담겨져 그 시신이 하얗게 변해야 하는데,
반 데어 포스트는 이 '백화'의 목적을 정치적인 권력을 가지고 있는
백인의 마나mana에 동화하는 것이라고 설명하였다. 융은 이에 덧붙
이기를 흰 점토로 칠하는 풍습을 예로 들어 그것은 조상의 영으로
의 변환을 의미한다고 하였다. [63] 원시사회에서 통과의례나 비밀결
사에 가입할 때 행하는 의례와 입무入巫의례 간의 공통점으로 지원
자의 죽음과 재생을 들 수 있는데, 이러한 의례 중에 장례식의 마
스크와 같이 유령의 창백한 색조를 얻기 위해 얼굴과 몸에 재나 회
칠을 하는 경우가 흔하다. [64] 그리고 인도의 콜족은 장례식에서 시

---

61) 한국정신문화연구원(1996) :《한국민족문화대백과사전 25권》, 한국정신문화연구
    원, 경기, pp325-328.
62) 코리아루트(www.korearoot.co.kr)의 필드워크뉴스 '단천 마을'
63) Jung CG(1977b) : *Psychology and Religion*, C. W. 11, p242.
64) Eliade M(translated by Trask WR)(1970) : *Shamanism, Bollingen Foundation*,
    N.Y., p64.

신을 씻기고 누렇게 칠한 다음 화장을 한다.[65] 이러한 예에서도 씻김, 즉 백화는 커다란 변환이 일어나는 의식임에 틀림이 없다. 그것은 서양 연금술의 백화와도 비견할 수 있는 정화의 과정이다.

심리학적으로, 이것은 살아 있는 자의 입장에서 보면 죽음으로 상징되는 무의식으로의 용해과정에서 생기는 집단적 무의식의 위험한 작용으로부터 벗어나고자 하는 시도다. 그리고 죽은 자의 입장에서 보면, 이러한 씻김은 시신이 조상 영으로 편입되기 위한 영적인 변환을 가져다주는 중요한 과정이다.

시신을 씻으면서 머리칼을 다듬고 손발톱을 깎아 이것을 평상시에 빠진 이齒와 함께 네 개의 조발낭爪髮囊에 넣었다가 나중에 입관할 때 시신과 함께 넣는다. 이와 같은 장례용기에 '영혼의 요소 soul-substance'를 보존해야 한다는 것은 고대와 동양에 뿌리를 둔 특별히 원형적인 관념에 따르는 것이다. 예를 들어, 어떤 아프리카의 부족은 족장을 매장할 때 시신에서 분비된 액체를 가죽자루나 용기에 모아서 특별히 신성한 것으로 여겨 따로 묻는다. 그 부족의 원주민에 따르면 이 자루에서 죽은 자의 영혼이 육화된 동물과 그들의 왕들의 영혼의 존재를 나타내는 동물이 나온다고 한다. 이와 유사하게, 이집트에서는 죽은 파라오의 몸 중 부패하기 쉬운 부분

---

65) Van Gennep A(2000) : 앞의 책, p203.

을 모두 분리시켜 네 개의 덮개가 있는 단지에 넣어 매장한다. 이 단지들은 대부분 호루스의 네 아들의 머리 모습을 한 덮개를 가지고 있다. 그들은 오시리스의 부활을 위한 요소들이다. 후에 오시리스 자신이 인간 머리를 한 용기로 표상되었다.[66] 그렇다면 한국에서 손발톱, 머리카락과 이를 버리지 않고 네 개의 주머니에 담아서 관에 함께 넣어 주는 이유는 무엇일까?

유교에서는 머리카락을 특히 소중히 여겨 왔다. 이는 '몸과 머리카락, 피부는 부모로부터 물려받은 것으로 이를 훼손하지 않는 것이 효의 시작이다身體髮膚 受之父母, 不敢毀傷 孝之始也.'라는 가르침에서 비롯되었다. 때문에 유교 전통에서는 승려나 백정만 머리카락을 깎는 것으로 여겨 왔다. 이렇게 머리카락을 중요시하는 관념은 다른 많은 원시민족에서도 있어 왔다. 원시인들은 자기 자신과 몸의 각 부분 사이에 존재하는 공감적 관계는 실질적인 접촉이 없어진 이후에도 존재한다고 믿었기 때문에, 머리카락이나 손발톱을 깎는 것과 같이 자기 몸의 일부에 가해진 위해危害가 그 자신의 괴로움이 된다고 믿었다. 그래서 그들은 절단된 머리카락이나 손발톱을 각별히 조심해서 다루었다. 그리고 캐롤라인 제도의 포나페 섬이나 서부 아프리카의 흑인 부족인 호Ho족은 머리카락을 자르는 것을 금했는데, 이는 그들이 머리카락에 신이 살고 있다고 믿었기 때문

---

66) Jung E, & Von Franz ML(translated by Dykes A)(1998) : *The Grail Legend*, Princeton Univ. Pr., NJ. p124.

이다. [67] 머리카락은 일반적으로 생명력, 힘, 활력, 머리에서 생기는 생명물질, 사고력, 남성적 활력을 나타낸다. [68] 만주족의 샤머니즘에서는 영원히 죽지 않는 사람의 영혼은 머리카락과 치아齒牙에 깃들어 있고, 영혼은 다른 것으로 다시 태어난다고 한다.

그리고 치아는 잘 닳지 않고 단단하며 시신을 화장해도 남으므로 견고한 생명과 장수를 상징한다. 원시문화의 통과의례 의식 중 치아를 뽑아 삼키는 행위가 있는데, 이는 사람의 몸에서 가장 딱딱한 부분인 치아를 죽음과 재생의 상징으로 본 데서 기인한다. 말리의 니제르 강 상류에 살고 있는 밤바라족에게 치아는 지혜와 우주의 상징이다. 앞니는 명성과 기쁨의 상징이요, 송곳니는 일과 정열, 증오를 상징하고, 어금니는 보호의 의미를 갖는다. [69]

어느 민족에는 깎은 머리카락이나 손톱은 육체의 부활에 필요하다고 하여 그 소유자가 보존한다는 믿음이 있다. [70] 예를 들면, 페루의 잉카족은 깎은 손톱과 머리 빗을 때 빠지거나 자른 머리카락을 보존하는 데 각별히 신경 쓴다. 그들은 그것들을 벽감壁龕이나 움푹한 곳에 넣어 두었다. 만일에 그것이 떨어지면 이를 본 다른 인디언은 그것을 주워서 다시 그 장소에 넣어 두었다. 그들은 그 이유로 "탄생한 인간은 모두 생명에 돌아가야 한다그들은 부활을

---

67) Frazer JG(1969) : 앞의 책, pp269-271.
68) Cooper JC(1994) : 앞의 책, p154.
69) 한국문화상징사전 편찬위원회(1996) : 앞의 책, pp573-574.
70) Frazer JG(1969) : 앞의 책, p274.

표현하는 말을 갖고 있지 않다. 그리고 영혼은 육체에 속했던 것을 모조리 갖고 묘로부터 일어나야 한다. 그러므로 대단한 소란과 혼란이 예상되는 때에 즈음하여 머리카락이나 손톱을 구걸하지 않기 위해서 한층 편리하게 한데 모아 두도록 어떤 한곳에 넣어 두고, 될 수 있는 대로 침도 한곳에 뱉도록 주의한다."라고 이구동성으로 대답했다고 한다. 같은 이유에서 터키인들도 결코 깎은 손톱을 버리지 않고 벽이나 판자 틈에 조심스럽게 끼워 둔다. 아르메니아인은 모발, 손톱, 치아 등을 버리지 않고 교회당의 벽, 가옥의 기둥 등의 틈이나 나무의 움푹한 곳과 같이 신성시되는 곳에 감추어 둔다. 그들도 이렇게 떨어진 모든 부분이 부활 때 필요하며 그것들을 안전한 곳에 두지 않은 자는 최후의 날에 허둥지둥 찾아야 한다고 믿는다. 옛날에 아일랜드의 드룸콘라드 마을에는 전능한 신이 머리카락의 수까지도 셈한다는 것을 성서에서 배우고 심판의 날에는 하나도 빼지 않고 셈한다고 기대하는 노파들도 있었다.[71]

이상과 같이 머리카락, 손발톱, 빠진 이 등은 우리의 몸에 속했던 것으로 떨어져 나간 뒤에도 우리 몸의 일부로 받아들였다는 것은 인류 보편적인 원초적인 관념이다. 그리고 우리의 몸은 조상으로부터 물려받은 것이므로 그것들은 대를 이어 내려가는, 영원히 죽지 않는 영혼이 깃들어 있는 곳이다. 그러므로 많은 민족이 몸에서 떨어져 나간 것들을 버리지 않고 소중히 보관하여 미래에 있을

---

71) Frazer JG(1969) : 앞의 책, pp274-275.

부활에 대비했던 것이며, 한국에서 그것들을 조발낭에 소중히 담아 입관할 때 넣어 주는 행위에는 시신의 영적인 재생을 예비한다는 상징적인 의미가 내포되어 있는 것이다.

씻김의 절차가 끝나면 정화된 시신에 습의襲衣를 입힌다. 먼저 심의深衣 위에 한삼汗衫을 포개어 놓고, 깃 아래와 좌우 소매 끝을 면으로 꿰매어 놓고, 바지 역시 포개어 놓고, 허리를 꿰맨 다음, 바지허리로부터 발을 집어넣고, 바지를 점차 위로 끌어당겨서 입히고, 좌우 말襪, 버선을 신기고, 늑백勒帛으로 정강이를 묶는데, 무릎까지 오게 끈으로 묶는다. 과裹는 허리까지 끌어올려 소대素帶로 묶은 뒤, 과주를 사용하여 배와 허리를 두르고 끈으로 묶는다. 그다음에 옷을 입히는데, 이때 옷은 모두 오른쪽으로 여민다. 이렇게 우임右衽하는 것은 생시의 여밈과 같은 방향이고 양陽의 방향이다.[72] 한국에서 수의는 예로부터 주로 삼베 그대로의 소素색이 사용되고 있고, 백색도 사용되고 있으며, 부분적으로 검은색이나 연한 색이 사용되고 있다.[73] 이렇게 시신에 옷을 입히는 풍습은 오래된 것으로, 메소포타미아 지방에서는 시신에 수의를 입혔다고 하고,[74] 이집트에서는 보존처리가 다 된 시신은 천연탄화수소에서 꺼내 깨끗

---

72) 박두이(1990) : "상례복의 구조와 구성원리", 《한국의 상장례》, 국립민속박물관 편, 미진사, 서울, pp161-162.
73) 남민이(2002) : 앞의 책, p112.
74) Davies J(1999) : 앞의 책, p57.

이 씻어 염분을 완전히 제거하고 말린 다음 다른 장소로 옮겨 향수와 오일을 바르고 콧구멍 같은 구멍을 막은 후 아마포로 감는 작업을 했다고 한다. 아마포로 감는 기간은 최소한 15일 꼬박 걸리는데 전 과정을 기도와 제례를 하면서 진행한다. 먼저 머리를 싸매고, 발가락과 손가락, 팔과 다리 그리고 몸통을 싸맨다. 여기에다 부적이나 보석 조각을 놓기도 한다. 마지막 층을 싸맨 다음에는 수의를 입히듯이 넓은 천으로 몸 전체를 싸고 아마포 밴드로 묶는다.[75] 이렇게 수의를 입히는 것은 정화된 시신에 흰 옷을 입힘으로써 기氣와 정신을 통해 아크akh라고 불리는 새로 재생된 시신을 만드는 작업이다. 이것은 연금술의 코마리오스 교본에서 신성한 영으로 장식된 사자의 몸이라고 한 것과 같이 이집트 '동굴의 서Book of Caves'에는 미라가 오시리스 모양으로 옷을 입었다고 한다.[76]

이집트에서는 보존 처리되고 수의가 입혀진 시신 아크akh에 부적이나 보석을 넣기도 하는데, 이와 유사한 과정으로 한국의 상·장 의례에서 행해지는 반함을 들 수 있다. 이집트에서는 부적으로 딱딱한 녹색의 돌로 된 투구벌레 모양의 보석이 가장 중요한데, 그것은 때로 금으로 만들어졌다. 또 흔한 것으로 제드Djed 기둥이 있다. 이것들의 상징적인 의미는 모르지만 오시리스 신의 골격을 나타낸다고 믿어졌다고 한다.[77] 한국에서는 습하는 과정에서 시신의

---

75) El Mahdy C(2002) : 앞의 책, pp67-69.
76) Von Franz ML(1998) : 앞의 책, p124.
77) El Mahdy C(2002) : 앞의 책, p150.

얼굴을 싸기 전에 그의 입에 쌀과 조가비 또는 진주나 옥을 넣어 준다. 이것은 《예기》에도 제시되어 있고 송나라 이전부터 전통적으로 이어져 내려오는 오래된 풍습이다. 《예기》에는 반飯에 쌀과 조개를 사용했다고 하는데, 이는 차마 죽은 사람의 입속을 비워 둘 수 없어 음식의 도道로서 하는 것이 아니라 아름다운 것으로 입속을 채우는 것이라고 하였다. 중국 하夏나라의 천자는 9패貝, 제후는 7패, 대부는 5패, 사士는 3패였으며, 주周나라에서는 조개 대신 옥玉을 사용하였다. 경대부와 사는 구슬로 반飯하고 조개로 함含한다고 하였다. 조선시대 궁중에서는 쌀 세 숟갈과 진주 세 알로 반함하였고, 민간에서는 쌀 세 숟갈, 조개 세 개를 사용하였는데, 조개 대신 구슬, 옥, 동전 등도 쓰였다.[78] 이때 버드나무 숟가락으로 쌀을 떠 입 속에 넣으며 "천 석이요, 만 석이요, 십만 석이요." 한다. 돈도 역시 똑같이 한다. 한국 민간에서는 이 의식이 저승 가는 길에 쓸 노잣돈을 주는 것이라고 했다. 그렇지만 이러한 오래된 풍습을 단지 그러한 해석만으로 그 의미를 충분히 밝혔다고 볼 수는 없어 보인다. 이러한 풍습은 중국과 한국에만 있는 것은 아니다. 로마에서는 죽은 자에게 카론Charon, 그리스 신화에서 죽은 자를 저승으로 건네준다는 뱃사공의 동전을 넣어 주어 저승길로 보낸다고 한다.[79] 이집트인들은 죽은 자를 위한 제의에서 미라에 씨앗과 구근球根을 넣는

78) 김삼대자(1990) : "상장례 용구 및 용품", 《한국의 상장례》, 미진사, 서울, p150.
79) Davies J(1999) : 앞의 책, p149.

다.[80] 아프리카 줄루족에서 죽은 남자의 미망인은 무덤에서 남편의 신체를 받아 무릎 위에 놓고 그것을 '중심navel'으로 불리는 벽감에 넣는다. 그녀는 그의 손에 씨앗을 놓는데, 이는 죽은 자의 재생을 준비하는 것이다.[81] 오늘날 네팔에서는 아직도 화장용 장작에 꽃과 쌀의 알곡을 뿌리는 풍습이 남아 있다.[82] 마다가스카르 섬의 바라족의 장례식에서도 죽은 지 3일째 되는 날 시신이 든 관을 '여자들의 집슬픔의 집'에서 내오는데, 이때 탈곡하지 않은 쌀을 관이 지나간 자리에 뿌린다.[83] 인도의 콜족은 사자의 영혼이 사자의 나라에 갈 때까지 쓰라고 시신의 입에 떡과 은화를 넣어 준다.[84] 이와 같이 죽은 자는 반드시 여행을 해야 하므로 살아 있는 사람들이 마치 산 사람들에게 하는 것처럼 사자에게 주술 종교적인 성격의 물건들―옷, 음식, 무기, 도구 등―도 갖춰 주려고 유의한다. 랩족은 죽은 자의 무덤에서 순록을 죽이고, 프랑스에서는 그곳에서 통용되는 가장 큰 동전을 주며, 슬라브족도 여행비로 돈을 준다.[85]

쌀은 많은 나라에서 주식으로 사용하는 곡물로 예로부터 중요시되어 왔다. 한국의 농가에서는 쌀에 조상의 영혼이 깃들어 있다

80) Von Franz ML(1966) : 앞의 책, pp392-393.
81) Von Franz ML(1998) : 앞의 책, p61.
82) Von Franz ML(1998) : 앞의 책, p33.
83) Metcalf P & Huntington R(1991) : *Celebrations of Death: The Anthropology of Mortuary Rituals*, 2nd Ed. Cambridge Univ. Press. USA, p117.
84) Van Gennep A(2000) : 앞의 책, p203.
85) Van Gennep A(2000) : 앞의 책, pp206-207.

는 믿음이 있어 집집마다 항아리에 쌀을 넣어 보관하였다. 이듬해 가을에 이것을 햅쌀로 교체할 때까지 신성시하여 평소에는 부정 탈까 봐 그 곁에 가까이 가지도 않았다. 이렇게 쌀을 신성시하는 관념은 한국뿐 아니라 중국, 일본 및 다른 여러 나라에도 있었던 것 같다. 중국에서는 쌀을 단순한 곡물이 아니라 영혼을 지닌 인격체라고 믿었고, 쌀에 깃들인 영혼이 달아날 때는 기근이 든다고 믿었다.[86] 일본에서는 일왕日王 다음으로 쌀을 신성시한다고 한다. 8세기의 《고지키古事記》와 《니혼쇼키日本書紀》의 기록에는 쌀이 신의 배속에서 나왔다는 기록이 있다.[87] 동인도 제도의 부루 섬에서는 벼의 수확이 끝날 무렵 각 씨족이 합동으로 성찬 식사를 하기 위해 모이는데, 그때 각 씨족 성원 전체가 햅쌀을 조금씩 가져와야 한다. 그들은 이 식사를 '쌀의 영혼을 먹는 의식'이라고 부른다.[88] 유대교의 만나처럼 쌀은 마력을 지닌 초자연적인 영양소로 인식되었다. 이러한 쌀은 불사不死, 영혼의 양분, 원초적 청순, 영광, 태양의 힘, 지혜 등을 나타내며, 결혼식에서 쌀을 뿌리는 것은 행복과 다산을 기원하는 행위다. 붉은 쌀은 중국의 연금술에서는 진사辰砂와 연관되며, 이슬람의 비교에서는 적색 유황과 헤르메스 사상의 연금술 작업에서는 황과 연관된다.[89] 이와 같이 쌀은 단순히 먹는 음식

---

86) 한국문화상징사전 편찬위원회(1996) : 앞의 책, pp459-461.
87) 오누키 에미코(2001) : 《쌀의 인류학》, 박동성 역, 小花, 서울, p125.
88) Frazer JG(1969) : 앞의 책, pp558-559.
89) Cooper JC(1994) : 앞의 책, pp336-337.

의 차원을 넘어 많은 신성한 속성을 부여받아 왔다. 그런 이유 때문에 쌀은 종교의식이나 제례에서 중요한 제물祭物 중 하나이고, 무당이 점 굿을 할 때에는 점치는 도구로 사용되며, 오구굿에서는 주발에 쌀을 담아 망자의 영혼이 깃들게 한다. 그리고 쌀은 벽사의 기능도 있어 선원들이 배에서 태풍과 풍랑을 만나거나 상어 떼가 나타날 때, 또는 불길한 꿈을 꾸거나 선원에게 병이 생길 때, 배 안의 쌀을 뿌려 정화시켜 재앙이 없도록 한다. 해상에서 도깨비불이 요동해도 사방에 쌀을 뿌려 변괴를 물리친다.[90] 그러므로 반함으로 쌀을 시신의 입 안에 넣어 주는 것은 잡귀를 물리치고, 쌀의 신성한 영혼을 통해 시신을 성화하고 영생을 이루도록 하는 데 그 목적이 있어 보인다.

또한 쌀은 씨앗이기도 하다. 씨앗은 새로운 싹을 틔우는 것으로 재생을 상징한다. 키노폴리스의 무덤에서 오시리스의 모양을 한 수많은 매장물이 나왔는데, 그것은 헝겊에 싸인 낟알로 만들어졌다. 얼굴은 녹색의 밀랍으로 되어 있고 그 속은 곡식알이 가득 차 있는 오시리스의 상像이 테베의 묘지 근방에 매장되었다가 발견되었다. 이에 덧붙여 에르만Erman 교수는 "때때로 곡식알로 가득 차 있는 진흙으로 만들어진 오시리스의 상이 있다. 그것은 곡식이 발아하면서 신의 부활을 나타내는 것이다."라고 말했다. 곡식알을 채운 오시리스 상을 파종기 축제에서 땅속에 파묻는 것이 씨

---

90) 한국문화상징사전 편찬위원회(1996) : 앞의 책, pp459-460.

를 빨리 발아하려고 고안된 것과 같이, 같은 상을 무덤 속에 매장하는 것이 죽은 사람을 되살리려는 의미였다는 것, 다시 말해 그들의 영적 불사를 확신케 하는 의미였다는 것을 의심할 수 없다.[91] 이러한 관념은 연금술에 영향을 주어, 씨앗 하나에서 많은 것이 만들어지는 것은 죽은 다음의 재생의 과정을 가리킨다. 그것에는 '비슷'한 사물들의 비밀스러운 동일시가 있다. 우주 통합의 잠재적인 가능성이 씨앗 모티브에 들어 있다. 그리고 씨앗 모티브는 또한 자기自己의 의식적인 실현의 싹으로서의 정신내적인 의미도 갖고 있다.[92] 이런 의미에서 쌀을 넣는 것은 씨앗의 발아를 통해 시신의 부활 또는 재생을 위한 행위이기도 하다. 지방에 따라서 쌀을 넣을 때 물에 불린 쌀을 넣는 곳이 있는데, 이것은 물의 생명력을 빌어 발아를 촉진시키려는 것으로 볼 수 있다.

한편 시신의 입에 쌀을 넣어 주는 숟가락이 버드나무로 되어 있다는 것도 그 의미를 살펴볼 필요가 있다. 버드나무는 물가 어디에서나 잘 자라는 나무로 생명력, 번식력을 상징하기도 한다. 그래서 한국의 민간 속설에는 버드나무가 불임不姙을 치유하는 데 약효가 있다고 하였다. 수양버들은 봄 또는 청춘을 상징한다. 옛날에는 청명과 한식에 버드나무 가지를 깎아 불을 피워 관청에 나누어 주는 관례가 있었다. 청명은 봄이 다시 찾아오는 것을 축하하는

91) Frazer JG(1969) : 앞의 책, pp437-438.
92) Von Franz ML(1966) : 앞의 책, pp400-401.

명절이다. 사흘 전에 아궁이 속의 불을 끄고 그날에는 찬 음식한 식, 寒食을 먹었다. 그리고 새로이 불을 지폈다. 이때 버드나무로 불을 댕겼으니 버드나무는 재생을 상징한다고 할 수 있다. 한편 벽사의 기능을 지닌 버드나무를 태움으로써 악귀를 없애고 새봄을 맞이하려는 뜻도 있다. 불교에서 버드나무 가지는 대자대비의 관세음보살을 상징한다. 관세음보살이 현신할 때 나타나는 33종의 모습 중 첫 번째가 양유관음楊柳觀音인데, 이는 왼손을 왼쪽 가슴에 대고 오른손에 버들가지를 쥔 모습이다. 관세음보살은 정병 속에 든 불사의 감로수를 고통받는 중생에게 뿌리는 데 버들가지를 사용한다.[93] 한편 김의숙은 상·장의례 때 버드나무를 사용하는 것은 그것이 음양오행에 따라 배치할 때 북수방北水方의 나무이므로 목마름이 해소되도록 수기水氣를 감염하고자 한 것이거나, 아니면 사자死者가 가는 음계의 세계는 북쪽의 북망산이기에 버드나무를 이용한 것이 아닌가 추측된다고 하였다.[94] 유대교에서 버드나무는 애도의 상징으로 포로 생활을 하는 유대인들은 바빌론의 버드나무 곁에서 눈물을 흘렸다.[95] 이처럼 버드나무는 음계를 나타내는 북방의 나무여서 사자의 세계를 나타내기도 하지만, 그것이 가진 생명력으로 인해 재생의 가능성을 같이 가지면서 벽사의 기능도 하는 나무이므로 시신을 처리할 때 버드나무를 많이 사용하는 것 같

---

93) 한국문화상징사전 편찬위원회(1992) : 앞의 책, pp333-334.
94) 김의숙(1993) : 《한국민속제의와 음양오행》, 집문당, 서울, p79.
95) 시편 137:2

다. 죽은 자가 여자일 경우 시신을 습할 때 머리를 씻고 빗긴 다음
에 버드나무로 된 비녀를 꽂아 주어 이것이 사자의 재생을 위한 상
징적 행위임을 확인케 한다.

쌀과 함께 정화된 시신의 입에 마지막으로 넣어 주는 것은 조
개, 진주 혹은 구슬, 옥, 동전이다. 신분 혹은 형편에 따라 달랐지
만 일반적으로 궁중에서는 진주를, 민간에서는 조개를 사용했다.
엘리아데Eliade는《이미지와 상징》에서 조개와 진주가 갖는 상징적
의미와 그것들이 농경의례, 통과의례 등 각종 의례에서 사용되는 예
를 다양하게 들었다.[96] 여기서 그는 조개는 음陰과 수태受胎를 상
징하여 풍요를 의미하고, 탄생과 재생을 상징하여 특히 장례신앙
에서 중요한 역할을 한다고 했다. 중국에서는 군주의 장례 때 입
에 쌀, 진주, 비취를 넣고, 인도에서는 죽은 사람이 살던 집에서 묘
지에 이르는 길을 따라 조개를 뿌리기도 하며, 어떤 지방에서는 사
자의 입에 진주를 가득 넣는다. 보르네오 섬에서도 이러한 풍습이
관찰되고 있고, 아프리카에는 무덤 바닥 한 층을 조개로 까는 곳
도 있다. 고대 아메리카의 모든 민족에서도 비슷한 풍습이 나타난
다. 이러한 관념은 그 기원이 선사시대까지 거슬러 올라간다. 한국
의 다양한 형태의 선사시대 분묘에서 출토된 부장품에는 옥玉을 포
함한 장신구가 많이 발견된다.[97] 특히 동양에서 구슬장식이 고대

---

96) Eliade M(2002) :《이미지와 상징》, 이재실 역, 까치글방, 서울, pp141-164.
97) 이상균(2001) : "선사시대의 묘제와 죽음관",《한국인의 사후세계관》, 전주대학교
   출판부, 전주, p65.

무덤에서 부장품으로 흔히 발견되는데, 이는 구슬이 한·중·일에서 공통적으로 벽사와 주물을 상징했기 때문이라고 할 수 있다. 고대 풍습에 죽은 사람의 입에 진주구슬을 하나 물리면 그 시신이 썩지 않는다는 믿음이 있다. 시체의 아홉 구멍을 금과 경옥으로 막아 놓으면 시체가 썩지 않는다고도 했다. 백제 무령왕릉에서는 유리구슬이 대량 출토되었고, 신라 미추왕릉 지구에서도 여러 모양의 구슬이 목걸이로 출토되었다. 모두 불사영생을 비는 부장품이다. 한방에서는 진주 속에 임신을 돕는 힘과 부인을 보호하는 효력이 있다고 믿는 경향이 있고, 덴마크에서는 진주가 나오는 굴을 여성의 생식기를 의미하는 쿠데피스크라고 불렀다. 호신부, 장신구로서 진주는 여성에게 임신을 쉽게 하는 에너지를 불어넣어 줄 뿐 아니라 재앙으로부터 여성을 보호한다.[98) 보티첼리의 그림〈비너스의 탄생〉에서 미의 여신 비너스가 조개껍데기에서 탄생하는 것으로 묘사되었는데, 조개는 비너스를 잉태하고 탄생시키는 자궁이다. 한국 민담 '우렁 각시'에서는 우렁 속에서 각시가 나오고, '나랑 아씨' 민담에서도 조개 안에서 미인이 나온다. 이처럼 조개는 탄생과 재생이라는 상징 위에 여성의 자궁이라는 상징성이 더해진다. 이것은 다시 풍요와 다산의 상징이기도 하다.[99) 진주는 달에 속하며 바다의 힘, 조수 간만을 지배하는 달의 본질, 배태, 우주적 생

---

98) 한국문화상징사전 편찬위원회(1992) : 앞의 책, pp74-76.
99) 한국문화상징사전 편찬위원회(1996) : 앞의 책, pp630-631.

명, 신적 본질, 태모의 생명력, 태양의 여성원리, 자기조명, 입사식 入社式, 우주적 생명에 내재하는 법, 정의를 상징한다. 진주는 번갯불이 굴 껍질을 관통하면서 만들어진다고 생각되었기 때문에 물과 불의 통일로 간주되었다. 불과 물은 양쪽 다 다산의 힘을 상징하기 때문에 진주는 탄생과 재생의 상징이다.[100] 이란에서도 진주는 생명과 탄생 그리고 죽음을 가져다주는 구세주, 장수를 나타낸다.[101] 그리스 · 로마의 장송의례에서도 조개가 부활의 상징으로 사용되었다.[102] 여기서 여성의 원리로 탄생과 재생을 상징하는 조개, 진주 등을 시신의 입에 넣어 재생과 부활을 위한 처리를 했음을 다시금 확인할 수 있다. 그 밖에 동전을 넣는 것은 인도와 프랑스에서도 발견되는 풍습이긴 하지만 조개, 진주에 비해 그 분포가 광범위하지 않은 것으로 보아 비교적 후대에 변형되어 생긴 풍습일 것이란 생각이 든다.

이제 반함이 끝나면 폭건幅巾을 씌우고, 충이充耳하고, 명목瞑目하고, 신을 신기고, 심의를 입힌 다음 대대大帶를 두르고 악수幄手를 한 뒤에 이불을 덮으면 습의 과정을 마치게 된다. 그런 다음 영좌靈座를 꾸미고, 혼백魂帛을 만들고, 명정을 만들어 세운다.

---

100) Cooper JC(1994) : 앞의 책, p314.
101) Cooper JC(1994) : 앞의 책, p315.
102) Cooper JC(1994) : 앞의 책, p364.

혼백이란 흰 비단 또는 저포苧布, 모시 3~4척을 접어 오색 동심결로 묶은 것으로 신神이 여기에 의지한다고 믿어 고인의 옷 위에 놓아 영좌에 모신다. 원래는 중국 은殷나라 때 나무로 만들었던 것이 변하여 비단으로 만들게 되었다고 한다. 명정은 붉은 비단으로 하되, 신분에 따라 길이를 달리 만들고 죽은 자의 이름을 써 놓게 되었다. 이것은 출상하기 전까지 영좌 옆에 세워 두었다가 매장할 때 영구 위에 덮어 준다. 영좌는 교의 위에 혼백을 놓고 제상과 향상을 차린 것으로 조석으로 살아 있을 때 같이 봉양하다가 대상이 끝나면 철거한다.[103] 여기서 혼백의 흰 비단과 명정의 붉은 비단의 흰색과 붉은색 두 색깔은 검은색과 함께 장례의례에서 범세계적으로 가장 보편적으로 쓰이는 색깔이다. 많은 사회에서 흰색은 순결 및 다산과 관련이 있고, 빨간색과 검은색은 권력 및 삶의 악한 측면과 관련이 있으며, 검은색은 부패 및 죽음과 관련이 있다. 흰색은 때로 기독교 장례에서 기쁨과 영원한 삶을 나타낸다. 마다가스카르 섬에서는 장례 때 빨간색을 주로 사용하는데, 이는 죽음과 반대되는 삶과 활력을 나타낸다.[104] 한국의 상·장의례에서는 주로 소색과 흰색 계통의 색을 많이 사용하지만 유독 고인의 신분과 이름을 적어 놓고 매장할 때 영구를 덮는 명정이 붉은색이라는 점은, 그것이 갖는 삶과 활력의 상징성을 고려해 볼 때 역시 부활을

---

103) 김삼대자(1990) : 앞의 책, pp150-151.
104) Metcalf P, & Huntington R(1991) : 앞의 책, p63.

위한 상징적 의미를 가진다고 볼 수 있을 것이다.

다음 절차인 소렴은 죽은 지 2일째 되는 날에 행해진다. 이는 습한 시신을 옷과 이불로 싸는 절차다. 습할 때는 옷을 우임右衽 하던 것과는 달리, 염할 때의 여밈은 반대로 좌임左衽을 한다. 이때 손발을 쌀 때에도 왼쪽을 먼저 하고 다음에 오른쪽을 한다. 〈상대기주喪大記註〉를 보면 임衽은 살았을 때는 오른쪽, 죽었을 때에는 왼쪽을 향하는데 이것은 다시 풀 필요가 없는 까닭에 좌임한다고 했다. 박두이는 이를 살아 있음의 우右, 즉 양陽과 죽었음의 좌左, 즉 음陰이 합하여 덕을 이룬 극치의 세계로 갔으면 하는 소망이 담겨져 있다고 보았다.[105] 시신을 처리하고 옷을 입히는 과정에서 음과 양을 합한 형식을 취함으로써 염습을 마친 시신은 음양, 즉 대극의 합일이 이루어진 상태라는 것을 말해 준다. 이렇게 의복을 통해 음양을 결합하여 인류 최초의 양성구유적인 전체성을 이룬다는 관념은 인도, 페르시아 그리고 그 밖의 아시아 각지에서 행해지는 농경의례에서 중요한 역할을 하는 '의복교환'에 관한 여러 가지의 의례에서도 찾아볼 수 있다. 남자가 여자의 복장을 하기도 하고, 어떤 곳에서는 인공적인 유방을 붙이고 다닌다. 여자의 복장을 한 남자는 피상적인 관찰자가 짐작하는 것처럼 바로 여자로 변한 것은 아니다. 다만 그 남자는 잠시나마 양성兩性의 결합을 통해 우주의 전체적 이해를 용이하게 해 주는 상태를 구현해 주고 있다. 그렇

---

105) 박두이(1990) : 앞의 책, pp162-163.

게 함으로써 그는 잠시나마 원초의 인간의 낙원적인 조건으로 환원한 것이다. 이러한 잔재는 호주 원주민이 소년·소녀에게 할례 혹은 하부절개를 하는 것이나 의복을 교환하는 것 등에서 볼 수 있을 뿐만 아니라, 연금술에서, 결혼에서, 독일의 낭만파 사상에서는 성행위에서도 볼 수 있다. 연애에 의한 양성구유화兩性具有化라는 것도 있다.[106) 한국의 염습을 마친 시신도 이러한 견지에서 옷의 처리를 통해 상징적으로 원초적인 양성구유의 상태를 이룬 것이라는 생각을 해 볼 수 있다. 이러한 죽음과 음양의 결합과 관련된 관념은 한국의 여러 곳에서 행해지던 미혼으로 죽은 남녀의 영혼결혼식靈魂結婚式이나 부모를 합장하는 의식에서 그 흔적을 찾아볼 수 있을 것 같다. 결혼을 하지 못하고 죽은 처녀와 총각은 사후세계에서 불안정한 존재가 된다. 불안정한 존재란 안정된 삶을 구가할 수 없음을 말한다. 그래서 이승에서 인간들에게 탈을 입히게 되고, 이러한 것 때문에 그러한 탈을 벗기 위하여 통과의례를 거치지 못한 처녀와 총각을 사후 결혼시킨다. 사후결혼의 궁극적인 목적은 탈을 피하고자 하는 것으로, 처녀와 총각이 사후세계에서 서로 결합되어 안정성을 갖도록 해 주는 것이다.[107) 죽음과 결혼의 모티브는 폰 프란츠가 연금술 교본《밝아 오는 새벽Aurora Consurgens》이 토마스 아퀴나스가 죽기 전에 기록한 것이라고 추정하는 근거를 제시하면서 확충해 놓았다.

---

106) Eliade M(1995) : 앞의 책, pp536-538.
107) 표인주(2001) : 앞의 책, pp244-245.

예를 들어, 카발라에서 죽음은 신비한 결혼으로 묘사된다. 랍비 시미온 벤 요카이를 묻을 때 사도들은 "일어나서 랍비 시미온의 결혼식에 오너라! 그곳을 평안하게 하고, 그들을 침상에서 쉬게 하라."라고 말하는 목소리를 들었다. 성 어거스틴은 예수가 십자가에서 죽은 것을 '결혼'으로 해석하였다. "예수님은 신랑처럼 그의 방에서 나오셨고, 결혼의 약속을 가지고 광야로 나가셨다. 그분은 자신의 길을 기뻐하는 거인처럼 달렸고, 십자가의 결혼-침상에 이르러, 그곳에 올라 결혼을 완성하셨다. 그리고 그분께서 피조물들의 탄식을 들었을 때, 그분은 기꺼이 신부의 위치에 있는 고통에 몸을 맡기셨다. 그리고 그분은 영원히 여인과 결합하셨다." …… 죽음-결혼의 모티브는 민담에서 여러 형태로 발견된다. 무의식의 정신은 종종 죽음을 대극의 합일, 즉 내적인 전체성의 완성으로 나타낸다.[108]

그리고 이집트에서 사람이 죽는 순간 죽은 자는 오시리스가 되고 오시리스 신과 동일화된다. 카이로의 유명한 파피루스에는 시신을 아마포로 감는 것을 다음과 같이 그렸다. "오시리스 모모某某여, 이제 당신의 신부 이시스와 당신의 사랑 네프티스가 당신에게 다가갑니다. 그들은 당신을 감싸고 당신을 품에 간직할 것입니다. 그들의 품 안에서 영원히 쉬십시오." 여기서 시신을 감싸는 아마

---

108) Von Franz ML(1966) : 앞의 책, p428.

포 밴드는 오시리스의 우편 및 좌편의 신부인 여신 이시스와 네프티스를 가리킨다.[109] 융도 그의 자서전에서 "죽음은 잔인한 것임에도 불구하고 다른 관점에서 보면 하나의 즐거운 사건이 된다. 영원의 관점에서 보면 하나의 결혼이며 융합의 비의다. 영혼은 그에게 결여된 반쪽에 다다르게 된다. 그는 전일을 획득한다. 그리스도의 관 위에는 죽음의 희열이 춤추는 사람으로 묘사되고, 에트루리아인의 무덤은 향연으로 표현되고 많은 지방에서 망령절에 무덤으로 소풍 가는 관습이 있다. 이 모든 것에 죽음은 축제라는 느낌이 묘사되고 있다."라고 하여 죽음과 결혼을 비교하였다.[110] 한국 전통 상·장의례에서 이런 죽음–결혼 모티브의 잔재는 시신에 옷을 입힐 때 좌임하고 우임하는 절차에서 찾아볼 수 있고, 미혼으로 죽은 남녀의 영혼결혼식, 부부의 합장의 풍습 등에서도 찾아볼 수 있다.

소렴한 다음 날, 죽은 지 3일째 되는 날 대렴, 즉 입관의 절차를 행한다. 이것은 관 속에 칠성판과 요를 깔고 시신을 놓는 절차다. 모아 두었던 조발낭도 함께 넣고 옷으로 빈 곳을 채운다.

이때 사용하는 칠성판은 송판에 북두칠성과 같은 7개의 구멍을

109) Von Franz ML(1997b) : *Alchemical Active Imagination*, Shambhala, Boston & London, pp6–7.
110) Jaffé A(1989) : 《C.G. Jung의 回想, 꿈 그리고 思想》, 이부영 역, 집문당, 서울, p358.

뚫은 것이다. 한국에서 대렴 때 칠성판이 사용된 것은 《주자가례》에 따른 것으로, 주자는 당대의 송宋나라 풍속에 따라 기록하였는데 그 의미를 밝히지 않았다. 《지봉유설芝峰類說》에는 칠성판은 모든 사귀를 없앤다는 것으로 마치 방상과 무덤 앞의 석인과 같은 것이라 하였다. 김삼대자金三代子는 북두칠성이 동양에서 예로부터 항해의 지침이 되고 나그네의 길잡이 역할을 하는 것으로 보아, 칠성판을 사용하는 것은 저승길의 길잡이 구실을 하기 위한 뜻이 내포되었을 것이라고 하였다.[111] 이은봉은 칠성이 민가에서 죽은 사람의 몸에 남아 있다고 여기는 칠백七魄을 상징한다고 하면서, 사람의 육체에 있는 일곱 개의 구멍에 각각 정령이 드나든다는 생각에서 이러한 관념이 나온 것 아닌가 여겨진다고 하였다.[112]

한국에는 칠성신앙으로 불리는 형태가 전국적으로 산재해 있다. 북두칠성은 '하늘의 목구멍과 혀천지후설, 天之喉舌'에 해당한다는 고사처럼 하늘을 상징하고, 나아가 천체의 기상氣象을 관장하는 신이라고 생각되고 있다. 이러한 북두칠성은 여러 모습의 신체神體로 표현된다. 중부 지방 무속에서는 무녀들이 동경인 명도明圖; 무당이 자신의 수호신으로 삼고 있는 거울에 칠성을 그리거나 문자로 표현하는 경우가 있다. 때로는 칠성단이라는 제단을 쌓고 그 위에 정화수를 놓아 신체로 삼기도 하는데, 그것은 물雨의 신으로서의 특징을 나타내는

---

111) 김삼대자(1990) : 앞의 책, p148.
112) 이은봉(2001) : 앞의 책, pp203-204.

것이다. 칠성은 또한 뱀이나 용으로 상징되기도 하고, 불교사찰이나 무녀의 신당 안에 인격신으로 그림으로 표현되어 모셔지기도 한다. 칠성은 하늘을 상징하는 뜻에서 인간의 수명을 관장하는 신으로 생각되고, 비를 내려 농사를 풍년 들게 하는 점에서 재물의 신으로도 모셔진다. 특히 제주 지방에서는 칠성신이 뱀으로 상징되고 집의 재물 신으로 모셔지고 있다. 북두칠성은 효성스러운 일곱 아들이 죽어 된 것이라고 하고, 또 바리공주가 낳은 일곱 아들이 죽어 하늘에 올라가 된 것이라고도 한다.[113] 그리고 이규경이 쓴《오주연문장전산고五洲衍文長箋散稿》의〈이두하강변증설二斗下降辨證說〉에는 인간으로 하강한 북두노인이 단명할 아이의 수명을 90세까지 연장시켜 주었다는 설화가 있어, 북두칠성이 인간의 수명을 관장하는 사명신司命神, 즉 운명을 담당하는 신의 역할을 하고 있는 것이다.[114] 무속에서도 사람이 7세가 넘으면 칠성신이 운명을 관장하게 된다고 한다. 이에 따라 제주 지방에서는 장수를 기원하며 칠성제를 한다.[115]

어떤 불교설화에서는 천지개벽 당시에 하늘과 땅이 맞붙고 하늘에는 해와 달이 둘씩이었는데, 미륵이 달 하나를 떼어 북두칠성과 남두칠성을 만들었다고 한다. 여기서 북두칠성은 어두운 밤의 세계를 밝히는 달에서 유래된 것이다. 원시 기독교에서 석관에 별

113) 한국정신문화연구원(1996) :《한국 민족문화 대백과사전》10권, p364.
114) 이은봉(2001) : 앞의 책, p217.
115) 김태곤(1985) :《한국무속연구》, 집문당, 서울, p55, p352.

을 새겨 놓은 것이 있고, 고구려 고분 벽화에도 온갖 성좌의 별들을 그려 놓은 것이 있는데, 그중에는 고구려 쌍영총의 변화에 귀운문鬼雲紋과 함께 북두칠성이 그려진 것이 있다. 대만에서도 북두칠성 모양의 7개의 구멍이 뚫려 있는 나무판에 시신을 올려놓는데, 이들 구멍 중 하나는 하늘을 상징하고, 두 개는 산신으로서 땅을 상징하고, 나머지는 방위와 분야별 12성좌 등으로 신의 체계를 이룬다고 한다.[116)]

이상을 종합해 볼 때 칠성판은 여러 상징적인 의미를 가지고 있음을 알 수 있다. 그중에서 관 속에서 시신을 받쳐 들고 무덤에 매장되는 것을 보면, 북두칠성은 분명 죽은 자의 세계, 어두움, 음陰의 세계를 관장하는 신격으로 볼 수 있다. 그리고 무덤 속에 있는 별로 아래의 하늘을 나타내 저승세계의 영적인 성격을 말해 주는 것으로 볼 수 있다. 또한 사람의 수명을 관장하는 역할을 하는 것으로 죽은 자의 수명을 연장시킴으로써 이승으로 되돌려 재생하게 하는 의미도 생각해 볼 수 있다. 한편 고대 이집트인들은 땅의 신 악커Acker가 '위대한 상像, 미라'을 지키고 동시에 미라는 그 안에서 변환의 과정을 새롭게 시작하기 때문에 '신비'라고 한다. 카ka는 미라 또는 죽은 이의 동상과 가까이 있는 반면에 불멸의 바ba는 공중을 여행하는 동안에 위의 세상의 태양신과 동반할 수도 있고 결코 지지 않는 극 주변의 별들과 합친다고 한다.[117)] 여기서 지지 않

---

116) 한국문화상징사전 편찬위원회(1992) : 앞의 책, pp342-344.

는 별은 불멸의 바ba영혼이 있는 곳이다. 이와 같은 고대 이집트인들의 시각에서 보면, 북두칠성이 지하의 세계에서 시신과 함께 있는 것은 바와 카의 만남, 즉 혼魂과 백魄의 만남이라는 상징적 의미로 볼 수 있을 것 같다. 이집트의 5왕조 시대의 피라미드 내부 벽에 그려진 피라미드 교본이라고 불리는 상형문자로 된 교본에는 "오, 왕의 육신이여, 소멸하지 않고, 썩지 않고, 불쾌한 냄새 나지 않을지니…… 당신은 오리온으로 하늘에 이를 것이고, 당신의 아크akh는 소티스Sothis, 천랑성의 옛 이름와 같이 효과적일 것이고, 권능을 갖고, 힘이 있을 것이고, 힘을 갖게 되어 강할 것이고, 이루Iru에 거주하는 호루스와 같이 신들 속에 서게 될 것이요."라는 주문412번째이 있다. 왕의 카ka가 별이 되면 그의 아크akh는 위대한 별들의 무리에 들어가는 것이다. 이와 같은 믿음으로 기자에 있는 체홉 피라미드에는 사후에 별들로 상승하는 것을 기대하기 위해 피라미드의 방과 밖으로 연결하는 두 개의 좁은 통로를 만들어 놓았는데, 이 통로는 소티스천랑성와 오리온 별자리를 향하고 있다는 것이 밝혀졌다.[118] 천랑성은 해마다 일어나는 나일강의 범람을 예고해 주는 별로 이집트인에게 중요한 별이다. 이와 같은 의미가 북반구의 극동지역에서 북두칠성, 북극성과 관련지어 본다면 칠성판 위에 시신을 놓는다는 것은 이상과 같은 상징적 의미를 더욱 분명하게 나타내 주

---

117) Von Franz ML(1998) : 앞의 책, p124.
118) El Mahdy C(2002) : 앞의 책, pp145-147.

는 것 같다.

이제 대렴을 마치면 시신을 처리하는 과정을 마치는 것이다. 이후에 관 동쪽에 영상을 설치하고설영상, 상제들의 거처를 마련하고설상차, 다음 날 상제들이 성복을 하게 된다.

장송(葬送)의례

이상과 같이 죽음을 준비하는 단계부터 시작하여 시신의 처리과정을 거치고 나서, 죽은 지 4일째 되는 날 비로소 상제들은 상복을 입고, 본격적인 장례를 준비하고, 망자를 이승의 세계에서 저승의 세계로 전이시키는 단계가 이어진다. 상복은 망자와의 혈연관계의 친소 및 사회적인 신분에 따라 복잡하게 규정되어 있다.《예서》뿐 아니라 실제 관행에서도 상복의 복제는 혈연관계의 거리를 바탕으로 하여 친족조직의 운영원리를 명확히 보여 주는 특징을 나타낸다. 이러한 상복의 복잡한 복제는 친족관계와 공동체 생활을 규제하는 현실적인 유교적 규범과 관련된 부분으로 여기서 다룰 범위를 벗어나는 것으로 보여 고찰의 대상에서 제외하려고 한다.[119] 다만 상주가 지팡이를 짚는 것의 의미를 살펴볼 필요가 있어 보인다. 상·장의례 때 상주 이외에 호상護喪, 축관祝官, 제관祭官 등 의례의 실무적인 일을 맡고 각종 제례를 주관하는 직책이 있다. 그러나 상·장의례의 모든 절차를 실질적으로 주재하는 자는 상주喪主

---

119) 이에 관하여는 박두이(1990)와 김영자(1981)를 참고.

로서 제사장의 역할을 한다. 그런 의미에서 상주는 다른 사람들과 구별될 필요가 있는데, 이는 상복의 양식으로도 구별되지만 보다 확연하게는 지팡이를 짚는 것으로 구별된다. 이것은 그리스 신화의 전령傳令신 헤르메스, 메르쿠리우스와 같은 신의 사자使者나 혼을 다른 세계로 인도하여 재판을 받게 하는 영혼의 인도자가 지팡이를 손에 들고 있는 모습으로 나타난다는 사실,[120] 그리고 이집트에서 죽은 자를 재판하는 자로서의 오시리스 신의 주요한 부수물이 지팡이와 도리깨라는 사실에서도 그 유사점을 찾아볼 수 있다.[121] 그러므로 한국의 상·장의례에서 상주는 사자의 가장 가까운 혈족이며 동시에 의례의 주재자로 사자를 저승세계로 인도하는 역할을 한다는 점을 상징적으로 보여 준다고 볼 수 있다.

아버지를 잃은 경우에는 대나무 지팡이를, 어머니를 잃은 경우에는 오동나무 지팡이를 짚는다. 이때 대나무는 뿌리 부분이 밑으로 가도록 짚으며, 오동나무는 위를 둥글게, 아래를 네모나게 깎아서 상원하방上圓下方의 모양을 이루도록 한다. 대나무 뿌리가 땅을, 죽순은 하늘을 상징하듯이, 오동나무도 상원은 하늘을, 하방은 땅을 상징한다고 한다. 이러한 상징에 맞도록 지팡이를 짚어야 망자의 영혼이 이승인 땅의 세계에서 저승인 하늘의 세계로 온전하게 여행할 수 있다고 보았다.[122]

---

120) Cooper JC(1994) : 앞의 책, p340.
121) Cooper JC(1994) : 앞의 책, p377.
122) 임재해(2000) : 앞의 책, p42.

여기서 아버지는 양陽이기 때문에 양인 하늘을 상징하여 속이 빈 원통의 대나무로 지팡이를 삼는 것이고, 어머니는 음陰이기 때문에 땅을 상징하는 사각四角으로 모나게 깎아 사용하는 것이라고 설명하기도 한다.[123] 일반적으로 오동나무는 가볍고 방습과 방충에 강하므로 장欌, 상자, 악기류 제작에 좋아서 예로부터 딸을 낳으면 뜰 안에 오동나무를 심어 결혼할 때 장을 만들어 주었다.[124] 그리고 오동나무는 미끈하게 잘생겼을 뿐 아니라 수액도 미끈거리기 때문에 임산부가 난산일 경우 이 나무를 깔고 앉거나 그 잎을 하체에 대면 아이가 매끄럽게 잘 나온다는 속신이 있다.[125] 이런 의미에서 오동나무는 여성과 관련된 나무라는 상징적 의미를 갖는 것으로 보인다. 반면에 대나무는 사철 푸르고 곧게 자라는 성질 때문에 지조와 절개의 상징으로 인식되었다. 그리고 대나무로는 고대로부터 주요한 전쟁무기인 활, 화살 및 창을 만들었다. 《삼국유사 三國遺事》의 '미추왕과 죽엽군'에는 신라 제10대 왕인 유리왕 때 이서국 사람들이 금성을 쳐들어왔는데 댓잎을 꽂은 이상한 군사가 나타나 신라군을 도와 물리쳤다고 한다. 이들은 미추왕릉에서 나온 댓잎군으로, 대나무는 군사를 가리킨다. 그리고 역시《삼국유사》에 나오는 만파식적 설화는 신기한 대나무를 베어 만든 피리로 적병을 물리치고, 가물 때는 비를 내리게 하고, 기상의 이변을 일으켰

---

123) 김의숙(1993) : 앞의 책, p80.
124) 한국정신문화연구원(1996) :《한국 민족문화 대백과사전》15권, p851.
125) 한국문화상징사전 편찬위원회(1996) : 앞의 책, p523.

다는 이야기다.[126] 여기서 대나무는 주로 남성적인 성질을 많이 나타내고 있다. 중국에서도 대나무가 남자와 동쪽을 상징하는 데 비하여, 오동나무는 서쪽과 여자를 상징해 어머니의 장례 때에 오동나무 지팡이를 쓰는 풍습이 있다고 한다.[127] 이러한 두 나무의 남성적·여성적 성질로 인해 부친상과 모친상 때 둘을 구별하여 사용했을 것으로 추정해 볼 수 있다.

성복을 마치면 관행에서는 맏상제가 제주가 되어 영좌에 성복제를 올리고, 그런 다음 상제들은 영좌 앞에서 대기하여 친지들의 문상을 받는다. 그리고 한편에서는 본격적인 장례를 준비한다. 《예서》에는 죽은 지 3개월이 지나야 장사를 지낸다고 되어 있는데, 집안에 따라 그 기간을 다르게 줄여 시행하고 있고, 현대에는 일반적으로 3일장을 시행하고 있다. 사자를 이승에서 저승으로 보내는 과정은 치장, 천구, 발인을 거쳐 급묘에 이르러 매장하는 과정으로 맺는다. 각 과정은 물론 전을 올리는 등 엄격하게 정해진 절차에 따라 진행된다. 이 과정에서 비교적 상징성이 잘 드러나는 몇 가지를 중점적으로 고찰해 보겠다.

우선 살펴볼 것은, 발인하는 날 영구를 받들고 그 머리 쪽으로 방의 네 모퉁이에 세 번씩 맞추고 방문을 나서는데, 이때 문지방에

---

126) 한국정신문화연구원(1996) :《한국 민족문화 대백과사전》 6권, pp308-310.
127) 한국문화상징사전 편찬위원회(1996) : 앞의 책, p524.

바가지를 엎어 놓았다가 영구로 그것을 깨는 과정이다. 한국의 어느 지방에서는 도끼나 톱으로 문지방을 살짝 찍거나 자르는 경우도 있다고 하는데, 문지방을 자르거나 바가지를 깨는 것은 죽은 이가 다시는 문지방을 넘어 집 안으로 되돌아오지 않게 하려는 일종의 '양밥'이라고[128] 설명하기도 한다. 그리고 바가지를 깨는 이러한 의례는 연종방포年終放砲라고 하는데, 제석除夕에 궁중에다 포를 쏘아 큰 소리로 잡귀들을 놀라게 하여 쫓았던 벽사의례처럼 영구에 붙어 있을 수 있는 잡귀를 축출하고자 하는 데서 비롯된 것이라고[129] 설명하기도 한다. 이와 유사한 것으로, 한국의 어느 지방에서는 갓 결혼한 신부가 탄 가마가 처음으로 신랑 집에 들 때, 문 앞에 미리 피워 놓은 모닥불을 타고 넘게 하거나 신부가 가마에서 내려 모닥불을 넘어가도록 하는 풍습이 있다. 이때 시어머니는 바가지나 호박을 들고 나와 문전에서 땅에 던져 깨뜨린다.[130] 여기서 바가지를 깨뜨리는 것은 신부가 새로운 삶의 공간으로 들어갈 때 이전의 곳에서 묻어 온 잡스러운 기운을 떨쳐 버린다는 벽사의 의미도 있지만, 새로운 세계로 들어가기 위한 주술적인 행위로 볼 수도 있다. 황해도 내림굿의 허주굿에서 새기자가 잡밥을 바가지에 담아 머리에 이고 동서사방으로 춤을 추며 맴돌고 뒤로 던지는 과정이 있다. 그리고 영정물림과정에서 상 위의 음식을 골고루 담고,

---

128) 임재해(2000) : 앞의 책, pp59-60.
129) 김의숙(1993) : 앞의 책, p80.
130) 한국문화상징사전 편찬위원회(1992) : 앞의 책, pp305-306.

삼색 헝겊을 작게 잘라 담고, 서리화 한 송이를 꽂아 넣은 영정을 담는 것이 바가지다. 이 경우에 바가지는 저승을 향하는 배를 상징한다. [131] 이와 같이 바가지를 깨는 행위는 사자가 이승의 공간에서 저승의 공간으로 이행하는 경계에서 벌어지는 의미 있는 행위로, 벽사의 기능을 가질 뿐 아니라 이승과 저승을 연결해 주고 새로운 세계에 통합시키는 상징적인 의미를 갖는다. 여기서 문지방은 두 세계가 만나는 상징적인 장소다. 문지방은 속俗과 성聖의 두 존재 양식의 거리를 가리킨다. 문지방은 두 세계를 구별하고 분리하는 한계이자 경계선 및 국경인 동시에 그러한 세계들이 서로 만나고 속된 세계에서 성스러운 세계로 이행할 수 있는 역설적인 장소다. 이 때문에 예로부터 집의 문지방을 넘어갈 때 하는 의례가 많았다. 문지방을 향하여 절을 하거나 몸을 엎드리거나 경건하게 손을 대는 등의 여러 의례가 있다. 문지방에는 외적의 침입뿐 아니라 악마나 페스트 같은 질병을 가져오는 힘의 침입을 방지하는 수호신 혹은 수호령守護靈이 있다. 어떤 고대 동양문명바빌로니아, 이집트, 이스라엘에서는 판결의 장소를 문지방 위에 두기도 했다. [132] 방주네프도 문지방을 넘어서는 것은 자신을 새로운 세계로 통합시키는 것이며, 결혼식, 입양, 서품식, 장례식에서 매우 중요한 행위라고 하

131) 이보섭(2001) : "Jung 심리학의 입장에서 본 내림굿의 상징적 의미", 《심성연구》, 16(2) : pp39-97.
132) Eliade M(1998) : 앞의 책, p58.

면서 여러 민족의 사례를 제시하였다.[133] 한국의 상·장의례에서 천구할 때 하는 행위도 이러한 범세계적인 관념과 그 의미를 공유하는 행위라고 볼 수 있다. 즉, 사자가 생전에 친숙했던 이승의 공간에서 저승의 세계로 통합하기 위한 첫발을 내딛는 과정을 상징적으로 표현하고 있다.

발인 때 구행柩行의 순서는 방상方相, 명정銘旌, 영여靈轝, 공포功布, 대여大轝, 운·불삽雲·黻翣의 순으로 하고, 그 뒤로 상주와 복인들이 곡을 하며 따른다.

방상은 연말의 구나驅儺 때 또는 기타 행사 때 역귀를 쫓는 나자儺者의 하나로, 임금의 행차나 외국 사신의 영접, 기타 궁중의 행사에 사용하였다. 이는 중국 고대 주나라 때부터 있어 왔던 풍습으로 《주례周禮》에 의하면 하관에 속했던 관직명이었다. 한국에서는 언제부터 있어 왔는지는 알 수 없지만 조선시대에는 궁중의 관상감에서 주관하였다. 한국의 중요민속자료 제16호로 지정된 창덕궁 창고에서 발견된 방상시 탈은 나무탈에 눈目이 넷 음각陰刻되어 있는 것이 특징이다.[134] 여기서 사목四目은 광명이나 빛을 상징한다. 그러니까 사목의 방상시 탈을 쓰고 가는 것은 양陽적인 것이 음陰을 구축하고자 하는 주술적인 의미가 있다.[135] 이것은 축귀법의 일종인 광명법光明法으로 볼 수 있는데, 이와 비슷한 유형을 다

133) Van Gennep A(2000) : 앞의 책, pp51-52.
134) 한국정신문화연구원(1996) : 《한국 민족문화 대백과사전》 9권, p232.
135) 김의숙(1993) : 앞의 책, pp80-81.

른 곳에서도 찾아볼 수 있다. 예를 들어, 마을 입구에 세워서 악성 유행병 침입을 방지하는 천하대장군의 얼굴에서 가장 공포감을 유발하는 것이 그 눈이다. 또한 정월 대보름 다음 날을 귀일鬼日이라 하는데, 이때 신발을 노리는 야광귀가 횡행한다고 하여, 그 재해를 막기 위한 방법으로 체를 걸어 놓는다. 그 체에는 그물눈이 무수히 많아 마魔 방지에 사용되었다. 귀신이나 악마는 본래 암흑을 좋아하고 광명을 싫어하므로 이러한 방법으로 악마나 사마를 퇴치하였다.[136) 방상은 벼슬이 4품 이상일 때는 눈이 넷 달린 것을, 그 이하일 때는 눈이 둘 달린 것을 사용했다. 곰 가죽을 어깨에 걸치고 검은 웃옷과 빨간 아래옷을 입고 양손에는 창과 방패를 든다. 이것은 잡귀를 몰아내 죽은 이의 저승길을 깨끗이 닦아 주는 셈이다.[137) 경주에서 출토된 5~6세기경 신라 고분의 부장품으로 나온 목심칠면木心漆面에는 황금 환環을 두른 두 눈에 유리 눈알이 박혀 있고, 금장귀면 장식에서도 금환을 두른 유리 눈알이 있다. 이와 같은 눈을 강조한 가면이 무덤의 부장품으로 나온 것은, 그것이 방상시와 같은 기능을 위해 무덤 속에 부장했던 것으로 여겨진다.[138)

중국의 《산해경山海經》에는 눈이 여럿 달린 괴물이 여럿 등장한다. 기산基山이라는 곳에 '창부'라고 불리는 새가 있는데, 그 생김새가 닭 같고, 세 개의 머리와 여섯 개의 눈, 여섯 개의 발과 세 개의

---

136) 무라야마 지준(1990) : 《조선의 귀신》, 김희경 역, 동문선, 서울, p464.
137) 임재해(2000) : 앞의 책, p66.
138) 황경숙(2000) : 《한국의 벽사의례와 연희문화》, 월인, 서울, pp28-33.

날개를 가지고 있다. 이것을 먹으면 잠이 없어진다고 한다.[139] 대산의 비호수 속에는 '숙어儵魚'가 많은데, 그 생김새는 닭 같고 털이 붉으며 세 개의 긴 꼬리, 여섯 개의 발 그리고 네 개의 눈이 있다. 이것을 먹으면 근심이 없어진다고 한다.[140] 또한 갈산의 첫머리에서 흘러나오는 예수濊水 속에 사는 '주별어珠鼈魚'는 생김새가 허파 같고, 눈이 넷이고, 발이 여섯이며, 구슬을 품고 있는데, 이것을 먹으면 염병에 걸리지 않는다고 한다.[141] 이런 눈이 여럿 달린 새와 물고기를 먹으면 잠이 없어지고, 근심을 몰아내며, 병을 예방한다는 것으로, 이 역시 눈이 갖는 빛과 광명의 상징성을 드러내고 있다. 서양의 경우 페니키아의 시간의 신 크로노스도 네 개의 눈이 있는데, 언제나 두 눈은 뜨고 있고 두 눈은 감고 있다.[142] 그리고 많은 눈을 가진 거인 아르고스는 결코 잠들지 않고, '모든 것을 보는 자'라는 별명을 갖고 있으며, 별이 있는 하늘을 상징한다. 때로는 하나의 눈을, 때로는 네 개, 때로는 수많은 눈을 갖는데, 헤라가 그의 눈들을 공작의 꼬리에 옮겼다. 이와 마찬가지로 드라곤도 아르고스와 같은 성질을 가졌는데, 이것이 크로노스에 전해진 것이다. 크로노스는 '모든 것을 보는 자'로 시간과도 관련이 있는데, 이러한 관련성으로 에스겔의 환영에 나오는 수레바퀴의 눈을 설명

139) 정재서 역주(1993) :《산해경》, 민음사, 서울, pp55-56.
140) 정재서 역주(1993) : 앞의 책, p110.
141) 정재서 역주(1993) : 앞의 책, p147.
142) Cooper JC(1994) : 앞의 책, p324.

해 준다. 많은 눈을 가진 것으로 푸루샤도 들 수 있다. 융은 이러한 환영들을 무의식의 상태를 파악하는 내성적인 직관으로 이해해야만 한다고 했다.[143] 방상시는 그것이 갖는 밝음, 양陽, 깨어 있음이라는 상징적인 의미로 인해, 죽은 자를 저승으로 보내는 길의 맨앞에 서서 그 길을 밝히고 올바르게 인도하는 역할을 하는 것이다. 이러한 의미에서 보면 사자를 매장하러 가는 길, 즉 무의식으로의여행은 내성적 직관과 강한 의식성을 필요로 하는 조심스러운 작업임을 알 수 있다. 왜냐하면 그러한 과정에서 깨어 있지 않을 경우, 즉 자아의 의식성을 상실할 경우에는 자칫하면 집단적 무의식에 휩쓸릴 위험이 있기 때문이다. 그리고 방상시의 눈이 넷이라는 사실에서 전체성을 상징하는 사위성四位性을 생각해 볼 수 있다.

방상 다음에 명정, 영여, 공포, 대여가 이어진다. 공포는 대나무 깃대에 흰색의 숙포熟布를 단 것으로, 발인할 때 상여의 길잡이로서 도로의 높고 낮음이 있을 때, 또 길이 좌우로 꺾일 때 알려 주는 도구로 사용된다. 또 하관 시에 관棺 위의 먼지를 터는 데 사용되기도 한다.

영여는 혼백상자와 향로, 영정 등을 실어 영혼이 타고 가는 것을 나타낸다. 가마채가 허리 높이 정도 오기 때문에 이 가마를 요여腰輿라고도 한다. 영여의 지붕에는 녹색 바탕에 붉은색의 연꽃 봉

---

143) Jung CG(1977a) : *The Structure and Dynamics of the Psyche*, C. W. 8, Bollingen, pp196-199.

오리가 달려 있고, 옆면에도 연꽃 망울이 피지 않은 상태로 그려져 있다. 정면에는 여닫이문이 쌍으로 달려 있으며 문 앞에 흰 고무신 한 켤레를 얹어 두기도 한다. 뒷면에는 태극을 그려 두었는데, 이는 음양을 상징한다.[144] 대여는 큰 상여를 말하는데 그 구조를 보면 다음과 같다. 죽은 이의 관을 덮고 있는 장방형의 운각을 중심으로 보면 그 앞에는 귀면이 그려져 있고, 그 위에는 용 두 마리가 앞뒤를 향해 서로 몸을 꼬고 있는데 이를 용마루라 한다. 청룡과 황룡이 앞뒤를 향해 꼬여 있는 용마루 위에는 염라대왕, 저승사자, 강림도령이 차례로 타고 있다. 특히 염라대왕은 호랑이를 타고 있다. 용과 호랑이는 묘지 좌우에서 주검을 보호하는 이른바 '좌청룡 우백호' 구실을 상여에서부터 하는 셈이다. 상여 몸체의 위쪽 귀퉁이 사면에는 봉황이 화려한 색상으로 조각되어 있다. 봉황의 부리에 주홍색의 굵은 줄을 늘어뜨려 중간에 매듭을 세 개 만들고 그 끝에 요령종을 달아 두었다. 상여 용마루 위에 연꽃이 조각되어 있는 것은 영여의 형상과 일치한다.[145]

저승세계로의 여행에서는 갖가지 모험과 시련을 겪는다. 이런 여행 중에 많은 경우 신神적인 존재로부터의 도움이라든지 갖가지 운송수단이 여행자에게 제공되기도 한다. 전 세계적으로 이러한 것들은 멋지고 거대한 배舟로부터 수레車, 하다못해 구아라요 인디언

---

144) 임재해(2000) : 앞의 책, p71.
145) 임재해(2000) : 앞의 책, pp74-76.

을 실어 나르는 단순한 통나무 조각 등에 이르기까지 다양하다.[146] 한국의 상·장의례에서 시신과 영을 옮기는 운반수단으로 상여와 영여가 구별되는데, 규모 면에서 차이는 있지만 그 구조상으로는 큰 차이가 없는 것으로 보인다. 죽은 자를 옮기는 상여는 물론 죽은 이의 신분이나 경제적인 수준에 따라 다르지만, 일반적으로 신분과 관계없이 화려하게 치장돼 있는 것이 특징이다. 이것은 원래 중국에서 대여大興 또는 '평안하게 쉬는 수레'를 뜻하는 '온량거輼輬車'라고 불렸다. 그것이 한국에 전해지면서 보다 간략하게 만든 상여 또는 소여라 불리는 것이 사용되고, 근래에 와서는 보다 더 간소화된 꽃상여가 사용되고 있다.

상여와 영여를 장식할 때 가장 중요한 것으로 연꽃이 있는데, 이는 꽃이 갖는 상징성을 가지고 이해할 수 있다. 폰 프란츠는 꽃에 관해 다음과 같이 말하고 있다.

꽃은 교회의 상징에서도 중요한 역할을 한다. 에프아엠 사이러스Ephraen Syrus는 니산의 부활주일에 예수가 그의 신부, 교회와 결합되었을 때 땅은 꽃들로 가득 찼다고 말한다. 암브로스 성인St. Ambrose은 "겨울이 가고…… 땅에 꽃이 나타난다."라는 구절이 교회가 최고의 영광에 있음을 가리킨다고 해석한다. 기독

---

146) Stanislav G, & Christina G(1986) :《죽음의 저편: 의식의 문》, 장석만 역, 평단 문화사, 서울, pp72-73.

교 초기 교부의 문학에서 꽃들은 인간의 삶의 덧없음을 나타내는 상像이거나, 성령으로 적셔지고 로고스의 태양으로 덮인 마음의 꽃봉오리였다. 꽃은 순교자의 작품에 나타나고 예수의 상징에도 나타난다. 오리겐Origen에 의하면 꽃은 '영적인 이해의 싹'과 영혼이 성서에 넣어 준 '살아 있는 의미'를 상징한다. 일반적으로 꽃은 감정과 정동을 상징한다. 꽃의 모티브가 파라셀수스와 도른Dorn에게 중요한 역할을 한 어떤 꽃들과 식물의 독특한 역할을 생각케 한다(이에 관해 융은 《융합의 비의Mysterium Coniunctionis》에서 상세히 다루었다.). 꽃은 즉 별들과 같은 '아래의 하늘'의 요소다. 다른 말로 말하면 꽃들은 우리의 정신의 전체성, 자기의 구성요소를 나타낸다. 영혼soul이 '오로지 인간관계 안에 그리고 그곳으로부터 존재할 수 있기' 때문에 《밝아 오는 새벽Aurora Consurgens》에 나오는 이 꽃들은 융합coniunctio 동안에 개화開花하는데 정신적인 관계를 꽃피우는 것을 가리킨다. [147]

그중에서도 연꽃은 그 씨주머니 속에 많은 씨앗이 들어 있어 풍요와 다산을 상징하고, 불교에서는 부처의 진리를 밝히고 그 진리가 사방에 퍼지는 것을 상징하며 부처를 상징하기도 한다. 그리고 《무량수경無量壽經》에서 연꽃은 정토에 생명을 탄생시키는 화생化生의 근원으로 나온다. 《삼국유사》에서는 신라 진평왕 때 왕이 대승

---

147) Von Franz ML(1966) : 앞의 책, pp393-395.

사라는 절을 짓고 묘법연화경을 외는 승려에게 절을 맡겼는데 그 승려가 죽어 장사 지냈더니 그의 무덤에서 연꽃이 났다는 이야기가 전해진다. 이로 보아 연꽃은 재생의 상징이라고 볼 수 있고, 불교의 교리를 상징하는 만다라로 나타나며, 윤회와 환생의 상징적 의미로 많이 쓰이고 있다. 이집트에서 연꽃은 해 뜰 때 피었다가 해 질 때 지는 성질 때문에 태양숭배사상과 관련되어 재생과 무한한 생명을 상징한다. 오시리스가 연꽃을 들고 있고, 태양은 연꽃에서 태어나 연꽃 속에 앉아 있는 젊은이로 묘사된다. 연꽃이 갖는 이러한 탄생, 부활, 불사의 상징성 때문에 그리스인과 로마인, 초기 기독교인들은 연꽃을 장례식의 꽃으로 사용했다.[148] 그리고 심청전에서 인당수에 빠져 죽은 심청이 연꽃에서 재생되고, 최내옥이 수집한 전북 민담에는 죽은 사람을 꽃으로 살렸다는 이야기가 나온다.[149]

상여에 상상의 새 봉황이 조각되어 있는 것은 죽은 사람의 영혼이 새가 되어 저승인 천상으로 비상하여 영원의 세계에 이른다는 영혼관이 나타난 것이 아닌가 한다. 또한 새는 죽은 사람의 영혼을 인도하기도 하며, 저승으로 가는 도중 과도기적 재생 역할을 하는 것으로 보이기도 한다. 이러한 관념은 염라대왕, 강림도령 또는 저승사자가 용마루 위에 타고 있는 것으로도 알 수 있다. 이와 같이 상여 또는 영여는 죽은 자의 시신과 영혼을 저승으로 싣고 가

---

148) 한국문화상징사전 편찬위원회(1992) : 앞의 책, pp476-480.
149) 이부영(1995) : 앞의 책, p231.

는 운송수단으로서의 범세계적인 상징성을 공유하고 있다고 볼 수 있다.

삽선翣扇은 관을 장식하는 기물로 나무로 틀을 만들고 그 위에 천을 바른 후 그림을 그려 만들었다. 그것은 그림의 내용에 따라 세 가지 종이 있는데, 구름을 그린 것은 운삽 또는 화삽, 아亞 자를 그린 것은 불삽, 도끼를 그린 것은 보삽이라 한다. 국장國葬은 운삽 1쌍, 불삽 1쌍, 보삽 1쌍 등 총 6개를 사용하며, 대부大夫는 운삽 1쌍, 불삽 1쌍을, 사士는 운삽 1쌍만을 사용할 수 있다. 삽은 중국 주나라에서 사용하기 시작했다. 삽은 발인 시에 관의 좌우에 세우며, 묘지에 이르러 하관할 때 관과 함께 광壙 안에 넣는다. 관 옆 광의 양쪽에 기대어 넣는데, 불삽은 위에 두고 운삽은 밑에 둔다.[150] 이와 같이 삽선을 장례 때 사용하는 이유에 대해서는 뚜렷이 전해지는 것이 없지만, 그것의 유래를 살펴보면서 그 의미를 찾아보겠다. 삽은 원래 깃으로 만들었으나 후세에 와서는 네모진 화포畵布에 길이 다섯 자의 자루가 있고 긴 털로 장식했다고 한다.[151] 이것은 《삼국지》의 〈위지 동이전〉 변진조弁辰條에 "사람이 죽어 장사 지낼 때에는 큰 새의 날개를 다는데, 이것은 죽은 사람이 날아가는 듯하다는 뜻일 것이다."라고 적혀 있는 것으로[152] 보

---

150) 김삼대자(1990) : 앞의 책, p155.
151) 이민수 편역(1987) : 앞의 책, p82.
152) 장철수(1997) : 앞의 책, p53.

아 그 기원이 오래된 것임을 알 수 있다. 그리고 한국의 변한, 진한 지방뿐 아니라 마한 지방의 고분에서 오리 모양을 한 조형토기鳥刑土器가 부장품으로 출토되어, 새가 이승과 저승을 연결하는 역할을 한 것으로 보인다.[153] 이와 같은 장례와 새 그리고 깃털과의 관련성에 관한 예는 세계 여러 지역에서도 보고되고 있다. 뉴질랜드의 마오리족은 죽은 자의 영혼은 신들이 거주하는 맨 마지막에 이르기까지 수많은 하늘을 거쳐야 하기 때문에, 그 영혼을 하늘에 이르게 하는 일을 어렵게 여겼다. 사제가 그것을 돕기 위해 죽은 자의 영혼을 육체로부터 분리하여 위로 올리는 특별한 제의를 하는데, 만일 죽은 자가 추장일 경우에 사제와 그의 조수는 지팡이의 끝에 깃털을 부착하고 공중에 높이 든다고 한다.[154] 많은 신화에서 모든 인류는 산, 나무, 사다리를 올라서, 자신의 힘으로 날아서, 아니면 새에 실려서 하늘에 오를 수 있었다. 인류가 퇴화하면서 인간은 하늘을 날 수 없게 되었는데, 그들은 오로지 죽은 뒤에야 원래의 상태로 복귀하여 날 수 있게 된다고 한다. 《이집트 사자의 서》에서는 죽은 자를 날아가는 송골매로 묘사하고, 메소포타미아에서는 죽은 자를 새들로 상상한다. 유럽과 아시아의 선사시대 유물에 보면 세계수는 그 가지에 두 마리의 새를 가지고 있는 것으로 그려져 있는데, 여기서 새들은 조상의 영을 상징하는 것으

---

153) 이상균(2001) : 앞의 책, pp65-66.
154) Eliade M(1970) : 앞의 책, p492.

로 보인다. 지팡이에 홰를 튼 새는 샤먼 집단에 자주 등장하는 상징이다.[155] 이렇듯 모든 사람은 전설적인 새의 날개 위에 타거나 구름 위에 타거나 아니면 깃털을 달고 하늘에 이를 수 있었다.[156]

깃털은 다시 부채로 바뀌게 된다. 여러 고고학적인 자료가 이를 뒷받침하고 있다. 고대에는 공작, 꿩 등의 깃털로 만든 쥘부채가 쓰였다. 고구려 고분 중 안악 3호분의 주인공이 이러한 부채를 쥐고 있다. 이 부채는 깃털 부채인데, 부채 중앙에 귀면鬼面이 그려진 것으로 보아 벽사의 의미와 함께 위엄을 돋보이려고 했던 것으로 보인다.[157] 이집트의 투탕카멘 왕의 피라미드에서는 봉棒에 타조 깃털을 붙인 부채가 발견되었다. 기원전 3, 4세기로 추정되는 원삼국 초기의 분묘인 경남 의창군 다호리 고분에서 옻칠된 부채자루가 출토되었는데, 그것에서 깃털을 꽂았던 부분으로 추정되는 구멍이 12개가 발견되었다. 오시리스는 부시리스의 원래의 주신인 오래된 통치 신 안츠티Anzti의 상징을 이어받았다. 안츠티 상징은 천벌과 왕권이 있는데, 그 밖에 기둥과 같은 몸체 또는 속간fasces: 막대기 다발 사이에 도끼를 끼운 집정관의 권위를 표시하는 것도 그것의 상징이다. 그것은 꼭대기에 두 개의 타조 깃털을 얹었다. 오시리스가 속간과 머리의 두 상징을 동화했을 것이 분명하다. 오시리스가 아비도스에 정착한 뒤에 두 개의 타조 깃털과 태양을 단 머리를 가진 속간이라는

---

155) Eliade M(1970) : 앞의 책, pp480-481.
156) Eliade M(1970) : 앞의 책, pp477-478.
157) 한국문화상징사전 편찬위원회(1992) : 앞의 책, p370.

지방의 휘장은 안츠티의 상징과 오시리스의 머리와 같았다. 고대의 모델은 이 아비도스의 기둥을 태양과 깃털과 함께 머리 유골을 얹고 산山 상형문자에 심어져 있는 것으로 보여 준다. [158]

부채는 그 기능상으로도 중요한 상징성을 갖는다. 한국 무속에서 부채는 바람을 일으켜 오물을 날려 버리듯이 재앙을 몰고 오는 병귀病鬼 같은 보이지 않는 사邪를 쫓는다고 믿었다. 악마를 쫓고 신명을 부르는 굿에서 부채는 필수적인 무구巫具다. 이 무선巫扇은 벽사, 초신招神을 위한 상징적인 무구다. 일본에서도 부채는 사악한 기운이나 더러움을 없애는 제사나 의식에 사용되었고, 유럽에서도 그것은 악마를 쫓는 바람이라는 상징적인 의미를 가졌다. 따라서 교회에 비치한 성선聖扇, flabellum은 바로 악마를 쫓기 위한 상비 기물이다. [159] 도교에서 부채는 새와 비상飛翔에 연관되는데, 이는 부채가 형식적인 세계에서 벗어나 자유를 얻음으로써 선계에 들어가는 수단이 되기 때문이다. 부채는 도교의 8선 중 한 명인 한종리鍾離權의 표지다. 중국에서 부채는 죽은 자에게 새로운 생명을 불어넣어 주는 바람의 힘, 감정의 미묘함, 관리의 위엄을 나타낸다. [160]

한국의 전통 상·장의례 때 사용하는 부채에 그려 넣은 표식은 구름雲, 아亞, 도끼다. 구름은 깃털과 같이 하늘을 나는 것을 나타

158) Neumann E(1993) : The Origin and History of Consciousness, Princeton Univ. Press, N.J., p234.
159) 한국문화상징사전 편찬위원회(1992) : 앞의 책, pp367-370.
160) Cooper JC(1994) : 앞의 책, p130.

내는 것으로 이해되지만, 아亞 자와 도끼는 무슨 의미를 가지고 있는 것일까? 아亞 자는 글자의 뜻으로는 '버금'이 있으나 삽선에 사용한 것은 그 뜻보다는 글자의 모양 때문인 것 같다. 아亞 자를 보면 한국의 무속과 민간신앙에서 사귀邪鬼를 쫓을 때 많이 사용하는 미로처럼 복잡하게 그려진 부적符籍이 연상되고, 언뜻 보기에 그 모습이 해골을 연상할 수도 있을 것 같다. 또한 상하, 좌우 대칭을 이룬 도형이고 네 방향으로 난 십자가를 아래 위에서 선으로 막아 놓은 만다라의 모습을 보여 준다. 이러한 연상을 바탕으로 보면 아삽은 축귀의 기능뿐 아니라, 두개골이 상징하는 영적인 의미도 갖고, 아울러 만다라의 전체성을 상징하는 것으로도 볼 수 있다. 도끼는 죽은 이의 시신과 영혼을 악귀와 도깨비로부터 보호하고 쫓는 주술적인 의미를 가진다.[161] 중국에서는 도끼를 뜻하는 부斧와 시작을 뜻하는 보甫는 유사어다. 여기에서 도끼는 일의 시작이라는 상징성을 갖는다. 도끼는 천공신의 태양 상징으로 힘, 번개, 천공신이 내리는 비의 다산성, 오류의 극복, 희생, 지원, 도움을 뜻한다. 이집트에서는 태양의 상징이고, 그리스에서는 제우스의 표지이자 디오니소스의 상징이다.[162] 이러한 확충 자료를 기초로 하여 상·장의례에 사용하는 삽선의 상징적 의미를 유추해 보면, 그것은 구행에서는 벽사의 기능을 하고, 또한 사자의 영혼을 하늘나라

---

161) 한국문화상징사전 편찬위원회(1992) : 앞의 책, p215.
162) Cooper JC(1994) : 앞의 책, p24.

의 신의 세계로 올리는 역할을 하며, 결과적으로 영과 육, 혼과 백의 통합을 이루게 하는 것으로 볼 수 있을 것이다.

방상이 장지에 도착하면 창으로 광중의 네 귀퉁이를 찌르고, 영구가 도착하면 혼백을 영악靈幄에 모시고 전을 올린다. 그런 다음 영구에 명정을 덮었다가 하관한다. 시신의 머리는 북쪽산봉우리 쪽으로, 발은 남쪽으로 가도록 하고 시신과 광중 사이를 흙으로 메운다. 이어 명정을 관 위에 덮고, 운·불삽을 넣고, 흙으로 덮고, 사후토하고, 평토가 되면 지석을 묻는다. 시신의 머리 방향은 반드시 북쪽을 향하는 것은 아니고, 봉토분 자체를 인공적인 명당자리의 형국으로 꾸며 머리가 향하는 곳을 관념적으로 북쪽으로 생각하였다. 여기서 북쪽은 앞에서 기술하였듯이 음양의 이치에서 죽음만을 나타내지 않고 죽음과 동시에 삶이 움트는 원리를 내포하고 있다. 고구려 고분 사신도 중 북쪽의 현무도玄武圖는 바닷속 깊은 곳에서 거북과 뱀이 엉클어져 교접하는 모습으로 그려져 있는데, 이는 창조의 시간이 바닷속 깊은 곳에서 내밀하게 진행됨을 보여 주는 셈이다.[163] 그리고 폰 프란츠는 고대의 중국인들은 다음 해에 뿌릴 종자를 보관하는 집의 북쪽에 시신을 매장했을 것이고, 그들은 죽은 자가 황천黃泉 근처에 있는 집 밑의 지하수에서 계속 살아갈 것이라고 생각했다고 하면서 북쪽은 겨울의 휴식과 관계가 있

---

163) 한국문화상징사전 편찬위원회(1996) : 앞의 책, pp332-335.

고 사자死者를 기념하는 축제와도 관련이 있다고 하였다. [164] 이러한 사실들은 매장이 끝이 아니고 무덤 속에서 새로운 세계에서의 재생이 일어남을 나타내고 있는 것이다. 죽음과 매장이 생의 종말에 오는 것이라는 일반적인 견해와는 다르게, 죽고 묻힌다는 것은 연금술의 견해에 따르면 원초적인 상태, 연금술 작업opus의 출발점으로 여겨진다. 따라서 이와 같은 견해에서는 묻히고 숨겨진 것들은 단지 벗기고 꺼내야 할 필요가 있는 무의식적인 것이라고 가정하는 것이 자연스럽다. [165] 이것은 무덤이 갖는 모성적인 의미에서 기인한 것으로 보인다. 무덤과 어머니는 탄생의 장소이면서 동시에 대지모大地母에서와 같이 죽은 자를 다시 자신 속으로 돌려받는 것이기도 하기 때문이다. [166] 그리고 무덤은 또한 죽어 있는 상태 또는 매장된 상태로도 보아야만 한다. 무덤 속에서 삶은 사라졌다. 그것은 드러나지 않고 가려진다. 이것이 숨겨진 보물이라는 또 다른 오래된 개념에 이르게 한다. [167] 중국, 인도, 티베트 같은 비기독교 세계에서는 성인의 무덤에 중요한 의미를 부여하고, 이슬람 세계의 대부분의 성지는 예언자의 무덤이다. 무덤은 종교뿐 아니라 일반적인 속신에도 중요한 역할을 한다. 속신에서는 매우 다양한 종류의 마술적인 능력을 무덤에 부여한다. 잘 알려진 독일판 신데렐라 이

164) Von Franz ML(1998) : 앞의 책, p36.
165) Jung E, & Von Franz ML(1998) : 앞의 책, p132.
166) Jung E, & Von Franz ML(1998) : 앞의 책, p127.
167) Jung E, & Von Franz ML(1998) : 앞의 책, pp129-130.

야기에서는 어머니의 무덤이 소원을 이루는 곳이고, 그 위에 자라는 나무에서 아름다운 옷과 황금사과가 떨어진다. 이와 마찬가지로 설화와 전설에서도 무덤과 관련하여 놀라운 일이 일어난다. 대부분의 경우 매장의 장소는 죽은 자의 안식처로 여겨지는데, 그곳에서 죽은 자 또는 그의 영혼이 아직도 영향을 미칠 수 있다. 로마 가톨릭 교회에서 축성된 제단은 모두 유물을 가지고 있어야 하는데, 그렇게 함으로써 그것은 동시에 무덤이 된다. 때로 그것은 석관 모양이기까지 하다. [168]

매장이 끝나면 신주를 영여에 모시고 집으로 돌아와 영좌에 모신다. 그리고 3년이 되는 해에 탈상할 때까지 아침저녁으로 영좌에 음식을 올리는 상식上食을 한다.

장지에서 돌아올 때에는 방에서 시신을 운구해 나갈 때와 마찬가지로 일상의 영역으로 돌아오는 데 필요한 특별한 절차가 있다. 돌아오는 사람을 대문 안쪽에서 기다렸다가 집 안에 들어설 때 가로막고 준비해 간 짚이나 솔가지松枝에 불을 질러서 불을 넘어 들어오게 한다. 또 사자가 생전에 아끼던 물건도 모두 내다가 불을 넘겨서 들여놓는다. 전북 옥구군 미면이나 회현면에서는 장지에서 영궤가 대문에 들어서려는 때, 대문간 아래 지하에 삶은 달걀을 묻으

---

168) Jung E, & Von Franz ML(1998) : 앞의 책, p127.

면서 삶은 달걀처럼 입제끼잡음을 일으키는 말 말라는 내용의 주문을 외우기도 한다. [169) 이와 같이 불을 넘어서 집 안에 들이거나 대문 밑에 달걀을 묻는 일 역시 금방 죽은 사령의 악한 영향으로부터 보호하기 위한 벽사행위다. 이것은 비단 장지에서 돌아온 사람에게만 해당하는 것이 아니고 상갓집에 갔다가 자기 집으로 돌아온 사람에게도 해당한다. 특히 상가에 다녀오는데 집에서 출산을 했을 때에는 정화의례가 더 엄격하게 적용되는데, 그럴 경우는 치성을 드린 뒤 7일 후에 집에 들어오고 아궁이를 들여다보고 2~3회 후후분다고 한다. 그리고 일반적으로 상가에 다녀온 사람은 굴뚝이나 아궁이를 들여다보고 들어온다고 하고, 상갓집에 다녀왔을 때 집 앞에 짚불을 놓고 그것을 타고 넘어 들어가야 한다는 믿음도 있다. [170) 비슷한 풍습은 다른 많은 나라에서도 보고되고 있다. 북아시아 사람들Altaians, Goldi, Yurak족도 한국[171)과 마찬가지로 오래전에 죽은 사람은 보호령으로 작용하기를 기대하고 존경받지만, 최근에 죽은 자는 두려움의 대상이다. 그들은 아직 사자의 세계에 들어가지 못하고 살아 있는 그의 가족이나 친구들을 데리고 가려 한다는 믿음이 있기 때문이다. 그래서 죽은 자를 자기가 살았던 동네에 돌아오지 못하게 하는 방비책이 행해진다. 장례를 마치고 돌아

---

169) 이규창(1994) : 앞의 책, p204.
170) 남민이(2002) : 앞의 책, p37, p39.
171) 이부영(1968) : "한국무속관계자료에서 본 '사령'의 현상과 그 치료", 《신경정신의학》, 7(2) : pp5~14.

오는 길에 사람들은 죽은 자를 혼란스럽게 하기 위해 일부러 갈 때 와는 다른 길로 온다. 그리고 무덤에서 서둘러 집에 와서는 가능하면 빨리 자신들을 정화시킨다. 시신을 운반했던 모든 것들은 묘지에서 부수고, 동네로 가는 길은 며칠 밤 동안 보초를 서고 불을 밝혀 놓는다. 그리고 죽은 자의 집을 샤먼의 정화의례를 통해 정화시킨다.[172] 한국에서도 상여가 나가면 친지 중 경험 있는 부인의 지휘로 시신을 모셔 두었던 방을 청소한다. 차일을 걷고 모닥불을 끄고 나서 집안 구석구석을 쓸며 상여가 나간 길을 따라가다가 동구 밖에 다다르면 상喪불을 피운다. 상불을 놓을 때는 사자의 약그릇, 약탕관, 헌 옷, 쓸모없는 물품을 함께 소각하는데, 이때 피어오르는 연기가 하늘로 솟아오르면 망인의 저승길이 맑다고 이야기한다.[173] 여기서도 사자가 생전에 사용했던 물건이나 옷에는 그의 혼이 스며 있다는 믿음이 감지된다. 심지어 뉴질랜드의 마오리족 사회에서는 시체를 만진 자, 시체를 묘지에 운반한 자, 죽은 사람의 유골을 접촉한 자에게는 일정 기간 동안 다른 사람들과의 모든 교제와 교류가 차단된다고 한다. 그들은 어떤 집에도 들어갈 수 없고, 어떤 사람이나 사물과도 접촉할 수 없다. 이 규정을 위반하면 그들은 모두 사령死靈에 씌게 된다. 그들은 음식물도 만질 수 없다. 정해진 격리기간이 끝나서 다시 그들이 친구와 만나려면, 그

---

172) Eliade M(1970) : 앞의 책, pp207-208.
173) 이규창(1994) : 앞의 책, p203.

기간 중에 사용했던 식기는 모두 원형이 없도록 깨뜨리고, 그들이 걸쳤던 옷은 남김없이 찢어서 오염된 것이 타인에게 전달되지 않게 하여야 한다. 이러한 관습은 폴리네시아, 브리티시컬럼비아 등에서 도 널리 퍼져 있다.[174] 죽은 자가 저승세계로 가서 조상의 영으로 편입되기 전에는 해로운 영향을 미친다는 관념에서 이러한 방비책들 이 생겨났다. 이것은 다양한 형태로 하는 벽사행위의 일종으로 사령 으로 오염된 사람을 정화하고 또 오염으로부터 보호하는 것이다.

이것을 심리학적으로 말하면 부정적인 집단적 무의식의 원형상 을 구분하고 주의 깊게 방비하는 작업이라 할 수 있다. 사자를 저 승으로 보내는 과정에 참여하고 나면 보냄의 철저한 완결이 필요 하다. 무속의 지노귀에서 넋전을 태워 버리는 것도 그 하나로 볼 수 있다. 이부영[175]은 무속의 사령제에서 영신迎神, 합신合神, 송신送 神의 과정을 정신치료과정과 비교하였다. 한편 불을 이용해 정화하 는 행위는 죽음으로 인해 야기되는 차가운 마음을 불이 가지고 있 는 따듯한 정감 또는 리비도로 극복하려는 의미도 있다.

이제 시신은 무덤 속에 남아 있고, 영혼이 담겨 있는 신주는 집 으로 돌아와 영좌에 모셔지며, 상주는 영좌에 제를 올리면서 무덤 에서의 제의도 행한다.

---

174) Frazer JG(1969) : 앞의 책, pp238-241.
175) 이부영(1970) : 앞의 책, pp79-94.

상주의 의무와 전(奠)·제(祭)

초종에서 매장 전까지 시신에게 올리는 음식은 전奠이라고 하는데, 시사전始死奠에서 견전遣奠까지 총 12번을 차린다. 전은 시신을 매장한 후 반곡한 다음에는 신주에 대한 제祭로 바뀌는데, 우제에서 길제까지 9번을 차린다. 탈상할 때까지는 식사 때 마치 살아 있는 사람을 모시듯 상식上食을 올렸다.

시사전에서 성복하기 전 석전까지 차리는 음식은 살아 있을 때 찬장에 남아 있던 포와 식혜 그리고 축관이 올리는 술잔이 전부였다. 그러나 성복 후 삭일에 올리는 조전에는 그 밖에 밥, 국, 면, 반찬, 소채, 어육 등을 더 올린다. 성복 다음부터는 상식과 함께 오곡백과 가운데 새로 나는 것을 올리는 천신薦新이 시작되기도 한다. 전의 절차는 탁자에 포와 식혜를 올린 다음 축관이 술을 한 잔 따라 올리는 것이다. 상식의 절차는 밥, 국, 반찬, 시접을 올린 다음 헌작獻爵, 계반개啓飯蓋하고 삽시揷匙, 정저正箸한다. 그리고 잠시 있다가 국을 숭늉으로 바꾸었다가 물리는 것으로 진행된다.

제祭는 시신에 드리는 음식의 관념이 강한 전과는 달리 전과 상식을 합친 것 같은 복잡한 절차에 따라 진행되는데, 상주 이하가 목욕을 한 뒤 영좌 앞에 제물을 진설하는 것으로 시작된다. 상주가 분향하고 두 번 절하고 술잔에 술을 따라 오른손으로 술잔을 들어 퇴주잔에 세 번으로 나누어 부은 후 빈 잔을 제자리에 놓고 다시 두 번 절한다. 이는 신을 부르는 강신降神 절차다. 그 후 상주가 술을 따른 잔을 모사茅沙 위에 세 번 붓고 반 잔을 남겨 영좌에 올린다. 그런 다음 밥그릇 뚜껑과 국그릇 뚜껑을 열고 모두 엎드려 축문을 읽은 다음, 상주가 두 번 절하고 물러가는데, 이를 초헌初獻이라 한다. 다음 두 번째 잔을 드리는 아헌亞獻은 주부主婦가 하고, 세 번째 잔을 드리는 종헌終獻은 친척이나 주인의 아들 또는 딸이 한다. 집사자가 잔에 술을 첨작한 다음, 밥그릇에 숟가락을 꽂고 젓가락을 올려놓는 유식侑食을 한다. 상주 이하 문밖으로 나가서 잠시 동안 기다리는 합문闔門 후 다시 문을 열고 들어가 국그릇을 물려 내고, 숭늉을 대신 놓고 수저를 다시 제자리에 놓고, 밥그릇 뚜껑을 덮고 모두 두 번 절하는 계문啓門으로 이어진다. 이러한 제를 초우, 재우, 삼우, 졸곡, 부, 소상, 대상, 담, 길제 등 아홉 번을 드리게 되어 있다. 초우제 후에는 혼백魂帛을 땅에 묻고 이후부터는 신주神主에 제를 올린다. 그리고 이때까지 아침저녁으로 올려 왔던 조석전을 드리지 않는다. 졸곡제를 지난 후에는 조석곡朝夕哭만 하고 무시곡無時哭을 그치며, 주인 형제들은 채소와 밥을 먹고 물을 마시되 실과는 먹지 않는다. 소상을 지낸 후 조석곡을 그치고 비로소 실과를 먹고, 남자는 수질을, 여자는 요질을 벗는다. 대상이 끝나면 상주는 상복을 벗고, 신주를 사당에 모시고, 영좌를 없애고, 지팡이도 버린다. 담제가 지난 후에야 상주는 술과 고기를 먹을 수 있다. 그리고 길제를 끝내고 상주는 내실에 들어갈 수 있게 된다.

지금까지 살펴본 제의절차를 보면 시간이 지남에 따라 상주는 엄격한 절차를 통해 점차 전이기를 거쳐 현실세계로 다시 돌아가는 것을 알 수 있다. 사망 후 매장할 때까지는 매 절차를 진행할 때마다 전을 올리고, 이후 탈상에 이르기까지 각 단계마다 제를 올리면서 상주는 무거운 의무에서 점차 가볍게 벗어나고, 죽은 자는 점차 조상신으로 편입되어 간다. 그러므로 전과 제는 죽은 자나 산자 모두에게 새로운 단계로의 변화를 가져오는 절차인 것이다. 이와 같은 전·제의 절차는 일정한 형식과 반복성을 지니고 있고, 그러한 제의절차가 새로운 단계의 변화를 가져오는 초월적인 기능을 한다는 의미에서 상·장의례의 종교성을 가장 잘 나타내는 절차라고 볼 수 있다. [176)]

융은 〈미사에서의 변환의 상징〉에서 제물의 원형에 관해서 상세히 논구論究하면서, 희생을 바치는 제의를 행함으로써 자아ego와 자기Self 상호 간의 변화과정을 경험한다고 했다. 그는 또 "미사는 믿는 자를, 실제로 그를 그리스도와 유사한 제물로 나타내면서 변환의 과정에 포함시키려고 한다."고 하고, 그것은 사제와 신도에게 그리스도와의 신비적인 관여participation mystique를 경험케 하거나 그리스도와 동일시하도록 노력하게 한다고 하였다. 그렇게 해서 한편으로는 심혼이 그리스도와 동화하고, 다른 한편으로는 그리스도의 상像이 심혼 속에 재생된다고 하였다. [177)] 이러한 의미는 한국 전통 상·장의례에서도 충분히 찾아볼 수 있다. 즉, 상주는 곡물

176) 정진홍(1988) : 《한국종교문화의 전개》, 집문당, 서울, pp141-144.
177) Jung CG(1977b) : 앞의 책, p273.

과 포, 혜, 술 등의 다양하고 귀한 제물을 바치면서 자아를 희생한다. 여기서 바쳐지는 제물들은 농경사회에서 땅에서 난 다양한 곡물과 과일, 채소 그리고 포 등 모든 것을 포함한 전체성의 표현이라고 말할 수 있을 것이다. 그리고 정성스럽게 제를 올리는 것은 융이 말하는 제물의 원형적인 작용을 거쳐 제물을 바치는 자祭主와 그것을 받는 자祖上神가 하나가 되는 체험을 가능케 하는 초월적인 과정으로 생각할 수 있다. 이와 같은 제를 통한 조상신과의 동일시는 제를 마치고 조상이 드셨던 음식과 술을 제의에 참여했던 사람들이 나누어 마시는 음복이란 절차에도 남아 있다. 음복은 저승세계의 조상과 살아 있는 이승의 후손이 일체성을 확보하고 아울러 그 조령의 세계, 곧 신성의 초능력을 감염받고자 하는 의례인 것이다. 이는 마치 가톨릭 교회에서 미사를 드릴 때 영성체를 하는 과정에 비교될 수 있다. 그렇지만 한국의 상·장의례에서 행해지는 제의절차에서 그 근본에 흐르는 원형적인 체험은 찾아볼 수 있지만 기독교에서 볼 수 있는 생생한 고통, 죽음, 희생과 직접 비교할 수 있을지는 의문의 여지가 남아 있다.

제와 전의 절차를 보면, 바치는 제물 중 가장 중요한 것이 술임을 알 수 있다. 술은 강신할 때 사용하고, 초헌, 아헌, 종헌 등으로 세 번을 바치고도 모자라 유식 때 첨작을 한다. 그리고 제가 끝나면 사용했던 술을 함께 나누어 마시는 음복도 중요한 절차다. 술은 한국의 동신제, 샘굿, 영동굿 등에서도 과일, 포육과 함께 제물의 기본이 된다. 술을 제의에 사용한 가장 오래된 기록은

약 3000년 전 한국의 고대국가 부여에서 영고라는 제천의식 때 술을 사용했다는 것을 들 수 있다. 농경제의에 쓰이는 술은 수확인 곡물을 상징하고 동시에 신에게 바치는 제물 및 제의적인 공물이라는 상징성을 지닌다.[178] 술의 주성분인 알코올은 그 성질상 불—물 fire—water의 혼합체다. 적극적인 것과 수동적인 두 원리가 합쳐져 변하여, 창조적이고 파괴적인 관계를 갖는 대극의 합일을 상징한다.

한편 엘리아데는 특별히 장례제의에서 술을 바치는 것을 술이 지닌 새로운 생명을 탄생하게 하는 물의 속성과 관련지어 다음과 같이 설명하고 있다.

> 죽은 자는 우주적인 순환으로 회귀하거나 혹은 결정적인 해방을 대망하면서 그의 혼은 고통을 겪는데, 이 고통은 일반적으로 갈증으로 표현되었다. 부자는 지옥의 불 속에서 아브라함에게 갈구한다.[179] "아브라함 할아버지, 제게 자비를 베풀어 주십시오. 나사로를 보내어 그 손가락 끝에 물을 찍어 제 혀를 적셔서 시원하게 해 주십시오. 저는 이 불꽃에서 심한 고통을 받고 있습니다." 아폴론 제祭 기간에는 죽은 자를 위해서 갈라진 틈으로 물을 붓는다. 그리스인들은 아테네의 꽃과 신주神酒의 축제 때, 즉 봄비가 내리기 바로 직전에 죽은 자들이 목이 탄다고 믿고 있

---

178) 한국문화상징사전 편찬위원회(1992) : 앞의 책, pp447-450.
179) 누가복음 16:24

다. 이러한 믿음은 메소포타미아, 아나톨리아, 시리아, 팔레스타인, 이집트 등지에서 보고되는데, 이들 지역에서는 죽은 자들을 위해 신주獻酒, libation를 바친다. 갈증으로 고통받고 있는 죽은 자들에게 신주를 바쳐 물로 해갈하여 고통을 없애고 그들이 재생하도록 한다. 이집트에서는 때때로 죽은 자가 오시리스와 동일시되어 죽은 자는 그 신체가 씨앗과 똑같이 발아하기를 기대할 수 있다. 이런 의미에서 제사 때 바치는 술은 죽은 자의 발아, 종자나 새로운 초목으로의 변모를 위하는 의미도 있다. 그러나 원래의 진정한 의미는 인간 조건의 소멸, 물로의 완전한 침례였다. 그리하여 그는 새로운 탄생을 달성할 수 있는 것이다. 장례의 신주가 때때로 농경적 운명을 동반하고 있는 것은 그와 같은 인간적 조건이 최종적으로 붕괴한 결과일 뿐이다. 다시 말하면 그것은 해갈뿐 아니라 생명을 싹트게 할 수 있는 물이 지닌 힘에 의해 가능해지는 새로운 표명의 양식인 것이다.[180]

그리고 곡물신으로 알려진 오시리스는 포도주의 신이기도 하다. 게다가 정월 6일에 하는 주현절主顯節의 축제도 오시리스가 진행한 물—술 변환 기념일이기도 하다. 고대사회에서 취하게 하는 주정과 풍요 축제는 늘 서로 연관되어 있고, 아직도 원시부족에는 그러한 것이 존재하고 있다. 곡물이 주정으로 변하는 것은 어느 곳

---

180) Eliade M(1995) : 앞의 책, pp278-280.

에서나 인류에게 가장 놀라운 자연의 변화로 충격으로 받아들여졌음에 틀림이 없다. 술은 그것이 어느 곡물에서 왔건 그 기본은 변함없이 땅의 열매라는 것에 있다. 그것은 풍요제의 때 중요한 위치를 차지하는 '땅의 아들'이다. 이 땅의 산물은 이상한 변환을 거쳐 취하게 하는 주정의 특질을 획득하고 신성한 사물, 계시의 중재자, 지혜, 구원이 된다. 이러한 오래된 신비의 근본은 디오니소스와 기독교의 상징에서만 그런 것은 아니고 신성한 중독이 작용하는 어느 곳에서나 아직도 분명하다. 시신으로서의 원물질prima materia의 승화, 영의 상승, 신체로부터 영의 해방, 물질의 변화 등은 모두 중독의 신비와 관련되는 과정이고, 동시에 '땅 또는 곡물의 아들'의 영적인 역사를 예시한다. 그러므로 이 상들은 영적인 변환의 상징적인 본보기prototype일 것이다.[181] 여기서 술은 영적인 변환을 가져다주는 중요한 매개체임을 알 수 있다. 이런 의미에서 제의에서 사용되는 술은 음과 양이 조화를 이룬 물질로, 지상의 존재가 그것을 통해 영적인 세계와 관계를 맺기도 하고 저승의 신을 불러오는 역할을 하는 것이다. 그리고 술은 그 자체가 갖는 생명력으로 인해 재생을 불러오는 매개물이기도 하다.

상 · 장의례에 나타난 시(時) · 공(空)의 문제

지금까지 살펴본 전통 상 · 장의례에서 반복적으로 두드러지게

---

181) Neumann E(1993) : 앞의 책, pp239-240f.

나타나는 것이 3이란 숫자다. 그것은 세 번 반복해서 행하는 중복의 의미에서부터, 3일, 3개월, 3년이라는 시간의 의미까지 다양하게 나타난다.

우선 죽음이 확인되면 행하는 고복의례에서 지붕에 올라가 망인의 이름을 세 번 부른다. 사자밥도 세 명분으로 차려지고, 죽음을 확인하는 과정도 속광, 고복 그리고 마지막으로 염습까지 세 번 거치게 된다. 시신을 처리할 때에도 습과 소렴, 대렴의 세 과정을 3일에 걸쳐 작업하고, 반함할 때에 쌀을 세 번에 나누어 준다. 영혼이 머무는 혼백魂帛을 만들 때에도 삼색 실이 필요하다.

죽은 지 3일 만에 염습을 마치고, 4일째 되는 날 비로소 상주들은 상복을 입게 된다. 그리고 3개월이 지나 장사를 지내게 되어 있다. 죽은 지 3년이 되는 해에 상주는 비로소 의무에서 벗어나게 된다.

발인 전날 방 안에 모셔 두었던 영구를 모셔 내올 때 영구의 머리 부분을 방의 네 귀퉁이에 세 번씩 맞추고 나온다. 시신을 매장하고 난 뒤 우제를 세 번 지내고, 제를 지낼 때 강신절차에서 제주가 분향하고 술을 잔에 따라 세 번 모사茅沙그릇에 붓는다. 그리고 초헌, 아헌, 종헌까지 세 번의 술을 올리는 절차가 있고, 마지막으로 유식 때 첨잔도 세 번에 걸쳐 조금씩 따라 바친다. 유식을 마치고 합문闔門할 때에도 제관의 세 번의 기침소리를 신호로 모두 다시 방에 들어간다.

그렇다면 이와 같이 반복적으로 나타나는 3은 무엇을 의미할까?

우선 상·장의례에서 시신을 바로 처리하지 않고 일정 기간의 전이기간을 두는 것은 보편적인 현상이다. 마다가스카르 섬의 베칠리오족은 전이기간, 즉 시신이 가묘假墓에서 분해되는 동안 첫 번째 의례과정이 행해지고, 육탈한 다음 뼈를 묻는 두 번째 의례과정이 행해진다.[182] 이러한 풍습은 한국의 남서 해안이나 도서 지방에도 초분의 형태로 아직도 존재한다. 죽은 시체를 지상에 두고 풀이나 짚으로 덮어 3년 내지 10년 정도 두어 살이 다 썩은 후에 뼈를 추려 매장하는 이차장의 풍습을 말한다. 이러한 세골장의 풍습은 베트남을 중심으로 동남아시아에 집중돼 있고, 부근 지역을 중심으로 세계적으로 분포되어 있다. 문헌에 의하면 한국의 고대 동옥저에서도 있었고, 충청도와 경기도의 내륙지방에서도 있었다.[183] 이런 풍습은 부모의 정기精氣는 뼈이며 이 정기가 천지의 생기를 받고 있기 때문에 사람이 천지의 생기를 향수한다면 부모의 뼈를 통해, 즉 이 뼈가 생기에 쐬어짐으로써 비로소 완전히 그 목적이 달성될 수 있는 것이라는 믿음과도 관련이 있다.[184] 그리고 시베리아의 살레카르트의 오스탸크Ostyak족은 죽은 자를 장지에 옮긴 다음 남자일 경우에는 2년 반 동안, 여자일 경우는 2년 동안 인형을 만들어 매일 옷을 입히고, 씻기고, 음식을 먹인다고 한다.[185] 이 기간은 죽은 자가 사자의 세계에 가는 데 필요한 기간이다. 이 여행이 어

182) Van Gennep A(1994) : 앞의 책, p200.
183) 장재연 외(1990) :《한국풍속지》, 을유문고 73, 을유문화사, 서울, p185.
184) 무라야마 지준(1996) : 앞의 책, p313.
185) Van Gennep A(1994) : 앞의 책, pp201-202.

느 곳에서는 3주일 걸린다고 하고, 다른 곳에서는 3년 걸린다고도 한다.[186] 그러므로 한국의 의례에서 탈상하는 데까지 걸리는 3년이라는 기간은 시신이 육탈되어 뼈만 남게 되는 데 걸리는 시간이요, 망자가 저승세계에 들어가는 데 걸리는 기간이라고 이해할 수 있다. 그리고 다른 한편으로 살아남은 자에게는 상으로 인한 슬픔을 극복하고 새로운 인격이 되어 다시 일상으로 돌아가는 데 필요한 기간이기도 하다. 이 기간은 시대와 종교 그리고 민족적인 특성에 따라 다양한 것 같다. 임재해[187]는 이것을 한국의 출산의례와 비교해 보았다. 산후 3일째에 비로소 아기에게 젖을 물리고 산모와 아기가 목욕을 하고 '태胎'도 이때 처리하는데, 그는 이것을 장례 뒤 3일만에 하는 삼우제와 관련지었다. 또한 출생 3개월 만에 치르는 백일잔치는 초상 뒤 약 3개월 또는 백 일 만에 하는 졸곡제와, 출산뒤 3년까지 치르는 돌잔치는 초상 뒤 3년까지 행하는 삼년상과 대응하여 상 · 장의례의 주기를 출산의례의 기간과 비교해 보았다. 죽음과 탄생의 의례 간의 유사점을 비교한 것으로 의미가 있어 보이지만, 이에 대해서는 보다 면밀한 연구가 필요할 것으로 보인다.

다음으로 숫자 3으로 넘어가 보자. 라틴어로 3은 완전한 숫자를 말한다. 아리스토텔레스에게도 숫자 3은 세계의 완결성을 상징

---

186) Van Gennep A(1994) : 앞의 책, pp206-207.
187) 임재해(2000) : 앞의 책, p106.

하는 숫자였다. 인간의 만남, 특히 남여의 결합은 그 결실로 새 생명을 창조해 낸다. 아버지, 어머니, 아이는 가족을 구성하는 원천적인 세 가지 요소로서 인류의 계속된 삶을 보장해 주는 요소들이다. 따라서 3은 생명과 결실의 표현이라고 할 수 있다. 그리고 바로 이런 점에서 3은 내면적으로 안정된 숫자이면서도 자신만의 고유한 역동성을 가지고 있는 숫자라고 할 수 있다. 많은 종교에서 삼위일체의 교의를 찾아볼 수 있다. 기독교의 삼위일체는 말할 것도 없고, 힌두문화권에서는 창조의 신 브라마, 보존의 신 비슈누, 파괴의 신 시바가 삼위일체의 신으로 숭상되었다. 이집트의 도시 테베에서는 주신인 아문과 그의 부인인 무트 그리고 그들의 아들인 달의 신 콘스가 숭상되었고, 오시리스, 이시스, 호루스 및 아문, 레, 프타 등도 삼위일체의 신으로 숭상되었다. 여신의 삼위일체로는 헤카테, 아르테미스, 셀레네 또는 아프로디테, 아르테미스, 헤카테를 한데 묶는 경우도 있다. [188]

융은 그의 책《심리학과 종교Psychology and Religion》[189]에서 "일一은 그 안에서 모든 숫자가 생겨나는 첫 번째이고, 그 속에는 숫자들의 대극적인 성질, 즉 홀수와 짝수가 통합돼 있어야 한다. 이二는 첫 번째 짝수이고, 삼三은 그 안에서 처음으로 시작, 중간 그리고 끝을 발견하기 때문에 완전한 첫 번째 수다."라는 피타고라스학파의

---

188) Betz O(2004) : 《숫자의 비밀》, 배진아, 김혜진 역, 다시, 서울, pp41-48.
189) Jung CG(1977b) : 앞의 책, pp118-119.

숫자에 관한 견해를 소개하고 숫자 3에 대하여 다음과 같은 이야기를 하였다.

> 모든 대극의 긴장은 결국에는 방출하기 마련인데, 이때 세 번째가 나온다. 이 세 번째 속에는 긴장이 해소되고 잃어버렸던 통일Unity이 회복된다. 통일, 즉 '절대적인 하나the absolute One'는 셈할 수 없고, 정의 내릴 수 없고, 알 수도 없다. 왜냐하면 그것을 아는 데 필요한 또 '다른 것the Other'이 결여돼 있기 때문이다. 3은 '하나'를 알 수 있는 상태, 즉 통일이 인식될 수 있는 상태로 나타낸 것이다. …… 그러므로 3은 시간 속에서의 발달과정을 적절히 나타낸 것이고, '셋Three'으로 나타낸 절대적인 '하나'로서, 신성을 스스로 드러낸 것과 유사한 형태다.

그리고 폰 프란츠[190]는 "여기서 통일은 하나일 수 없다. 왜냐하면 그것은 '전체Whole'이고, '둘Two'과 구분할 수 없기 때문이다. 그것은 왼쪽과 오른쪽, 고高와 저低, 전前과 후後, 원圓과 사각四角, 그리고 음양陰陽의 조화와 같은 모든 대비되고 상반된 측면을 통합한 것이다. 모든 조화, 통일, 쌍雙 그리고 전체는 숫자의 형태로 표현하려고 할 때, 삼1+2으로 시작되는 홀수로 나타내진다."라는 마르

---

190) Von Franz ML(1974) : *Number and Time*, Northwestern Univ. Pr. Evanston. pp102-103.

셀 그라네Marcel Granet의 말을 인용하면서 융의 개념이 중국의 것과 유사하다는 것을 보여 주었다.

한국에서는 단군신화에서 천부인天符印 3개라는 것이 있고, 제주도 심방의 무구 3명두는 무조 삼형제의 상징물이 된다.[191] 그리고 제주도의 삼성혈은 탐라를 만들었다는 고 · 양 · 부 세 성씨가 나왔다는 세 구멍이 있다. 또한 삼신은 산신할매, 삼신 바가지, 삼신할머니, 산신産神이라고도 불리는데, 대개 태를 보호하는 신을 삼신三神이라 하였다. 무속에 많이 등장하는 삼불제석도 아기를 점지해 주고 명으로부터 지켜 주는 수호신이다. 사찰의 삼성각 혹은 삼신각이라 불리는 곳에는 산신과 칠성, 독성의 삼신을 모셨다.[192] 3은 양陽의 수이고 길한 숫자이기 때문에 양수가 겹친 삼월 삼짓날을 길일로 쳤다. 이상에서 보면 3이란 숫자는 동서양을 막론하고 신성한 숫자이고, 완결을 의미하며, 양의 수로 역동성을 가지고 있으면서 창조와 탄생과도 관련이 있다. 이런 이유로 3과 관련된 기간이 출생과 상 · 장의례 등의 통과의례에 많이 나타나지 않나 하는 생각을 해 볼 수 있다.

그리고 동서양의 설화 속에는 3이란 숫자가 수도 없이 나온다. 삼형제, 세 자매, 세 가지 마법의 도구, 세 번에 걸친 시험, 주인공을 도와주는 세 동물 등 다양하게 나타난다. 마법의 주문으로 영

---

191) 장주근(1998) :《한국의 향토신앙》, 을유문화사, 서울, pp128-134.
192) 주강현(2004) :《우리문화의 수수께끼1》, 한겨레신문사, 서울, pp135-142.

혼을 불러낼 때에도 언제나 주문을 세 번 외워야 한다. 반드시 이렇게 해야 주문이 효력을 발휘하기 때문이다. 설화 속에서 사람들에게 주어지는 기회도 대체로 세 번인데, 이때 세 번째 기회가 언제나 결정적인 기회가 된다.[193] 한국의 의례에서 똑같은 행위를 세 번 반복하는 것도 바로 이러한 현상들과 비교할 수 있을 것 같다. 즉, 세 번의 반복행위를 통해 행위의 완결성을 확보하고 숨겨져 있던 신성을 드러내려는 것으로 이해할 수 있을 것 같다.

전통 상·장의례의 일반적인 장례법은 매장이다. 언제부터인지 매장에 따른 장지의 선택이 후손에게 영향을 미친다고 하여 이를 중시해 왔다. 그러므로 음택陰宅 풍수에서는 부모의 시체가 빨리 부패하여 뼈로 되기가 쉬운 따뜻한 자리를 길지로 하며, 영구히 육체가 부패하지 않는 곳이나 뼈가 속히 썩어 오염된 자리는 흉지凶地라 하여 피한다고 한다.[194] 그렇지만 최창조는 원래의 풍수사상에서는 음택과 양택陽宅을 구별하지 않았다고 하고, 풍수적 명당을 "산수상보山水相補한 조화, 균형의 땅에 사람의 마음을 지각知覺상 포근히 감싸 줄 수 있는 유정한 곳, 그러나 속된 기氣가 흐르지 않는 성소聖所"[195]라고 하였다. 그리고 풍수지리의 경전 《청오경靑烏經》에는 명당을 "음양이 부합하여 하늘과 땅이 교통하므로 안에 기운이

193) Betz O(2004) : 앞의 책, pp49-55.
194) 무라야마 지준(1996) : 한국의 풍수, 정현우 역, 명문당, 서울, p313.
195) 최창조(2001) : 《한국의 풍수사상》, 민음사, 서울, p336.

생기고 밖에 기운이 이루어져서 안팎의 기운이 상승하니 풍수의 완성을 이룬陰陽符合 天地交通 內氣萌生 外氣形成 內外上乘 風水自成”곳이라고 했다.[196] 17세기 중국의 한 술사術士는 이것을 다음과 같이 표현했다.

"그 자리吉地에는 비술秘術적 빛의 촉감이 있다. 그것은 직관적으로 알 수 있었으나 말로 표현은 안 된다. 산은 밝고 물은 맑았으며 태양은 아름다웠다. 미풍微風이 감미로웠고 하늘은 새로운 빛을 머금었다. 별천지였다. 혼돈 속의 평화, 평화 속의 축제의 기분, 그 장소에 들어서니 새로운 눈이 떠지는 듯하다. 앉거나 서거나 즐거운 마음이다. 기氣가 모였고, 본질이 집중되었다. 중앙에 빛이 오르고 비술의 기운이 사방으로 퍼져 나간다."[197]

여기서 묘사한 풍수의 명당은 모든 대극적인 요소들이 조화롭게 통일을 이룬 성스러운 장소다. 마치 이상향을 연상케 하는 그곳의 묘사를 보면서 아마도 이러한 장소가 죽음을 통해 이루려고 하는 전체성의 경지를 상징적으로 가리키는 것은 아닐까 하는 생각을 해 본다. 이러한 의미에서 보면 동양의 풍수사상은 서양의 중세 연금술에서와 같이 인간의 내적인 정신세계를 물질적인 세계, 그중에

---

196) 김의숙(1993) : 앞의 책, p109.
197) 최창조(1990) : "음택풍수에서의 발음과 그 비판에 대한 고찰", 《한국의 상장례》, 미진사, 서울, pp188-189.

서도 특별히 땅과 방위에 투사한 것으로 보인다. 그리고 풍수서는 이러한 조화로운 장소에 부모를 매장하면 후손이 잘되는 것을 동기감응설同氣感應說로 설명하는데, 동진東晉의 곽박이 쓴 장서葬書《금낭경錦囊經》에 실린 동기감응의 원리를 보면 다음과 같다.

생기生氣는 지중地中에 주행한다는 것을 전제로 하고 사람은 그 신체를 부모에게서 받은 것이므로, 부모의 본체와 자손유해는 같은 기氣로 된 것이므로, 마치 동산銅山이 서쪽에서 무너지면 영종靈鍾이 동東에서 응함과 같고, 봄에는 나무에서 꽃이 피면 서쪽의 나무에도 움이 틈과 같이 서로 감응함이 있다. 따라서 지중에 있는 부모의 본체가 생기를 얻으면 그 자손의 신체에 감응이 있어서 영화榮華를 얻게 된다는 것이다. 그런데 음양의 기는 형이상자形而上者와 형이하자形而下者로 이분된다. 유형有形, 유성有聲한 기는 풍風, 운雲, 우雨로 나타나고, 무형無形, 무성無聲한 기는 지중에 유행流行하는 생기다. 이 생기로 말미암아 모든 생물이 출생한다고 본다. 이 생기는 바람을 타면 흩어지고 물에 접하면 정지된다. 그러므로 생기를 타는 방법은 생기를 모아 한 곳에 그치게 하는 장풍득수藏風得水를 최상의 방법으로 한다. 요컨대 풍수의 법은 천지의 생기가 지중의 생기와 해골의 생기, 삼자가 합일됨으로써 자손이 부모의 체골體骨에서 얻어진 생기에 감感하여 생생발달生生發達하는 행복을 얻는다는 것이다.[198]

최창조는 같은 책에서 이것을 합리적으로 이해할 수 없다는 말을 덧붙이며 조선 영정조대 실학자들의 이에 대한 비판을 소개하였다. 그렇지만 이러한 풍수의 사상을 단지 자연과학적인 시각으로 파악하는 것은 무리일 것 같고, 그것을 충분히 이해하기 위해서는 그에 관한 상징적인 연구가 더 필요할 것으로 생각된다. 다만 사자의 거주지인 묘지의 입지에 대한 한국인의 음택 풍수에서는 모든 것이 조화를 이룬 전체성의 상태를 상징적으로 보여 주는 것 같다. 그것은 다시 죽음과 사후세계에 관한 관념과도 관련이 있다.

전통 상·장의례에서는 죽은 육신은 매장되고, 영혼은 다시 집으로 모셔返魂 신주로 받들다가 3년이 지나면 사당에 모시게 된다. 시신은 무덤에 모시고, 영혼은 집에 있는 영좌에 모시다가 사당으로 간다. 이는 분명히 이원적인 체계임에 틀림이 없다. 이러한 사후세계의 인식은 보편적인 것이다. 문화적인 차이에도 불구하고 사자의 운명을 이해하는 데 일종의 이원론이 나타나기 시작한다. 한편으로는 물질과 구별되고 신과 가까운 자유롭게 부유하는 영적인 영역이고, 다른 한편으로는 윤회를 반복하거나 나중에 자유로운 영적인 면과 재결합되어야만 할 물질과 관계되는 영역이다. 이들 둘은 융이 자기自己라고 부른 전체성을 향한 노력이라고 볼 수 있다. 중국의 혼魂과 이집트의 바ba, 인도의 지반jivan 등은 의식화되고, 깨닫고, 속세에서 벗어나고, 신과 가까워지려는 노력에 해당되

---

198) 최창조(1990) : 앞의 책, p191.

는 듯이 보이고, 백魄, 인도의 업력業力, 카ka 등은 오히려 이 세상으로의 재탄생을 향해 애쓰고, 후손에게 영향을 미치고, 땅을 풍요롭게 하기 위한 노력에 해당되는 듯이 보인다. 인도와 티베트 사람들의 견해에 따르면 윤회를 통한 재생은 피해야만 한다. 반면에, 자연과 가까운 다른 많은 사람들은 그런 회생이 죽은 자의 자연스러운 목표였을 것이라고 생각한다. 마야의 모든 죽음의 제의와 샤먼의 제의는, 우리가 오늘날 그 교재들을 이해하는 한에 있어서는, 죽은 자의 영혼이 종족 내에서 재생하는 여행을 하는 길을 제공할 목적으로 행해져 온 듯이 보인다. 그 목표는 신성한 영적인 저승으로 날아가는 것이 아니라 이승의 생식력을 높이는 데 있다.[199]

한국의 전통 상·장의례에서 영靈과 육肉이 공간적으로는 서로 떨어져 있는 듯하지만, 둘 다 제의를 통해 후손과 서로 감응할 수 있어 실제로는 그 공간의 구별이 희미해지는 것 같다. 그리고 그 것이 일련의 제의과정을 거쳐 조상신이 되면 무공간적인 영원존재로 변하게 되는 것이다. 이는 주자의 영혼관과 일치하는 관념이라고 볼 수 있다. 주자는 《주자대전》 제45권에서 사람이 한번 성형成形을 받고 태어나면 그 성性은 그대로 자신이 소유하는 것이 되어, 비록 죽는다고 하더라도 멸하지 않고 분명히 일물一物이 되어 적연寂然한 일체 중에 감추어져 있다가 자손이 구하는 데 따라 그때 그때 출현하여 공물을 향饗한다고 말한다. 일물은 어디까지나 적

---

199) Von Franz ML(1998) : 앞의 책, pp4-5.

연한 일체 중에 포함된 부분과 같은 것이라서 독립된 개체로 있기는 어려운 것이다. 심지어 그는 만약 영혼의 존재를 하나의 개체로서 인정하게 되면 그것이 거처하는 장소가 문제되지 않을 수 없는데, 개벽 이래 오늘날까지 영혼들이 쌓여서 그것을 받아들일 땅이 없을 것이라고 말하기도 한다.[200] 그리고 주자는 33세 때 쓴 한 주석 《연평답문延平答問 상》에서 "귀신은 어떤 형적도 없는 것이지만 사람들이 스스로 외경畏敬하는 마음을 가지고 제사를 하면 곧 참으로 일물이 그 좌우상하에 있는 것처럼 느껴진다."라고 하였는데, 귀신의 현전은 자기의 본성을 존양함으로써 자각하는 도리의 현전과 다른 것이 아니라고 보는 것 같다. 그런데 본성의 존양은 연평에 의하면 미발未發의 기상氣象을 체득하는 것이었다고 보이는데, 주자는 이러한 경지를 획득하기 위해서는 외경하는 마음이 필요하다고 말한다.[201] 여기서 외경하는 마음은 융이 말하는 종교적인 태도와도 다르지 않은 개념이다. 이러한 종교적인 경건한 태도를 가지고 제사를 드리면 신의 현현을 신성력 있게 경험할 수 있다는 것이다. 이는 곧 제사의 변환작용을 설명하는 것이기도 하다. 즉, 경건한 마음으로 이루어지는 제사는 새로운 인격으로의 변환을 가져올 수 있다.

이런 의미에서 본다면 한국의 전통 상·장의례는 외적으로는 사

---

200) 이은봉(1984) : 《한국고대종교사상》, 집문당, 서울, p319.
201) 이은봉(1984) : 앞의 책, p314.

자가 이승에서의 삶과 같이 내세에서 영생하기를 기원하면서 하는 일련의 제의이지만, 그 과정에는 상징적인 개성화 과정이 표현되어 있다고 할 수 있다. 다른 한편으로는 그것을 수행하는 생자의 입장에서는 제의를 통해 새로운 인격으로의 변환을 가져다줄 수 있는 초월적인 경험을 하는 과정이다. 이러한 과정은 심리학적인 견지에서 보면 융이 말한 자기 정신의 전체성을 실현하는 개성화 과정과 비교할 수 있을 것이다. 그렇다고 생자가 반드시 개성화가 된다고 단언하기는 어렵다. 다만 죽음을 맞이한 사람의 개인적인 극도의 비탄과 상실감, 혹은 경악과 단절감을 보다 보편적이며 초월적인 정신세계의 여러 원형적인 상징과의 경험을 통해 점진적으로 극복하게 할 뿐 아니라, 자아의 확대와 심화에 이바지하는 역할을 상·장의례 의례절차가 가지고 있다고 할 수 있겠다. 융은 개성화 과정의 신성력 있는 경험은 고태적인 수준에서는 샤먼과 주의呪醫의 특권이었다가, 후에 의사, 예언가 그리고 사제의 특권이 되었고, 마침내 문명화된 단계에서는 철학과 종교의 것이 되었다고 하였다. 그리고 샤먼의 무병, 고통, 죽음 그리고 재생은 보다 높은 수준에서는 희생을 통해 전체가 되려는 관념을 내포하고, 화체설 transubstantiation에 의해 변하고 영적인 인간pneumatic man으로 높여지는 것, 즉 신격화의 관념을 내포하고 있다고 하였다.[202]

---

202) Jung CG(1977b) : 앞의 책, pp294-295.

종 합

지금까지 의례절차에 따라 한국 전통 상·장의례의 상징적 의미를 알아보고자 분석심리학의 확충의 방법을 사용하여 살펴보았다. 그것은 죽음의 확인에서부터 매장 및 탈상에 이르기까지의 전 과정은 죽음이 종말이 아니고 재생을 위한 새로운 출발이라는 범세계적인 관념을 상징적으로 보여 주는 것으로 밝혀졌다. 방주네프의 통과의례 개념에 비추어 보면, 상·장의례는 사자死者에게는 분리의례를 통해 현실의 세계에서 떠나 일정 기간의 전이기를 지나 사자의 세계로 통합하는 의례로 진행되고, 생자生者의 경우도 역시 현실사회와 분리하여 사자와 같은 기간 동안의 전이기를 거쳐 다시 사회로 재통합하는 의례로 진행된다.

고대 이집트인들이 전이기 동안 사자의 시신을 우주적인 신격神格으로 변화시킴으로써 불멸을 얻을 수 있다고 믿는 것과 마찬가지로, 한국인들은 죽은 자를 상·장의례 과정을 거쳐 가는 동안 인간존재에서 벗어나 신위神位에 편입시켜 불멸의 신격을 이루게 하는 것이다. 따라서 이 과정의 모든 절차 하나하나는 불멸의 신격을 획득하려는 과정을 상징적으로 보여 준다.

이것을 분석심리학적으로 보면 죽음으로 상징되는 자아의식의 급격한 상실자아의 죽음로 야기된 혼란 속에서 집단적 무의식의 세계로의 하강이 이루어지면서, 궁극적으로 새로운 '불멸의 신격', 즉 전체 정신의 핵核을 이루는 개성화 과정에 비길 수 있다고 할 수 있다. 화학적인 과정을 거쳐 재생된 신체와 불멸의 영약을 만든다는 서양 연금술사들의 생각은 이집트의 미라를 만드는 제의와 죽은 오시리스를 위한 제사에서 비롯된다. 그러므로 이른 시기부터 연금술사들은 죽은 다음의 영혼의 상태에 관한 문제에 골몰하였다. 그들의 진술의 형이상학적인 타당성은 과학적인 검증에 맞지는 않지만 그들은 죽음의 심리학적인 경험을 직관적으로 올바르게 예견했을 것이다.[203] 이와 마찬가지로 지금까지 살펴본 한국 전통 상·장의례의 절차도 그것 하나하나가 모두 영원성을 획득하려는 상징적인 의미를 내포한 것으로 보아, 한국인의 죽음관의 일단을 보여 준다고 볼 수 있다. 한국인들은 삶과 죽음을 대립적인 것이 아니라, 존재의 길고 긴 흐름 가운데 하나의 과정이며 둘이 하나의 순환과정에 있다고 생각한다.[204] 즉, 죽음은 끝이 아니고 새로운 삶의 시작이라는 것을 시사하고 있다. 그리고 그 새로운 삶은 이승의 삶과는 다른 조상신이라는 신격이 되어 영원성을 획득한 새로운 형태의 삶인 것이다. 이런 의미에서 폰 프란츠는 "많은 죽음을 앞둔 사람의 꿈을 본 결과, 융도 강조했듯이 무의식의 정신은 갑작스러운 신체적인 생명의 종식에 거의 주의를 기울이지 않고 개인의 정신적인 삶, 즉 개성화 과정이 지속될 것인 양 행동한다."[205] 라고 말했는데, 이것이 한국인의 예에서도 적용될 수 있음 직하다.

203) Von Franz ML(1966) : 앞의 책, p369.
204) 김석수(2001) : "철학적 관점에서 본 한국인의 죽음관", 《한국인의 죽음과 삶》, 철학과 현실사, 서울.
205) Von Franz ML(1998) : 앞의 책, 서론.

이렇게 죽음을 통해 새로운 삶을 획득한다는 관념은 인류 보편적인 관념으로 원시시대로부터 여러 의례에서 그 상징적인 표상을 찾아볼 수 있다. 한국의 단군신화에서 웅녀는 무엇보다도 혼례를 앞두고 일단 '죽음'을 겪는다. 그녀는 장래의 신부 후보자로서 성년식을 치르는 과정에서 입굴入窟하고, 그 안에 틀어박힌 상태에서 삼칠일 또는 백 일 동안 햇빛을 보지 않도록 강요당한다. 여기서 어두운 바위굴 속의 햇빛을 기피한 칩거는 죽음을 상징한다. 죽음 뒤에 정화를 거치고서 다시금 굴에서 나올 때 그것은 말할 것도 없이 재생이 된다. 웅녀는 곰이 죽고 이제 한 성년이 새로이 탄생하는 과정을 밟아 나갔다.[206] 엘리아데도 그의 저서《성과 속Das Heilige und das Profane》에서 입사식과 죽음과 부활의식에 관련된 다양한 사례를 제시하였다.[207] 그리고 프레이저도《황금가지The Golden Bough》에서 성인식, 입사식과 죽음 및 부활의식과 관련된 다양한 원시부족의 사례를 제시하였다.[208]

한편 생자의 경우 상을 당하면 탈상할 때까지의 상 기간 동안 현실사회에서 분리된다. 그 기간 동안 그들은 의식주 및 행동 규범 등에서 일반인들과는 다른 규제를 받게 된다. 그것의 대부분은 상주들로 하여금 종교적인 경건성敬虔性을 유지하도록 하는 데 초점

206) 김열규(2001) : "총론",《한국인의 죽음과 삶》, 철학과 현실사, 서울, pp52-53.
207) Eliade M(1998) : 앞의 책, pp169-181.
208) Frazer JG(1969) : 앞의 책, pp802-812.

이 맞추어져 있는 것 같다. 그리고 상주들은 사자를 성화聖化하는 상·장의례를 치르는 동안 수없이 반복되는 제례를 통해 사자와 하나가 되는 초월적인 경험을 하면서 새로운 인격으로 변화해 갈 것을 기대하는지도 모른다. 이것은 실제로 상주들이 전이기인 상 기간을 거치는 동안 사별의 슬픔을 극복하고 보다 독립적인 인격으로 거듭나는 것으로 나타날 수 있다. 만일 부모상을 당했을 경우 상 기간을 마치고 다시 사회에 복귀한 상주는 이미 그 전과는 다른 위치에 있게 된다. 즉, 그 가족이나 사회에서 지배적인 위치에 있게 되는 것이다. 그것을 위해 전이기 동안의 인격 성숙의 과정이 필요한지도 모르겠다.

결론적으로, 한국 전통 상·장의례에서 죽음을 준비하고, 시신을 처리하고, 매장하고, 제를 드리는 과정은, 그것을 통해 죽음 뒤의 영생을 얻으려는 한국인의 죽음관의 일단을 투사한 일련의 과정이며, 이는 분석심리학의 개성화 과정을 상징적으로 드러내는 것이라고 말할 수 있다. 죽음으로 인한 의식세계와의 분리, 집단적 무의식의 어두운 세계로의 하강, 씻김과 정화 의례를 통한 분리·성화 작업, 불멸성을 획득하려는 다양한 시신처리 과정, 음과 양, 혼과 백 등의 대극적인 요소들의 통합, 그리고 이러한 작업을 행하는 사람들이 경건한 마음을 갖고 드리는 전奠과 제祭라는 희생제례 등 모두가 인간의 전체 정신을 실현하려는 개성화 과정을 상징적으로 표현한 것들이다. 그리고 그것들은 원시사회의 입사식이나 가입의례의 죽음과 재생이라는 변환의 과정과도 의미를 공유하고 있고,

현대인의 꿈에서도 드물지 않게 나타나 꿈꾼 이에게 새로운 심적인 변화를 요청하기도 한다.

끝맺는 말

죽음에 대한 무의식의 관심과 관련하여

필자는 융학파 분석가가 되기 위한 수련과정 중 가장 중요한 과정인 교육 분석을 받던 중 2002년 7월 13일에 죽음에 관해 결정적으로 관심을 갖게 해 준 다음과 같은 꿈을 꾸었다.

…… 절의 한 법당명부전인 듯하다.에 들어가니 입구의 오른쪽 제단에는 젊은 사람의 시신이 얼굴을 드러낸 채 놓여 있고, 유족인 듯한 사람들이 천도제를 올리고 있다. 우리는 법당 안으로 들어가 불상에 삼배를 하고 있는데 몸에서는 전율감이 느껴지고, 상갓집에서 느껴지는 꺼림칙한 기분도 느껴진다. 사람들이 많다. 그곳에서 나와 옆의 대웅전인 듯한 법당으로 들어갔다. 이곳은 더 많은 사람이 각자 질서 있게 모여 있다. 모두들 각자의 가족 친지 같아 보였는데 열을 맞추어 무리 지어 앉아 있다. 한쪽에는 면사포를 쓴 신부와 신랑이 보이고 그들의 가족 친지가 모여서 축하를 해 주고 있고, 또 한쪽에는 회갑잔치인지 어느 늙은 여인이 축하를 받고 있고, 또 어떤 곳은 영정을 모시고 상주인 듯한 사람이 화려한 복장을 하고 죽 질서 있게 앉아 있다. 영정의

사진을 보니 나이 든 할아버지였다. 법당 안에서는 많은 의식이 한꺼번에 동시에 치러지고 있었고, 복잡했지만 질서는 있어 보였다. 우리 일행이 여기저기 기웃거리며 구경을 다녀도 아무도 이에 개의치 않고 자기들 일을 하고 있다.

이 절은 결혼, 회갑연, 제례 등 다양한 통과의례와 함께 상·장의례도 벌어지는 곳이다. 그런데 이 꿈에서 강한 인상을 남긴 것은 아무런 처리도 하지 않은 채 제단에 놓여 있던 시신이었다. 그는 약 30대 중반 정도의 건장한 남자로 보였는데, 실제로 죽은 자를 이렇게 방치해 놓고 천도제를 지내는 것은 본 적도 없고 상상도 할 수 없었기 때문에 그 장면은 충격이었다. 이 꿈이 계기가 되어 아득한 기억으로 남아 있던 어린 시절의 죽음과 관련된 원형적인 경험이 상기되었고, 그 영향으로 죽음에 관해 관심을 갖게 되었다. 그러던 중 구체적인 전통 상·장의례 절차를 접하게 되어 지금에 이르렀다. 이제 약 2년이 지난 지금 상·장의례에 관한 논문 작업을 마무리하면서 비로소 그 꿈에 등장한 30대 중반의 시신을 처리한 것 같은 느낌이 든다. 즉, 지금까지의 작업은 나의 무의식 속에 아무런 처리도 하지 않은 채 방치돼 있던 시신을 전통 상·장의례의 절차에 따라 처리하는 과정이 된 셈이다. 그렇게 함으로써 죽음과 그에 따른 절차가 꿈에서 나타났듯이 결혼, 회갑 등과 같은 인생의 중요한 통과의례 중 하나로 자리매김했다고 볼 수 있다. 다른 한편, 이 꿈의 장면은 나에게 죽음은 음산하면서도 바로 결혼융합의 축제이며, 삶의 완성환갑임을 시사하고 있다. 또한 주목할 것은 나의 꿈에서 보인 상례가 불교식 천도제였다는 사실이다. 불교적인 관점에서 시신은 태워 없애야 할불로서 승화시켜야 할 껍데기에 불과하다. 그러니 있는 그대로 제단에 올려놓는 것은 미적인 관점에서는 경악스러울지는 모르나 그 자체로는 자연스러운 것이다. 꿈의 자아는 여기서 충격을 받지만 다른 곳에서는 축제가 벌어진다. 아마도 무의식에는 중앙아시아 고원지대에서 행해지던 수장樹葬이나 시체를 바위 위에 놓아 새 먹이가 되게 하는 조장鳥葬의 상像이 불교의 사생관에 결부되어 있다가 이 꿈에 직접 나타났을 가능성이 있다. 따라서 다음번 작업으로 불교식 장례를 연구해야 할 필요성도 제기된다.

그리고 이 작업은 줄곧 나의 무의식에 영향을 미쳐, 이 작업을 하는 동안 전체성을 상징하는 다양한 상을 꿈을 통해 경험하기도 했다. 한 예로, 필자는 작업을 구상하고 구체적으로 틀을 잡아 가던 시기에 다음과 같은 꿈을 꾸었다.

시장통. 진흙탕 바닥의 지저분한 광장에 많은 사람들이 모여 있다. …… 광장 옆으로 난 넓은 길에는 많은 사람이 지나가고 있는데, 그중 한 남자가 힘들게 끄는 손수레 하나가 눈에 띈다. 그 수레 위에는 병약해 보이는 한 남자가 벌거벗은 채로 반듯이 누워 있다. 죽은 것일까? 살아 있는 것 같은데 전혀 움직임이 없다. 아마도 죽음을 앞둔 사람인 것 같다. 묘한 느낌. 그러다 보니 길에서 그런 장면을 심심찮게 볼 수 있다. 어떤 남자가 한 사람이 끌기에는 벅차 보이는 수레를 끌고, 그 위에는 시신 또는 죽음을 앞둔 노인을 싣고, 수레의 맨 뒤에는 어김없이 어린아이 하나가 앉아 있다. 아마도 누워 있는 사람은 수레를 끄는 사람의 부모쯤 되는 사람 같고, 아이는 그의 아들인 것 같다. 아들이 아버지를 도와 할아버지가 먼 길 가는 것을 돕는 것 같다.

꿈에 죽어 가는 아버지와 어린 아들을 수레에 싣고 가는 중년 남자가 등장한다. 그런 모습에서 나는 인도의 성지 바라나시를 여행할 때 보았던 기억들이 떠올랐다. 깡마르고 헐벗은 노인들이 바라나시의 지저분한 골목과 갠지스 강가에 쭈그리고 앉아 있는 모습들, 그리고 인도 사람들은 성스러운 죽음을 맞이하기 위해 인도의 각 지방에서 그곳으로 몰려든다는 이야기가 생각났다. 이들에게 죽음은 단순한 종말이 아니고 인격의 완성이며 영원을 향한 개성화 과정의 일부분인 것이다. 이 꿈에 나타난 죽어 가는 아버지와 어린 아들은 자신의 과거와 미래를 상징하는 것이고, 이들을 한 수레에 싣고 가는 모습은 과거와 현재 그리고 미래를 합한 것으로 가히 자기自己의 상징이라고 부를 만하다. 이것이 당시에 죽음에 대해 고민하던 나에게 무의식이 보여 준 이미지였다. 그리고 한국 전통 상·장의례를 연구하면서 그것의 제의절차는 시신을 성화聖化하는 다양한 처리 작업과 반복적인 제례祭禮를 통해 생자生者와 사자死者가 하나가 되는, 즉 무의식에 있는 자기와의 초월적인 체험을 통해 전체성을 실현하는 과정, 즉 개성화 과정을 상징적으로 보여 준다는 결론을 얻었다. 결국 당시 필자의 무의식은 과거와 현재를 수레에 싣고 가는 중년 남자의 이미지를 보여 줌으로써 이러한 결론을 미리 알려 준 것 같은 느낌이다.

한국 전통 상·장의례는 요즈음 합리적 이성과 물질만능의 사회적인 풍조 그리고 외래종교의 영향으로 많이 변질되어 가고 있다. 그것의 절차들은 그 상징성을 잃은 지 오래고, 이제는 그 절차마저도 크게 간소화돼 점차 그 본래의 모습을 잃어 가고 있다. 이런 변화는 외적인 절차상의 문제일 뿐 아니라 우리의 마음에서도 일어나고 있다. 즉, 죽음은 이제 우리의 현실에서 먼 일이 되어 가고 있고, 이제 그것은 더 이상 영원을 향한 새로운 출발이 아니고 단순한 삶의 단절일 뿐이다. 많은 현대인은 합리주의적이고 유물론적인 태도를 가지고 죽음을 단지 생명의 끝이라고 받아들이고, 점차 죽음이 갖는 상징적인 의미를 상실하고 있다. 즉, 죽음을 죽이며 살아가는 것이다. 이것이 후반기 인생을 사는 사람들의 신경증의 한 원인이 된다는 사실은 일찍이 융도 강조하였다. 그러한 현상은 우리가 죽음을 의식세계에서 밀어낼수록 더 부정적으로 우리를 괴롭힐 것이다. 따라서 죽음의 상징성을 회복하는 일은 그동안 합리적 이성과 현대의 합리적인 물질주의로 의식에서 밀어내 잃어 가고 있는 죽음의 의미를 다시 살려 의식의 세계에 통합시키는 중요하고 시급한 과제가 되고 있다. 이런 작업은 한편으로는 종교인들이 해야 할 과제이기도 하지만, 인간의 영혼을 다루는 심층심리학의 과제이기도 하다. 이 책도 그러한 과제에 조그만 보탬이 되었으면 하는 바람이다. 그리고 앞으로 죽음에 관련된 보다 다양한 연구결과가 나와 현대인의 잃어버린 죽음을 되찾을 수 있으면 하는 기대를 해 본다.

참고문헌

김삼대자(1990) : "상장례 용구 및 용품", 《한국의 상장례》, 국립민속박물관
　　　편, 미진사, 서울.

김석수(2001) : "철학적 관점에서 본 한국인의 죽음관", 《한국인의 죽음과
　　　삶》, 철학과 현실사, 서울.

김열규(2001) : "총론", 《한국인의 죽음과 삶》, 철학과 현실사, 서울.

김영자(1981) : "상례복에 관한 연구", (석사학위 청구논문) 이화여자대학교
　　　대학원.

김의숙(1993) : 《한국민속제의와 음양오행》, 집문당, 서울.

김태곤(1985) : 《한국무속연구》, 집문당, 서울.

남민이(2002) : 《상장례 민속학》, 시그마프레스, 서울.

무라야마 지준(1990) : 《조선의 귀신》, 김희경 역, 동문선, 서울.

　　　　　　(1996) : 《한국의 풍수》, 정현우 역, 명문당, 서울.

박두이(1990) : "상례복의 구조와 구성원리", 《한국의 상장례》, 국립민속박
　　　물관 편, 미진사, 서울.

서규석 편저(2003) : 《이집트 死者의 書》, 문학동네, 서울.

성기설(1976) : 《한국구비전승의 연구》, 일조각, 서울.

양재연 외(1990) : 《한국풍속지》, 제11판, 을유문고 73, 을유문화사, 서울.

오누키 에미코(2001) : 《쌀의 인류학》, 박동성 역, 小花, 서울.

이경엽(1999) : "씻김굿의 제의적 기능과 현세주의적 태도", 《한국민속학》,
　　　제31집 제1호 : pp23-51.

이규창(1994) : 《全羅民俗論攷》, 집문당, 서울.

이도희, 이부영(1993) : "심리학적 상징으로서의 '어린이'", 《심성연구》, 제8권 제1, 2호.

이민수 편역(1987) : 《冠婚喪祭》, 을유문고 180, 을유문화사, 서울.

이보섭(2001) : "Jung 심리학의 입장에서 본 내림굿의 상징적 의미", 《심성 연구》, 16(2) : pp39-97.

이부영(1968) : "韓國巫俗關係資料에서 본 「死靈」의 現象과 그 治療(第一報)", 《神經精神醫學》, 7(2) : pp5-14.

_____(1970) : "'死靈'의 巫俗的 治療에 對한 分析心理學的 研究", 《최신의학》, 13(1) : pp75-90.

_____(1995) : 《한국민담의 심층분석》, 집문당, 서울.

_____(1997) : "'재생'의 상징적 의미", 《심성연구》, 12(2) : pp89-114.

_____(2012) : "한국의 샤머니즘과 분석심리학", 한길사, 서울, pp377-502.

이상균(2001) : "선사시대의 묘제와 죽음관", 《한국인의 사후세계관》, 전주대학교 출판부, 전주.

이은봉(1984) : 《한국고대종교사상》, 집문당, 서울.

_____(2001) : 《한국인의 죽음관》, 서울대학교 출판부, 서울.

이재운(2001) : "한국인 죽음관에 대한 설문조사 보고", 《한국인의 사후세계관》, 전주대학교 출판부, 전주.

일연(1956) : 《삼국유사》, 고전연역회 역, 학우사, 서울.

임재해(2000) : 《전통상례》, 빛깔 있는 책들 16, 대원사, 서울.

장주근(1998) : 《한국의 향토신앙》, 을유문화사, 서울.

장철수(1984) : 《한국전통사회의 관혼상제》, 정신문화문고 5, 고려원, 서울.

_____(1997) : 《한국의 관혼상제》, 집문당, 서울.

정재서 역주(1993) : 《산해경》, 민음사, 서울.

정진홍(1988) : 《한국종교문화의 전개》, 집문당, 서울.

주강현(2004) : 《우리문화의 수수께끼1》, 한겨레신문사, 서울.

주명준(2001) : "조선시대의 죽음관", 《한국인의 사후세계관》, 전주대학교 출판부, 전주.

최래옥 편(1995) :《한국민간속신어사전》, 집문당, 서울.

최운식(2001) :《옛이야기에 나타난 한국인의 삶과 죽음》, 한울, 서울.

최창조(1990) : "음택풍수에서의 발음과 그 비판에 대한 고찰",《한국의 상
　　　장례》, 국립민속박물관 편, 미진사, 서울.

_____(2001) :《한국의 풍수사상》, 민음사, 서울.

표인주(2001) : "호남지역 상·장의례와 구비문학에 나타난 죽음관",《한국
　　　인의 사후세계관》, 전주대학교 출판부, 전주.

한국문화상징사전 편찬위원회(1992) :《한국문화 상징사전1》, 동아출판사,
　　　서울.

_____(1996) :《한국문화 상징사전2》, 두산동아, 서울.

한국정신문화연구원(1996) :《한국 민족문화 대백과사전(전 28권)》, 한국정
　　　신문화연구원, 경기.

허용호(2001) : "전통상례를 통해서 본 죽음",《한국인의 죽음과 삶》, 철학
　　　과 현실사, 서울.

황경숙(2000) :《한국의 벽사의례와 연희문화》, 월인, 서울.

Betz O(2004) :《숫자의 비밀》, 배진아, 김혜진 역, 다시, 서울.

Cirlot JE(1981) : *A Dictionary of Symbols*, Routledge & Kegan Paul Ltd.,
　　　London.

Cooper JC(1994) :《세계문화상징사전》, 이윤기 역, 까치, 서울.

Davies J(1999) : *Death, Burial and Rebirth in the Religions of Antiquity*,
　　　Routledge, London and N.Y.

El Mahdy C(2002) : *Mummies, Myth and Magic in Ancient Egypt*, Thames
　　　& Hudson, London.

Eliade M(translated by Trask WR)(1970) : *Shamanism*, Bollingen
　　　Foundation, N.Y.

_____(1995) :《종교형태론》, 이은봉 역, 한길사, 서울.

_____(1998) :《성과 속》, 한길사, 서울.

_____(2002) : 《이미지와 상징》, 이재실 역, 까치글방, 서울.

Frazer JG(1969) : *The Golden Bough*, I vol. Abridged Ed. The Macmillan Co., Toronto, Ontario.

Herzog E(translated by Cox D & Rolfe E)(2000) : *Psyche & Death*(Psyche und Tod.), Spring Pub. Inc., Woodstock, Connecticut.

Jaffé A(1989) : 《C.G. Jung의 回想, 꿈 그리고 思想》, 이부영 역, 집문당, 서울.

Jung CG(1976) : *Symbols of Transformation*, C. W. 5, Princeton Univ. Pr. N.J.

_____(1977a) : *The Structure and Dynamics of the Psyche*, C. W. 8, Princeton Univ. Pr. N.J.

_____(1977b) : *Psychology and Religion*, C. W. 11, Princeton Univ. Pr. N.J.

_____(2004a) : "심혼과 죽음", 《인간과 문화》, C.G. 융 기본저작집 9, 한국융연구원 역, 솔, 서울.

_____(2004b) : 《인격과 전이》, C.G. 융 기본저작집 3, 한국융연구원 역, 솔, 서울.

Jung E, & Von Franz ML(translated by Dykes A)(1998) : *The Grail Legend*, Princeton Univ. Pr., N.J.

Metcalf P, & Huntington R(1991) : *Celebrations of Death: The Anthropology of Mortuary Rituals*, 2nd Ed. Cambridge Univ. Press. USA.

Neumann E(1993) : *The Origin and History of Consciousness*, Princeton Univ. Pr., N.J.

Rhi Bou-Yong(1966) : "Die Toten und 'SAL', das Tötende im koreanischen Schamanismus", Diplomthesis, C.G. Jung Institut, Zürich.

Stanislav G, & Christina G(1986) : 《죽음의 저편: 의식의 문》, 장석만 역, 평단문화사, 서울.

Van Gennep A(2000) : 《통과의례》, 전경수 역, 을유문화사, 서울.

Von Franz ML(translation by Hull RFC)(1966) : *Aurora Consurgens*, Inner City Books, Toronto.

_____(1974) : *Number and Time*, Northwestern Univ. Pr. Evanston.

_____(1997a) : *Archetypical Patterns in Fairy Tales*, Inner City Books, Toronto.

_____(1997b) : *Alchemical Active Imagination*, Shambhala, Boston & London.

_____(1998) : *On Dream & Death*, Open Court, Chicago and Lasalle, Illinois.

진도 다시래기의 분석심리학적 고찰

―박상학―

시작하는 말

연구대상 자료

다시래기 과정의 상징성에 관한 고찰

끝맺는 말

시작하는 말

죽은 사람의 장례는 개인이나 그 가족만의 일이라기보다 마을 공동체의 중요 의례다. 진도珍島에는 특이한 상·장의례 풍습이 있다. '호상好喪'이라고 말할 정도로 돌아가신 이의 삶이 비교적 여한이 없다면 출상 전날 밤늦은 시간에 '다시래기'라는 연극을 한다. 연극의 절정에 이르면 아이를 출산하는 과정이 있다. 엄숙한 슬픔과 이별의 절차 중에 기이하게 꾸민 광대가 벌이는 일탈과 갈등을 보면서 참다못해 웃음을 자아낸다. 마지막에 여장 남자가 아이를 낳는 장면에서는 낯선 모순의 극치이며 난장판에 이른다. 본래 유교의 영향을 받은 상·장의례에서는 지나치다 할 정도로 엄격하게 세분화된 여러 절차가 진행되며, 죽은 자를 향한 경건함을 특히 강조한다. 사람들은 돌아가신 분과의 관계에 따라 그가 입는 옷의 형태, 옷감, 바느질 완성도, 치장 그리고 음식을 먹고 마시며 잠자는 것까지 철저한 절제와 규제의 차별이 있다. 밖으로 보이는 차림이나 행태만 보아도 돌아가신 분과 사이가 얼마나 가까운 관계인가 알 수 있다. 가까우면 옷감의 질이 거칠고 바느질 완성도도 떨어진다.

다시래기는 이 지역에 유교儒教가 들어온 조선시대 이전부터 전해져 온 것 같다. 진도라고 해서 엄격하고 경건한 의례를 소홀히 하지는 않는다. 단지 한쪽에서 난장판이라고 해도 좋을 파격적인 축제 같은 장면이 동시에 벌어진다. 장례의 여러 과정을 진행하다가 상여가 나가기 전날 한밤중에 이 놀이가 끼어든다.

특이한 장례 놀이 다시래기는 민속학자들의 관심대상이 되었다. 주민들에 의해 전해 내려오는 대사들의 전체 과정을 이두현[1]과 이경엽[2] 등이 구전 채록한 내용을 중심으로 민속학적·연극학적 입장에서 그 전승 과정, 남사당과의 연관 등을 조사한 연구들이 있다.[3][4] 사당 역할 연희자인 김귀봉과의 대담을 통해 얻은 자료는 국립남도국악원 총서로 발간된 바 있다.[5] 김열규[6][7]는 민속과 민간 신앙에 비친 죽음과 관련하여 이를 언급하였고, 안철상[8]은 인도네시아 바라족과 중국의 야오족의 성적 제의와 다시래기의 아이 낳기 놀이를 비교하였다.

다시래기와 문화적 배경을 함께하는 한국의 민속극에도 이두

1) 이두현(1997) : 《한국무속과 연희》, 서울대학교 출판부, 서울, pp205-247.
2) 이경엽(2004a) : 《진도다시래기》, 국립문화재연구소, 대전.
3) 이경엽(2004b) : 《지역민속의 세계》, 민속원, 서울, p416.
4) 이경엽(2004c) : "무형문화재와 민속 전승의 현실", 《한국민속학》, 40(1) : pp293-332.
5) 국립남도국악원 편(2005) : 《김귀봉의 삶과 예술-진도 다시래기 명인 김귀봉 구술 채록 연구》, 국립남도국악원, 진도, pp179-260.
6) 김열규(1989) : "민속과 민간신앙에 비친 죽음", 《죽음의 사색》, 서당, 서울, pp115-116.
7) 김열규(2001) : 《메멘토 모리, 죽음을 기억하라》, 궁리, 서울, pp186-187.
8) 안철상(2009) : "인도네시아 바라(Bara)족, 중국 흰 바지 야오족(瑤族)의 장례에서의 성적(性的) 제의와 진도 다시래기의 아기 낳기 놀이의 비교", 《비교민속학》, 제38집 : pp165-203.

현,[9] 전경욱[10] 등이 관심을 가졌고, 키스터 다니엘Kister Daniel[11]은 '무속극'을 '부조리극'과 대비하여 그 의미를 고찰했다.

　죽음의 현장에서 인간이 경험하는 심리학적 관점도 다른 문화의 여러 분석심리학 논문에서 다룬 것이 있는데, 융은 '죽음'과 '죽은 자의 넋'의 심리학적 이해를 위해 많은 경험 자료를 연구했다.[12][13] 융은 그의 전기에서 저승과 죽은 자에 대한 자신의 체험과 이에 대한 견해를 밝히면서 죽은 자의 자기완성을 언급하였다. 야훼Jaffe의 〈사령현상의 수집과 해석, 죽음에 관한 그 밖의 정의〉, 프란츠Franz 의 〈정령현상의 심리학에 대하여〉에서 죽어 가는 자의 꿈의 해석은 특히 주목할 만하다.[14] 국내에서도 죽음과 관련하여 이부영의 〈사령의 무속적 치료와 정신치료원리와의 비교 고찰〉[15]이나, 이도희의 "한국 전통 상장례 중 몇 가지 의례절차의 상징성—분석심리학적 입장에서" 등이 참고할 만한 자료다.[16]

---

9) 이두현(1996) : 《한국의 가면극》, 일지사, 서울, pp1-315.
10) 전경욱(2007) : 《한국의 가면극》, 열화당, 서울, pp241-271.
11) Kister DA(1986) : 《巫俗劇과 不條理劇: 原型劇에 關한 比較硏究》, 정인옥 역, 서강대학교 출판부, 서울, p67.
12) Jung CG(2004b) : "심혼과 죽음", 《인간과 문화》, C.G. 융 기본저작집 9, 한국융연구원 역, 솔, 서울, pp94-108.
13) Jaffé A(2012) : 《C.G. Jung의 回想, 꿈 그리고 思想》, 개정판, 이부영 역, 집문당, 서울, pp341-370, pp330-340, pp257-273, 야훼의 "죽음 뒤의 생에 관하여" "환상들""성탑"들을 참조.
14) Jaffé A(2012) : 앞의 책과 이부영(2011) : "분석심리학과 종교의 원시종교와 분석심리학", 《분석심리학》, 제3판, 일조각, 서울, pp355-365 참조.
15) 이부영(1968) : "韓國巫俗關係資料에서 본 「死靈」의 現象과 그 治療(第一報)", 《神經精神醫學》, 7(2) : p11.
16) 이도희(2005) : "한국 전통 상장례 중 몇 가지 의례절차의 상징성—분석심리학적 입장에서", 《심성연구》, 20(2) : p90, p95.

이청준의 소설 《축제》[17]에서는 장례식 장면과 죽음을 둘러싼 민간의 다양한 심리학적 태도를 사실적으로 자세히 보여 준다.

이부영은 다시래기와 관련하여 재생의 주제를 지적하고 그것이 그림자의 활성화에 기여한다며 좀 더 자세한 후속연구의 필요성을 시사했다. [18]

오래전인 2000년 2월에 필자는 아버지의 장례에 친척의 소개로 초대된 전문 예인들이 괴상한 분장을 하고 벌이던 행태를 받아들이지 못하고 화가 났다. 장남인 형이 그것을 중단시켰을 때 내심 동의하면서 그들을 초대한 친척을 속으로 원망했던 아픈 기억이 있다. 그 경험을 잊고 있다가 한국융연구원의 수료 논문을 준비하면서 그것이 고향 진도에서 시행되던 다시래기라는 연극이란 것을 뒤늦게 알게 되었다. 아버지가 떠나신 후 10여 년이 지나 내면 깊숙이 머물러 있던 옛 기억의 잔재는 고향에서 이루어지는 다시래기를 연구해 보면 어떻겠냐는 지도교수님의 조언을 받은 순간 되살아났다. 관심의 요점은 경건하고 엄숙하게 진행되는 장례의례 중에 나타난 파격적인 축제적 성격의 민간연희인 다시래기는 집단적 무의식의 일부를 표현하는 것이 아닌가 하는 추정에서 출발하였다. 국가권력과 사회적 지배층의 금지에도 그것이 여전히 남아 전해지는데, 무엇이 그것을 가능하게 한 것일까? 전통적인 가부장적 통념에

---

17) 이청준(2008) :《축제》, 이청준 문학전집 12, 열림원, 서울.
18) 이부영(1999) :《그림자》, 한길사, 서울, p219.

젖은 상주의 페르소나로는 도저히 받아들일 수 없었던 억압된 감정들은 무엇일까? 상여놀이, 그중에서도 아이를 낳는 다시래기의 연희가 가진 원형적 요소들은 무엇인가? 출상 전날 밤에 시행되는 일련의 과정에 숨어 있는 죽음과 관련된 원초적이고 보편적인 원형상을 찾아내기 위해 상징을 이해하는 분석심리학적 방법을 동원하고자 한다. 대상의 주제와 유사한 것과의 집중적인 비교, 즉 확충 amplification의 방법을 사용하여 주 자료와 이본異本뿐 아니라 상·장 의례에 관한 국내외 문헌들을 비교 자료로 삼아 다시래기의 상징적 의미를 살펴보려 한다.

연구대상 자료

다시래기는 1985년 2월 1일에 국가 중요무형문화재 제81호로 지정되었다. 필자는 문화재 지정본[1]의 대사와 이본인 김양은의 구술본[2]을 비교하고, 실제 연희 장면은 국립문화재연구소의 영상 자료와 인터넷 공연 실황을 참조하고, 국내외의 상·장의례에 대한 자료들을 비교하였다.

다시래기 초기 형태

다시래기[3]는 이두현이 1970년대에 초분草墳에 대한 현지 조사를 하고 방송국의 관련 기록영화에 다시래기의 '거사·사당놀이'를 삽

---

1) 이두현(1997) :《한국무속과 연희》, 서울대학교 출판부, 서울, pp205-247.
2) 향토사학자 허옥인이 다시래기 연희자 출신 김양은의 구술을 토대로 하여 '대시(待時)래기 각본'이라는 이름으로 발표한 자료를 이경엽이 정리한 이본을 참고하며 비교하였다.
3) 어원은 재생이라는 뜻의 '다시나기' 혹은 여러 사람이 같이 즐긴다는 뜻의 '다시락(多侍樂)'이다. 김양은은 대시래기(待時래기)라고 칭하면서 망자의 영혼이 집에 머물다가 떠나는 시간을 기다리는 과정에서 노는 놀이라고 한다.
   필자는 '다실아기'의 변형된 '다실애기'에서 '다시래기'로 다시 변한 것으로 생각한다. 또한 아내가 누구인가에 따라 첩의 아이를 '첩실아이', 본부인에게서 낳은 아이를 '본실애기' 하는 식으로 부르는데, 다시래기의 아이는 공동체의 아이여서 다실아기인 것으로 추측해 본다. 혹은 다시 애기로 재생한다는 의미의 '다시애기'가 '다시래기'로 변천한 것으로도 고려해 볼 수 있다.

입하면서 처음 소개되었고, 1980년대 초에 서울의 극장에서 공연되면서 전국적으로 알려졌다.[4] 이 자료들의 보고에서는 다시래기의 연회자를 세습무계와 관련지어 세습무[5]부 조직인 신청[6] 사람들로 설명하는데, 이경엽은 근거가 충분하지 않다고 하며 거사·사당놀이가 핵심적인 놀이로서 남사당과 밀접한 연관이 있고, 진도 다시래기와 신안 밤달애의 남사당놀이는 장례공간에서 연행되는 민속 연회라는 점에서 공통적이라 주장하였다. 실제로 다시래기의 사당 역을 하는 남자 전수자[7]도 대담에서 신청의 존재에 대해서 잘 모르고, 이본의 제보자인 김양은 역시 무계 출신이 아닌 재주가 많은 주민으로 자주 이웃마을에 초청되었다고 한다. 다시래기와 세습무계의 관련 문제는 이미 전승이 단절된 연회를 복원하는 과정에서 기예가 출중한 세습무계 출신들을 참여시키면서 비롯된 것으로 실제 전승 맥락과는 무관한 것 같다는 이경엽[8]의 판단이 설득력을

---

4) 이두현, 정병호(1985) : 무형문화재 지정보고서 제161호, 문화재 관리국.
5) 조선에서는 무당을 춤추는 무당과 춤추지 않는 무당으로 분류한다. 춤추는 무당은 여무(女巫; 무당 만신, 단골 등)와 남무(男巫; 박수, 박수무당 등)로, 춤추지 않는 무당은 여격(女覡; 선무당, 명두, 태주, 전내 등)과 남격(男覡; 반수, 장님, 복술, 봉사 등)으로 나뉜다. 즉, 춤추는 무당이 무(巫)라면 춤추지 않는 무당은 격(覡)이라 한다. 아키바 다카시(秋葉隆)(2000) :《춤추는 무당과 춤추지 않는 무당》, 심우성, 박해순 역, 한울, 서울, p115. 일반적으로 여무, 남격은 아니었던 것 같다.
6) 무부계의 신청, 재인청, 사무청, 공인방, 풍류방이 나중에 대부분 기생의 권번인 가악학습소가 되고 있다고 한다. 아키바 다카시(秋葉隆)(2000) : 앞의 책, p138.
7) 국립남도국악원 편(2005) :《김귀봉의 삶과 예술-진도 다시래기 명인 김귀봉 구술채록 연구》, 국립남도국악원, 진도, pp179-180.
8) 이경엽(2004b) :《지역민속의 세계》, 민속원, 서울, p416과 이경엽(2004c) : "무형문화재와 민속 전승의 현실",《한국민속학》, 40(1) : pp293-332 참조.

갖는다.

1970년대 중·후반에는 다시래기를 '덕석몰이'라 했다. 덕석몰이에는 망자의 죄를 심판하는 일직사자, 월직사자, 도사자가 등장하는데, 사자를 위로하고 달래는 '사자놀이'가 주였다. 1980년대 초에 재구성되면서 다시래기라는 이름이 본격적으로 사용되었다. 1981년에 발표된 정병호의 <다시래기 조사보고>와 진도군의 <옥주의 얼>에 소개된 공연 내용은 ① 사당놀이, ② 사재놀이, ③ 상주놀이, ④ 상여놀이로 둘 사이에도 약간 다르게 묘사된 점이 있다. 오늘날과 같은 다시래기 절차는 1982년 11월 공간사랑 공연 이후에 ① 가 상자 놀이, ② 거사·사당놀이, ③ 상여놀이, ④ 가래놀이, ⑤ 여흥의 순서를 갖추게 되었다.[9][10]

문화재 지정본 다시래기

중요무형문화재 제81호인 지정본 자료에 의하면 다시래기는 가상자 놀이, 거사·사당놀이, 상여놀이, 가래놀이, 여흥의 과정으로 구분된다. 아이를 낳는 장면을 보기까지 가 상자 놀이와 거사·사당놀이의 내용을 제시하면 다음과 같다.[11]

9) 서연호(1997) :《한국 전승연희의 원리와 방법》, 집문당, 서울, p203.
10) 이경엽(2004a) :《진도다시래기》, 국립문화재연구소, 대전, pp80-81.
11) 이두현(1997) : 앞의 책, pp212-226.

가 상자 놀이

(상제는 낮에 문상[13]객을 맞이하고 숙연히 제청에 앉아 있다.
이때 상두꾼들은 신청의 재비꾼들과 함께 생이상여틀을 메고 상
가에 들어와 제당에 절을 하고 상제에게 인사하고 옆자리에 앉
는다. 이때 가 상자는 바가지여자일 경우나 짚신남자일 경우으로 모
자를 만들어 쓰고 그 위에 굴관을 하고 마람짚으로 엮는 것으로 치
마를 두르고 도굿대절구공이로 지팡이를 짚고 상두꾼들 틈에 끼
여 들어온다.)

가상제: 이 집이 뉘집 경사인고? 좋은 일이 있는 것 같구면. 한
번 놀다나 가세.

(큰 소리를 지르며 들어온다. 이때 상두꾼들은 망인과 상제
에게 인사하는데 가상제는 제상에서 제수인 과실들을 마구 내려
먹고, 인사하는데 절을 잘못한다고 생트집을 잡으며 발로 상두
꾼들의 꽁무니를 차는 등 웃기는 짓을 한다.)

---

12) 가짜 상주, 연희패의 출연자이면서 연출자 역을 하는 사람으로 상주의 역할을 우
습게 만들고 놀리는 역할을 한다.
13) 조상은 '슬퍼한다'는 뜻의 조(弔)와 '사라짐, 죽음'을 뜻하는 상(喪)을 합친 말로,
즉 고인의 죽음을 슬퍼하면서 그에게 올리는 인사를 뜻한다. 문상은 '죽음(喪)을
묻는다(問)'는 뜻으로 상을 당한 상주들의 슬픔을 위문한다는 뜻이다. 조문은 조
상과 문상의 첫 글자를 딴 말로 죽은 사람에 대한 애도의 뜻과 상제들에 대한 위
로 인사를 함께 이르는 말이다.
옛날에는 생전에 고인을 알았으면 고인에 대한 조상과 상주에 대한 문상을 함께
해서 조문을 했으나, 고인을 알지 못하고 상주만 알면 고인에게는 조상하지 않고
상주에게만 문상했다. 정종수(2008) : 《사람의 한평생: 민속으로 살핀 탄생에서
죽음까지》, 학고재, 서울, pp255-256.

가상제: (상제에게 인사하며) "앗다! 얼마나 영광스럽습니껴!"

(상두꾼 석에서는 "무슨 그런 실언을 하시오?" 하며 소리친다.)

가상제: (웃으면서)

"앗다 옛날 어르신들 말씀도 안 들어 봤소. 흉년에 논마지기나 팔지 말고 입 하나 덜라고 안 했소. 방 안에서 맨당 밥만 축내고 있는 당신 아버지가 죽었으니 얼마나 얼씨구절씨구 할 일이요."

(상두꾼 석에서 "저런 버릇없는 놈이 있어." 하며 소리 지른다. 가상제가 웃으면서 상제 앞으로 다가서며)

가상제: 자아, 오늘 이왕 이 마당에 들어왔으니 상제하고 내기나 한번 합시다. 무슨 내기인고 하니 오늘 밤에 다시래기를 해서 상제가 웃으면 여기에 모인 상두꾼들과 굿을 보는 동리 사람들에게 통닭죽을 쒀서 주기로 하고, 만약 상제가 웃지를 않으면 우리 재비꾼[14]들의 품삯을 받지 않도록 하는 것이 어떻겠소.

(상두꾼 석에서 "좋소." 하는 소리한다. 그러나 상제는 아무 말도 없이 고개만 숙이고 있다. 그때 가상제는 상제 앞에 꿇어 앉아 절을 한다. 상제는 무심코 절을 받는다.)

---

14) 상가에 다시래기를 위해 초청되어 돈을 받고 놀아 주는 재주를 가진 사람들

가상제: 보시오. (하면서 벌떡 일어서며)

　　금방 고개를 끄덕하는 것 보았지라우.

　　(이렇게 하여 억지로 약속이 이루어진다.)

가상제: 궁주(상제 처) 어데 있소.

　　인자는 일이 다 됐으니 우리 재비꾼들한테 단체 품삯부터

　　내시오. 궁주 어데 있소. 얼른 내시오.

궁주: 아잡씨네[15]들 굿 잘하시오.

　　(하면서 백목 한 필을 내어놓는다.)

　　(상두꾼은 백목을 줏대에 매어 단다.)

가상제: 오늘 저녁에 다시래기를 하도록 상제로부터 승낙을 받

　　았으니 인자는 굿을 한 번 해 보아야지.

　　굿을 시킬라면 무어라 해도 나부터 할랑가 못 할랑가 해 봅

　　시다. 어쩠소?

상두꾼들: 그야 당연하지요, 당연해. 하시요!

가상제: 내 이름이 가상제라 가짜 성주풀이[16]나 한 자루 하겠소.

　　장단을 딱 걸어 놓고 쿵 딱.

　　〈가사〉

　　칼로 푹 쒸셨다 피나무

　　눈 꽉 감았다 감나무

　　배 툭 나왔다 배나무

---

15) 아저씨들, 남자들을 일반적으로 칭하는 말

16) 성주 굿 혹은 성주풀이는 호남에서는 도신(都神)굿이라 한다. 해마다 10월 농사
　　가 끝나고 대부분 무오(戊午), 즉 말의 날에 거행한다. 가신(家臣)인 성주 신에게
　　가정의 재앙을 물리치고 행운이 있게 해 달라고 비는 굿으로 집을 신축했거나 이
　　사했을 때 또는 정기적으로 거행한다. 이능화(2008) :《조선무속고: 역사로 본 한국
　　무속》, 서영대 역주, 창비, 경기, p287. 성주(城主)는 성조(成造)라고도 한다.

방구 뽕 뀌었다 뽕나무

한 다리 절른다 전나무

모든 나무가 매화로고나

우라 우라 만수, 이어라 대신이야[17]

제활량으로 설설이 나리소서. [18]

가상제: 이만하면 어떠요?

상두꾼들: 좋소. 좋아. (소리친다.)

가상제: 나야 물어볼 것도 없이 잘 하제.

　(상두꾼 석에서 웃음)

가상제: 다음은 거사 노릇 할 사람을 골라야겠소.

　눈을 뜨고도 앞을 못 보는 당달봉사 할 사람을 소개하겠는

　데 뭐니 뭐니 해도 ○씨 집안에 ○○이라는 사람이 있어.

　그 사람 같으면 썩 잘할 것 같거든. 어서 이리 한 번 나와

　보시오.

　이 자리서 때깔을 좀 봅시다.

---

17) 어라하만수(於羅瑕萬壽): 무가를 시작할 때 '어라만수'를 하는데 그 발음을 한자
　말로 옮기면 어라하만수(於羅瑕萬壽)다. 백제의 고유어에 왕을 어라하(於羅瑕)라
　고 하고 왕후를 어륙하(於陸瑕)라 하는데, 당시 무격이 왕과 왕후의 장수를 노래
　로 기원하면서 '어라하만수, 어륙하만수'라 했다. 이는 곧 '우리 임금님 만세, 우
　리 왕비님 만세'라는 뜻이라고 한다. 이능화(2008) : 앞의 책, p259.
18) 칼로 푹 쒸셨다 피나무(저런)/ 눈 꽉 감았다 감나무(봉사든 것이다)/ 배 툭 나왔
　다 배나무(새끼 낫제)/ 방구 뽕 뀌었다 뽕나무(왔다 구리다)/ 한 다리 절른다 전
　나무(병신은 다 모였다)/ 모든 나무가 매화로고나/ 우라 우라 만수,/ 이어라(이를
　우라로 기술) 대신이야/ 제활량(대활량)으로 설설이 나리소서. 국립남도국악원
　편(2005) : 앞의 책, p192, 각주 268. 관객의 반응으로 사설처럼 첨가된 말들이 있다.

(상두꾼 석을 두루 보더니 거사 역 할 사람을 끌어낸다.)

거사: 내가 멀쩡한 놈이 봉사 노릇만 하니

생눈이 껌벅껌벅해지고 진짜 봉사가 될라고 해서 탈이여.

그러나 내가 당달봉사 노릇을 할랑가 못 할랑가 노리꼬리

만치만 해 봅시다. 그러나 가상제 맘에 들랑가 몰라.

어느 날 당달봉사가 어느 잔치 집에 가서 공술 많이 얻어 퍼

먹고 술이 잔뜩 취해서 돌아오는데

바로 이렇게 오는 것이었다.

장단을 따르르 하니 걸어 놓고 쿵 떡.

(더듬더듬 걷는다. 그리고 소변을 보려고 한다.

가상제가 소변보려는 봉사의 앞을 이리 막고 저리 막는다.)

거사: 백 낮에 무슨 헛것이 나와서 일을 못 보게 하는고.

아서라. 앉아서 같이 보아 버려야 하겠다.

(앉아서 변을 보면서)

앗다, 우환 중에 담배까지 먹고 싶네.

[담뱃대로 담배를 빨면서 헛짐(김)이 낫든가, 담배대통을 누

르려다가 불을 만져 버렸다. 여기서 깜작 놀라 뒤로 나자빠

진다.]

아따 뜨거라!

[하면서 변을 누던 자리에 벌컥 주저앉아 버린다.

변을 누던 줄도 모르고 무엇이 궁치(궁둥이)에 묻어 있는 것

같아서 손가락으로 찍어 냄새를 맡는다.]

아이고 워매 이게 무슨 냄새이냐.

고리탑탑한 데다가 구리탑탑하고(인상을 쓴다.)

언 — 맛이나 좀 볼까. 아 — 구려.

여보시오 가상제, 이 정도면 됐소?

가상제: 됐소, 됐소, 궁주 어디 있소? 얼른 품삯을 내시오.

(주의周衣와 갓을 준다.)

다음은 사당 노릇 할 사람을 소개하겠소.

제 서방 놓아두고 맨날 샛서방질만 하는 사람을 누가 했으

면 되겠소?

상두꾼들: 여기 간나구淫婦 같은 사람 하나 있소.

가상제: 됐소 됐소! ○씨 집안에 ○○자 ○○이라는 사람 말이지

라우. 어서 나오시오.

사당: 아니, 내 서방 놓아두고 샛서방 보는 노릇만 하라고 하니

나를 꼭 간나구로 만들려고 하는구먼.

나도 장단이 없이는 한 발자국도 못 걸어,

장단을 딱 하니 몰아 놓고 쿵 덕!

[입 세납(날라리)을 불며 꼽사춤을 춘다.].

꼽사도 서런데 고놈의 꼽사가 겹 병신이드라.

병신이 육갑한다고 춤을 추는데 바로 이렇게 추는 것이었다.

(꼽사가 반신불수춤을 춘다.)

내가 병신춤만 추는 줄 알아도 양반춤은 더 잘 춰,

장단을 다르르하니 걸어 놓고.

(구음에 맞춰 춤을 춘다.)

사당: 가상제, 이만하면 됐소?

가상제: 나는 좋소마는 상두꾼들 어떻소?
(상두꾼 석에서 좋다고 소리친다.)
가상제: 궁주 어데 있소. 어서 치마와 목화 한 봇다리를 주시오.
(상가로부터 치마와 목화 한 보따리를 받아 준다.)

이번에는 중을 골라야겠는데 자고로 중치고 우멍[19] 안 한
놈이 없어 거기 우멍하게 생긴 놈 하나 있는가 좀 보시오.

상두꾼들: 여기 있소. 여기 있소.

중: 내가 죽으면 극락을 못 가게 할라고 맨당 이런 노릇만 시켜
서 탈이 났어.
나도 할 것이 많이 있지만은 여기서는 염불이나 한 자루 해
야제.

여래지신 하강如来之神下降하사
소원성취 발원所願成就發願이요
당상학발 양친堂上鶴髮兩親일랑
오동나무 상상지上上枝에

---

19) 음흉하다는 뜻

봉황鳳凰같이 점지하고

슬하자손 만세영萬歲榮이라

무쇠목숨에 독끈 달아

천만세千萬歲나 점지하고

이 댁 가중 금년신수今年身數

대통大通할제

동절문冬節門을 닫은 듯이

오육월五六月에 문 열듯이

쟁반에 물 담듯이

옥반玉盤에 진주眞珠 굴리듯이

낮이면은 물이 맑고

밤이면은 불이 밝아

수하에 명령하야

비단에 수절 같고

영산강 물결같이

그냥 그데로 나리소서

(또는 장단을 다르르하니 몰아 놓고)

나무아미타불 느그 하납씨 철푸덕[20]

나무아미타불 느그 하납씨 철푸덕.

기상제: 그만하시오, 그만하시오. 사람 죽은 집이서 극락 가라고
염불은 안 하고 무슨 운수대통이요. 어서 들어가시오.

---

[20] '느그 하납씨'는 '너희 할아버지'의 사투리. '철푸덕'은 심하게 넘어지거나 주저앉
으면서 나는 소리를 표현한다.

[춤 삯으로 표주박, 쇄 재(쇠 젓가락), 짓옷(짓 베로 만든 두
루마기) 빨간 만사 천을 준다. 이와 같이 소개를 하는 동안
에 재비꾼들은 분장을 하고 옷을 갈아입고 등장한다.]

거사 · 사당놀이

(이 놀이는 거사와 사당, 중이 하며 가상제가 중간중간에 끼
어들어 놀이를 돕는다. 거사의 지팡이를 사당이 잡고 나온다.)

거사: 마누라.

사당: 예 —

거사: 여기가 어디인가?

사당: 여기는 다시래기하는 상가 제청이요.

거사: 옹 — 그래. 마누라.

사당: 예.

거사: 우리 여기서 춤이나 한번 추세.

사당: 그럽시다.

  [거사 보릿대춤(뻣뻣한 춤)에 사당이 같이 춤춘다.]

거사: 마누라.

사당: 예.

거사: 우리가 여기서 춤만 출 것이 아니라 노래도 한 자루 하세.
    자네 노래 잘 안 한가.

사당: 친정에서 해 보고 안 해 봤어.

거사: 더듬더듬해서 한 자루 하게.

사당: 영감이 먼저 하시오.

거사: (노래) 에라 요년 가시낭(여자) 년[21] 밥 차름시로[22] 머리
　　　긁지 마르라. 이 떨어진다. 거나해 —

사당: 잘도 하네, 잘도 하네, 우리 거사 잘 도나 한다.

거사: 마누라.

사당: 예.

거사: 자네는 꼭 물 찬 제비같이 예뻐.

사당: 앞도 못 보면서 어찌게 그것을 아시오.

거사: 어야 이 사람아. 내 말 좀 들어 보게. 해는 뜨겅께 빨간 줄
　　　알고, 밤은 컴컴한 게 까만 줄 알고, 그런데 자네를 몰라.

사당: 해 해 해 해

거사: 마누라는 짝짝 드러 붓고, 마누라만 보면 품으로 싹 들어
　　　가고 싶고, 이러니 물 찬 제비지 뭐여.

사당: 아이고 좋아라.

거사: 자네 산고달이 언젠가?

사당: 이 달이 아니요.

거사: 그러니까 몇 달이 됐는가?

사당: 열한 달 하고도 반달.

거사: 그럴 것이네. 그래, 그래. 자네한테 물어보는 내가 미친놈

---

21) 여자를 비하한 '가시내', 거기에 욕설처럼 '가시낭 년'이란 표현은 어른들이 애칭
처럼 사용하기도 하고, 진도에서는 '가시나' 혹은 '가이나'라고 말한다.
경상도나 전라도에서 남자아이는 열 살 정도가 되면 '머슴애'라고 호칭하는데 또
충청, 경기 지역에서도 농삿집 일꾼을 머슴(진도에서는 머심)이라고 하니 모종
을 심는 사람, 즉 모심는 사람, 모심이, 머슴이, 머슴애가 되었다고 한다. 여자
아이는 계집애라고 하는 경우는 키를 잡는 아이라는 뜻으로 키잡이, 기집애, 계
집애가 되었다고 한다. 최인학(2004) : 《바가지에 얽힌 생활문화》, 민속원, 서울,
p220. 진도에서는 '머시마, 머이마'라고도 한다.
22) 밥 차리면서, 솥에서 밥을 밥그릇에 담으면서

이제, 참 그리고 자네 배 좀 달아 보세.[23] 이 애가 태어나면 꼭 나를 타개야[24] 할 것인데 안 타기면 탈이세. 탈.

사당: 당신 타기면 무엇 하게요. 앞도 못 보고.

거사: 그래, 그래 다 닮아도 눈만 나 안 타기면 돼, 어 야, 마누라, 우리가 애기를 얼마나 기다렸는가? 우리 뱃속에 애기 잘 크라고 자장가나 한 번 불러야겠네.

사당: 그러시오.

거사: (노래)
어허둥둥 내 강아지 어허둥둥 내 강아지
어서어서 자라나서 이 애비 지팽이 마주 잡고
짜박짜박 걸어 다녀라.
어허둥둥 내 강아지 어허둥둥 내 강아지
어덩 밑이 귀냄貴男이 왔느냐.
어허둥둥 내 강아지
내 새끼는 꽃밭에서 잠자고
놈의 새끼는 개똥밭에 잔다.
어허둥둥 내 강아지 어허둥둥 내 강아지
어허둥둥 내 강아지 어허둥둥 내 강아지
머리 까문 쉬양 쥐가 곡간으로 들어가서
나락 한 주먹 다 까먹고 왔다 갔다 하는구나.
오로롤............ 앗다!

---

23) '달아 본다'는 만져 본다는 뜻
24) 닮았다는 뜻

이놈의 뱃속에가 있어도 나를 아는구나.

오로로로로(중중모리)

거사: 마누라, 이놈의 뱃속에서 나왔다고 하고 골격이나 한번 더
    듣어 보세.

사당: 그럽시다.

(거사가 아이를 어루만지는 시늉을 하며)

거사: 아, 여기는 두상이고, 이리 내려오면 응 코고, 여기는 입이
    고 앗다 그놈 입 짝 찢어진 것 보니 크면 술 잘 먹게 생겼
    다. 여기는 가슴이고, 앗다 이놈 가슴이 짝 바라져 갖고 크
    면 힘깨나 쓰게 생겼구나. 여기는 배꼽이고, 응 쪽 내려가서
    응 꼭 연평도 고기잡이 돛대 만일로 (같이) 꼿꼿하게 있어야
    하는데, 그렇지 않으면 내 팔자가 칠자가 되어 버릴 텐테,
    탈 일세 탈 아이고 엥.

사당: 거 뭣이요?

거사: 말도 말게. 헌 조개가 새 조개 낳았네.²⁵⁾ 거 누구여?

가상제: 저 건너 마을 이 생원 댁에서 강아지 새끼를 낳는다고 정
    (경)문하러 오라는데 어찌 하실라우.

거사: 암 가봐야제, 암 가봐야제. 산고달도 되고 하니 한 푼이
    라도 벌어야제. 암 벌어야제. 함 가고 말고, 암 가고 말고,
    (거사 북을 메고) 마누라. 요새 뒷골 중놈이 들랑날랑하는

---

25) 판소리 심청가 중에서 심 봉사가 곽 씨 부인이 아이를 낳는데 "아마도 묵은 조개
    가 햇 조개를 낳았나 보." 하는 대목과 같은 표현이다. 신재효(1987) : "심청가",
    《한국 판소리 전집》, 서문당, 서울, p68.

것 같은데 참 끌적지근한당께.[26] 열 번 찍어 안 자빠질 나무 없어. 만약에 자네가 중놈한테 자빠지는 날에는 큰일 나네. 어데 가지 말고 집 잘 지키고 잘 있소. 응 알았는가? 몰랐는가?

사당: ……………

거사: 알았으면 알았다고 대답하게.

사당: 예 예 예 예!

거사: 앗다! 이 사람 귀창[27] 터지겠네.

사당: 염려랑은 조금도 하지 말고 하룻밤 자고 와도 좋은께 천천히 갔다 오시오.

거사: 하하하 그렇지, 그렇지, 나를 이렇게 아껴 주는데 내가 자네하고 안 살겠는가.

사당: 그런 말 그만저만하고 정문이나 하러 가시오.

거사: 그러면 가는 길에 개타령이나 한 자루 하고 가세.

　(노래) 개 사가게 개 사가게

　　돈 닷 돈 개 사가게(느린 중모리)

　(이때 사당은 몰래 등장한 중과 속삭인다.)

거사: 마누라.

사당: 예.

거사: 노래할 때는 내 옆에 있으라고 했는데 어데 갔다 왔는가.

사당: 오줌 누러 갔다 왔소.

---

26) 께름칙하다. 꺼려진다.
27) 귀청, 고막

거사: 마누라 아무 데도 가지 말고 옆에 앉아 있소.

(이때 사당이 또 중과 속삭인다.)

거사: (노래) 개기개 개개야 기개개 개개야. (자진중모리) 마누라.

사당: 예.

거사: 또 어데 갔다 왔는가.

사당: 똥 누러 갔다 왔소.

거사: 뭐? 그놈의 것을 한꺼번에 싸 버리제 한 번은 오줌 누러 가
    고 한 번은 똥 누러 가고 그것이 도대체 무엇인가?

사당: 앗다 영감도 생각해 보시오. 오줌은 앞 구멍으로 나오고
    똥은 뒷구멍으로 나오는데 어찌할 것이요.

거사: 참 그놈의 구멍 묘하게도 생겼다.

사당: 그런데 그만저만하고 정문이나 빨리 하러 가시오.

거사: 그래그래, 깜빡 잊었구먼.

사당: (노래) 서방님 정문 하러 평안이 가리오? (중모리)

거사: (노래) 오냐 나는 간다. 너는 잘 있거라.

사당: (노래) 인제나 가시면 어느 시절에 올래요.

거사: (노래) 암제 올 줄을 나는 모르겠네.

사당: (노래) 아이고 답답 아이고 답답 서런 정아 참아 설워 못
    살겠네. 요놈의 세상을 어찌 어찌 살고.

(사당은 애교를 부리며 거사를 밀어낸다.)

사당: (노래) 노승 노승 들어오소. 노승 노승 들어오소.
    시살댓문(사릿문) 열어졌네. 담 밖에 노승 들어를 오소. (중
    모리)

(중이 들어오면서 사당을 포옹한다.)

중: 여보게, 오랜만일세.

사당: 누가 인자 오라고 했소.

중: 내가 바빠서 그렇게 됐네. 뱃속의 아기는 잘 크는가?

가상제: 아! 저런 무잔 놈(무지한 놈) 좀 보소.

사당: 잘 크고 말구라우, 당신 타겨서 도사 될 것이요.

가상제: 그렇체, 남의 각시 잘 두르는(잘 도둑질하는) 도사 될
　　　 것이여.

중: 아무리 시집 갈 데가 없다고 저런 봉사한테 시집을 가.

사당: 그렇께 중이 있지 않소. 낮에 보아도 내 이삐(이쁜이), 밤
　　　 에 보아도 내 이삐 이삐 이삐 내 이삐 그란에도 이쁜 것이 그
　　　 것할라 달려갔고,
　　　 (이때 사당이 중의 ×부분을 슬쩍 만져 본다.)

가상제: 인제 봐라 거사 오면 다 이를란다.
　　　 (거사가 밤을 새우고 올 줄 알았는데 일찍 허둥지둥 돌아
　　　 온다.)

거사: 마누라! 마누라! 마누라 있는가?

사당: 비 오는 날 담 무너진 것같이 무슨 소리요.

중: 봉사가 오는 것이다.

거사: 마누라, 마누라 거기 있는가?
　　　 (황급한 사당은 중을 북 걸어 두는 곳에다 숨겨 놓고)

사당: 예 예 예 예!

거사: 어째 자네는 꼭 도둑질하다 들킨 사람같이 목소리가 그런가?

사당: 아이고 아이고 무엇이 어쨌다고 그라요.

거사: 그건 그렇고(코를 씩씩거리면서) 무슨 남자(중) 냄새가
　　　난다.

사당: 여자 혼자 있는 방에 무슨 냄새가 나요.

거사: 내 코가 사냥개 코만이나 좋은데 내가 모를 줄 알어.

사당: 워매 워매 냄새는 무슨 냄새요. 나를 그렇게 못 믿으면 뱃
　　　속에 아이가 귀가 있다면 듣겠소. 그런 소릴랑은 하지도 말
　　　고 어째 그냥 왔소?

거사: 그것도 재수가 없을랑께 가기도 전에 개새끼 낳고 해서 그
　　　냥 와 버렸네. 그나저나 방으로 좀 들어가세.

　　　(더듬더듬 방으로 들어가면서 중의 신을 만져 본다.)

거사: 아 중놈의 신이 분명하다. 이놈의 중놈 어디 있느냐?

사당: 애기 날 달이 돼서 배가 아픈께 아까 옆집 약방이 왔다 감
　　　시로 신을 바꾸어 신고 간 모양이요.

거사: 거짓말하지 말어. 내 코가 우리 진돗개 코만큼이나 좋은데
　　　중놈 냄새 모르고 약방 냄새 모를 줄 알어. 이놈 중놈 어데
　　　있느냐. 잡으면 담뱃대로 눈을 푹 쑤셔서 니 눈하고 내 눈
　　　하고 똑같이 만들어 버릴란다.

　　　(한 손으로 신을 들고 더듬더듬 방을 뒤진다. 이때 가상제는
조금 더 조금 더 하면서 숨어서 벌벌 떨고 있는 중이 있는 곳을
말로 거사에게 일러 준다.)

사당: 아이고 배야! 아이고 배야!

거사: 왜 갑자기 배가 아픈가? 속이 꾀잉께 꾀배가 아픈 것 아닌가?

사당: 산기가 있나 봐요, 워매 워매. (신음한다.)

　(거사 허둥지둥 어쩔 줄을 모른다.)

가상제: 사정없이 찢어져나 버려라!

사당: 아이고 배야! 아이고 배야!

가상제: 한꺼번에 쌍둥이나 두서넛 쑥 빠져 버려라.

사당: 영감 어서 애기 낳게 정문이나 좀 하기요, 아이고 아이고!

거사: 그래 그래.

　(북을 두들기며)

　　동해동방 천지지왕 남해남방 천지지왕

　　서해서방 천지지왕 북해북방 천지지왕

　　어서 먹고 물러나고 너도 먹고 물러나고

　　동지섣달 추운 날에 남의 아내 따내다가

　　붕알 얼어 죽은 귀신 너도 먹고 물러나고

　　(허튼소리로)

　　간밤에 잠 못 잤드니 호박 떡이 설었구나

　　꽂감 대추 딸삭마라 날만 새면 내 것이다. [28]

가상제: 그놈의 헛문 잘한다.

사당: 영감 아무래도 애기가 안 나와요, 나 죽겠소!

거사: 죽으면 안 돼. 그러면 내가 힘을 쓸 것이니 자네가 애기는

---

28) 진도에서는 필자가 국민(초등)학교 다니던 시절(1960년대 중반) 이웃집 아이들
이 질그릇 물 항아리에 바가지를 엎어 놓고 작대기로 두드리면서 "동토시 동토
시…… 날만 새면 내 것이다." 하면서 놀던 기억이 난다. 이러한 경문의 어휘들이
손을 비비는(소원 성취나 질병을 낫게 해 달라고 비는) 행위 등으로 여러 다른 민
간의례에서 흔히 쓰였던 것으로 짐작된다.

낳소.

응—! 응—! 잉—!(거사가 이를 뿌드득 갈면서 힘을 쓴다.)

사당: 애기 낳다 애기 낳다!

중: 이것이 바로 내 새끼다.

거사: 여기 애기 도둑놈 있구나, 너는 누구냐 내 새끼다 이놈아.

　(거사와 중이 애기를 가지고 옥신각신한다.)

가상제: 사람 죽은 집이서 애기나 둘러 가지고 도망가자.[29]

　(이로써 거사 · 사당놀이가 끝난다.)

문화재 지정본의 내용을 요약해 보면 다음과 같다.

① 상가 제청에 가 상자가 등장하여 다시래기를 하겠다고 상주에게 억지로 허락을 받아 낸다. 조건은 내기를 해서 상주를 웃기지 못하면 품삯을 안 받고, 웃으면 모든 사람에게 통닭죽을 쒀서 주는 것으로 한다. 이때 가 상자는 우스꽝스러운 몸짓으로 상주나 문상객의 태도를 말도 안 되는 트집을 잡아 비웃고 거침없이 행동한다. 애도의 장소를 웃음거리나 난장판을 만들며 연극을 이끌어 나간다.

② 가 상자가 자신이 놀이를 할 만한지 관객에게 솜씨 자랑 노랫가락으로 '가짜 성주풀이'를 한다. 그러고는 다음 출연자를 선발하고 소개한다.

---

29) 다른 연희에서는 상주가 나와서 "중의 아이도 거사의 아이도 아니고 내 아이다. 나를 꼭 닮았다." 하는 것으로 마무리하는 장면이 나온다(국립문화재연구소의 DVD).

③ 눈 뜬 봉사 거사 역, 사당, 중의 역할들을 관중과 함께 호응하면서 선발하여 각기 재주를 보이라고 해서 흥미를 이끌어 낸다. 장님인 거사는 술 취한 상태를 연출하고, 소변과 대변을 보다가 담배를 피우고 손가락을 불에 데고 자신의 똥에 주저앉아 손을 만져 냄새를 맡는 것으로 웃긴다. 이어 사당이 나와서 병신춤, 즉 곱사의 반신불수춤으로 겹병신춤을 춘다. 다음에 중이 나와 염불을 한다 하고는 운수대통을 빈다. 이들이 나와서 솜씨를 보일 때마다 관객에게 인정할 수 있는지 꼭 확인하고 일체가 되는 과정을 갖는다.

④ 거사 · 사당놀이는 거사와 사당이 보릿대춤을 추고, 다시래기 소리나 개타령으로 노래하고, 서로 희롱하거나, 배 속의 아이를 위해 자장가를 부르며, 배 위를 만져서 아이의 모습을 점쳐 본다. 거사가 이웃집 강아지 출산을 돕는 독경을 해서 돈을 벌러 가는 사이에 사당은 중을 끌어들여 공공연하게 삼각관계를 연출하며 눈먼 거사를 속인다.

⑤ 아이를 낳는 과정에서 산모의 고통을 덜어 주는 독경 중에도 거사는 "잠 못 잤더니 호박떡이 설었구나, 곶감 대추 꼼짝 마라 날만 새면 내 것이다." 하며 자신이 힘쓰고 사당은 아이만 낳으라고 한다.

⑥ 힘들게 아이를 낳으면 중과 거사가 서로 자신의 아이라고 주장하는 사이에 가 상자가 아이를 데리고 가 버린다.

⑦ 다음 단계는 상여놀이로 빈 상여를 매고 미리 연습을 한다.

⑧ 가래놀이는 산에서 무덤을 만들며 가래질하는 동안 하는 노동요 형태의 노래가 진행된다.

⑨ 여흥은 공연의 사이사이에 끼어드는 잡가 형태로 진도 아리랑, 육자배기, 진도 북춤들이 연행된다. 본래 상·장의례에서는 상여가 나가면서 중간에 잠깐씩 멈추는 시간에 부르는 노래와 춤으로 때로는 신나는 유행가를 노래한다.

김양은 이본(異本): 대시래기[30]

등장인물들은 사당 2명, 거사 2명, 노파 1명, 가 상자 2명, 봉사 점쟁이 1명으로 전체 8명이다. 놀이는 ① 소고 바탕놀음, ② 거사·사당놀이, ③ 사당 출산놀이, ④ 이슬털이[상여놀이]의 순서로 진행되는데, 인물들 간의 관계나 내용이 문화재 지정본과 상당히 다르다. 소고 바탕놀음이란 거사와 사당이 소고를 들고 나와 판을 정리하면서 벌이는 놀이다. 거사·사당놀이에서는 소고를 든 거사 두 명과 빈 상과 빈 술병을 든 사당 두 명이 나와 마주 보고 서서 사거리라는 노래를 주고받으며 논다. 사당 출산놀이에서는 사당이 갑자기 배가 아프다고 하자 노파[사당의 어머니]가 봉사 점쟁이에게 점을 치고, 봉사가 독경을 하면서 제사상에 차려진 음식을 빈 상에 내려 받아 상두꾼들이 나누어 먹게 하고 익살을 부린 후에 사당이

---

30) 김양은 이본은 '대시(待時)래기'라 하여 '망자의 영혼이 집에 머물다가 떠나는 시간을 기다리는 과정에서 노는 놀이'라는 뜻으로 풀이된다. 여기서 소개하는 내용은 다음에서 인용됨. 이경엽(2004a) : 앞의 책, pp204-215.

아이를 낳는다. 이슬털이는 상두꾼들이 닭죽을 먹고 놀다가 빈 상여 채를 어깨에 메고 상여소리를 하면서 마당을 도는 놀이다.[31]

김양은 구술본異本을 좀 더 자세히 소개해 본다.[32]

준비과정

초상은 예고 없이 닥치는 일이라 초상이 난 집에서는 갑자기 모든 준비를 다 하기 어려우므로 평상시에 상두계를 조직하였다가 상두계에서 협조하여 장례를 치르고 대시래기를 한다. 이때 모든 준비를 상가에서 전담하고 소를 한 마리 잡는 것이 상례로 되어 있다.

상두꾼들은 단지 밤샘을 하면서 불을 피울 명송異松을 한 뭇씩만 가지고 온다. 상갓집에서는 낮부터 빈소와 상자들이 조객을 맞이할 재청, 상두꾼 청을 마련하여 밤샘을 하고 놀 수 있도록 해 둔다.

상두꾼들은 마당 가운데 불을 피우고 초저녁에는 매 굿을 치고 놀다가 계원들이 다 모이면 앉아서 육자배기, 홍타령 등 갖은 민요를 부르게 된다. 이때 상두꾼 중에 개인 장기가 있으면 그 장기 자랑도 한다. 그리고 대시래기 과정에서 연극을 꾸며 노는데, 상두꾼

---

31) 이경엽(2004a) : 앞의 책.
32) 허옥인이 '대시(待時)래기 각본'(의신면 민속보존회, 1989)이라는 이름으로 다시래기 연희자 출신 김양은의 구술을 토대로 정리한 자료인데, 분량은 편지지 14쪽이며 볼펜으로 필사하였다. 허옥인은 내용에 따라 ① 대시래기 내용, ② 대시래기 등장인물, ③ 연극내용, ④ 고증하신 분이라는 항목 목차를 붙였다. ①에서는 대시래기를 하게 되는 상황과 준비과정을 기록하고, ②에서는 등장인물들의 복색과 분장에 대해 설명하고, 본격적인 연극이 시작되기 전에 천수경을 독경한다는 설명도 부가하였다.

중에서 그 연극을 할 수 있는 사람이 있으면 다행이지만, 할 수 있는 사람이 없으면 타 부락에 미리 연락하여 그날 밤에 오도록 한다. 대시래기꾼으로 초청받은 자들은 각자 개인의 소고를 가지고 오게 된다. 상두꾼들과 같이 어울려 놀다가 밤 12시경이 가까워지면 "이제부터 대시래기를 할 때다." 하고 상두계장이 준비를 하라고 한다. 이때 상두꾼들은 모두 집 밖으로 나가서 대시래기 연극 준비를 하게 된다.

대시래기 등장인물

- 사당 2명: 가장 나이 적고 키가 작은 남자를 여자로 꾸며서 한 사람은 빈 술상을 머리에 이고, 또 한 사람은 술병을 든다.
- 거사 2명: 남자들이 정상적인 옷을 입고, 패랭이를 쓰고, 소고를 든다.
- 노파 1명: 남자가 여노인 복장을 하고, 옆에 바구니를 끼고, 그 바구니 속에 짚을 조그마하게 뭉크려 담는다.
- 가 상자 2명: 남자들이 마람장짚이엉을 허리에 치마처럼 두르고, 도구대절굿공이로 지팡이를 하고 나온다. 머리에는 새끼로 만든 굴관을 하고 나온다.
- 봉사 점쟁이 1명: 두루마기 차림에 갓을 쓰고, 긴 담뱃대와 지팡이를 짚으며 북을 메고 나온다.

대시래기 내용

바탕놀음

등장인물이 분장이 되면 상두꾼들은 사물장단을 치고 분장한 사람을 인솔하여 마당 가운데 '잼부닥불잰부닥불'을 돌면서 춤을 한 바탕 추고 제청으로 들어가서 사방으로 둘러앉는다.

염불독경

한 사람이 나와서 고인과 상가를 위하여 모든 사람이 엄숙히 지켜보는 가운데 제상에 술을 한 잔 올린 다음 정중하게 염불천수경을 독경한다. 천수경이 끝날 때까지 묵념을 하고 모두 일어나 삼읍제 배三揖再拜를 하면 대시래기 연극이 시작된다.

거사 · 사당놀이[33]

> 사당: [머리에 빈 술상을 이고 나오고, 옆에 또 한 사당은 술병을 들고 나오면서 '사거리'(사당과 거사의 노래) 앞 토(앞소리)를 한다(남자가 큰 애기 차림).]
>
> (앞 토) 나는 간다 나는 간다
>
> 　　　정칠 놈 따라서 내가 돌아간다.
>
> 거사: (남자 바지저고리를 입은 두 사람이 '사거리' 앞 토를 받아 맞으면서 소고를 빙빙 돌려 치면서 앞으로 나가면 사당은 뒷걸음치면서 물러난다.)

---

33) 허옥인의 자료집에는 여기서부터 '연극내용'이라고 적혀 있다.

(받음 소리) 헤-서부렁 섭죽하니 새별 낭송
　　　　　　 구부렁 굽적하니 말굽장단

사당-거사: (가운데서 같이 놀면서 합창을 한다.)

(합창) 애라 헤 애헤헤 애헤야
　　　산안이로 고오-나

사당: (앞으로 나가면서 앞 토를 하면 거사는 뒷걸음질 치면서
　　　소고 든 손은 뒷짐 지고 물러난다.)

(앞 토) 어디로 가자고 자근자근 어디로 가자고 자근자근
　　　 팔도를 돌아 돌아서 유산 구경을 간다.

거사: (소고를 빙빙 돌려 치면서 앞으로 나온다. 사당은 뒤로 물
　　　러난다.)

(받음 소리) 헤-서부렁 섭죽하니 새별낭송
　　　　　　 구부렁 굽적하니 말굽장단

사당-거사: (가운데 서서 어울리면서)

(창) 애라 헤 애헤헤 애헤야
　　 산안이로 고오-나

사당: (다시 앞으로 나가면서)

(창) 일락서산에 해는 뚝 떨어지고
　　 월출동산에 달 떠온다.

거사: (다시 앞으로 나온다. 소고를 돌려 치면서)

(창) 헤-서부렁 섭죽하니 새별 낭송
　　 구부렁 굽적하니 말굽장단

사당-거사: (가운데서 어울리면서)

(창) 애라 헤 애헤헤 애헤야
　　 산안이로 고오-나

가 상자: (거사가 놀고 있으면 가 상자들도 옆에서 같이 어울려
　　　　놀고 있다. 이들은 남녀가 무언극을 한다.)

사당 출산놀이

사당: [빈 상을 머리에 인 사당 가시나가 상을 내려놓고 배가 아
　　　프다고 한다.
　　　술병을 든 가시나가 어디가 아프냐고 옆에서 돌보아 준다.
　　　그러다가 아픈 사당 어머니(노파)를 부른다.]
　　　돌깨네 엄매! 돌깨네 엄매!

노파: (안에서 대답을 한다. 노파가 나오면서) 어째서 불렀냐?

사당: 돌깨가 뜬금없이 배가 아프다고 하요.

노파: (사당에게) 어디가 아프냐?

사당: 배가 아프다고 하요. (옆에 사당이 말한다.)

노파: 그래 배가 언제부터 아프디야?

사당: 뜬금없이 아프다고 합니다.

노파: 뭣 먹고 체했을까, 암만 해도 내가 점을 해 보아야겠다.
　　　(하면서 나간다.)

사당: (배 아픈 사당은 간혹 쉬었다가 또 죽는다고 한다.)

노파: (제청을 한 바퀴 허리 꼬부장해 가지고 돌아가다 남자 가
　　　상자가 사당 곁으로 오는 것을 보고 못 오게 한다.)

가 상자: (여자 가 상자가 나와서 남자 가 상자를 데려간다.)

노파: (봉사 점쟁이 집 앞에 당도하여 부른다.)
　　　아잡씨(아저씨)! 집에 계시오?

봉사: (뒤에서 나오는 시늉을 하면서) 뉘시오! (담뱃대를 물고
　　　지팡이를 짚고 더듬거리면서 제청 가운데로 나온다.)

노파: 아잡씨 잘 계셨소. 나 웃동네 사는 돌깨네 엄매요.

봉사: 아짐씨가 어찌게 이렇게 왔소?

노파: 달리 오자네. 우리 딸이 뜬금없이 배가 아프다고 해서 아
　　　잡씨한테 잔 짚어 볼라고 왔소.

봉사: 그래라 딸이 몇 살 먹었고, 생일 생시는 언제요?

노파: 18살 먹고 동짓달 초닷샛날 저녁 쓸 참 때 낳소.

봉사: (손을 마디마디 짚어 자 축 인 묘 하고 중얼거리다 신통을
　　　내서 흔들어 주문을 외운다.)
　　　주문(呪文) 해동조선 전라남도 진도군 의신면 ○씨 가문...

노파: 어쩨서 아픈 것 같으요?

봉사: 딸을 여웠소?

노파: 아직 안 여웠소.

봉사: 거 이상하다.

노파: 멋이 이상하다고 하요?

봉사: 아짐씨한테 이런 말을 해서 쓸까 모르것소마는, 내 점쾌를
　　　봐서는 애기를 배서 이달이 산고달이 된 것으로 나오요.

노파: 예? 이달이 산고달인지는 몰라도 애기를 배기는 뱄소.

봉사: 그리야 그라먼 그랬지 내 눈은 못 속여.

노파: 그라면 어찌게 하면 쓰것소?

봉사: 지금 집이 딸이 재앙이 붙었으니 애기를 좋게 순산할라면
　　　경문해 주시오.

노파: 무슨 경문을 하면 쓰것소?

봉사: 본명 가는 쪽에다 돌을 다루고 나무 달았으니 석신경石神
　　　經하고 목신경木神經을 읽어 주고, 산전제왕경産前帝王經을 읽
　　　어 주면 아무 탈 없이 순산할 것이요.

노파: 아잡씨 내가 어디 가서 또 사정하것소. 우리 딸이 저렇게
　　　죽는다고 하니 익은 손에 나랑 같이 가서 경문을 잔 해 주
　　　시오. 으짜것소. (하면서 사정을 한다.)
봉사: 그럽시다. (하고 안쪽을 향하여) 거기 윗목에 내 경문 북
　　　좀 내오라. (고 하면 북을 가져다준다. 북을 들쳐 메고 담뱃
　　　대 물어 잡고 나서면서) 아짐씨 내 길손 잡으쇼. (하며 지팡
　　　이를 내민다.)
노파: (지팡이를 잡고 천천히 제청을 한 바퀴 돌기 시작한다.)
가 상자들: (사당 있는 곳으로 가려고 하면 여자 상자가 못 가게
　　　하면서 같이 놀자고 무언의 극을 한다.)
노파: (봉사를 길 잡고 가다 가 상자들을 보고 저리 가라고 쫓
　　　는 시늉을 한다. 그리고 자기 딸한테로 가서 지금도 그렇게
　　　아프냐고 묻는다.)
사당: 무진 더 아프요.
노파: 아잡씨 대고 경문 잔 해 주쇼.
봉사: 경문을 시작한다.

〈석신경〉
갑을목신외석신　　병정화신외석신
무기토신외석신　　경신금신외석신
임계수신외석신　　동방청제외석신
남방적제외석신　　서방백제외석신
북방흑제외석신　　중앙황제외석신
동방청색외석신　　남방적색외석신
서방백색외석신　　북방흑색외석신

중앙황색외석신 하소서

(한참 경문을 하다 방에서 나는 소리에 귀를 기울인다.
역시 아프다고 소리가 난다. 다시 경문을 시작한다.)

　　　　〈목신경〉
갑을목신별목신　　병정목신별목신
무기목신별목신　　경신목신별목신
임계목신별목신　　동방청제별목신
남방적제별목신　　서방백제별목신
북방흑제별목신　　중앙황제별목신
동방청색별목신　　남방적색별목신
서방백색별목신　　북방흑색별목신
중앙황색별목신　　목신목신별목신

(한참 경문을 하다 다시 귀를 기울여 듣다가 손을 짚어 본
다. 그러다 아짐씨[34])를 부른다.)

노파: 예. (하고 곁으로 온다.)

봉사: 이렇게 경문을 해도 해산을 안 해서 내가 다시 짚어 본께,
　　　탈을 쪘소.

노파: 먼 탈을 찐 것 같으요?

봉사: 닭 탈, 돼지 탈, 갯고기 탈 그라고 과실 탈까지 졌소.

노파: 아이고, 그러면 이 일을 어찌게 할거나? (하고 망설이다 제

---

34) 아주머니의 진도 지방 방언

상을 본다. 그러다가 상주 앞으로 가서) 상주님, 우리 딸이
탈이 쪄서 저렇게 못하고 있으니 이 밤중에 어디를 가겠소.
탈 찐 지숙을 제상에서 내려다 제왕상에 놓았으면 어짜겠
소? 그케 잔 합시다.

상주: (그렇게 하라고 고개만 끄덕인다.)

노파: [제상에 있는 닭, 돼지고기, 해물과 과실 등을 제왕상(사
당이 이고 나왔던 상)에다 논다.] 아잡씨 지숙 놓았소.

봉사: 그랬소. (다시 경문을 시작한다.)

관객: (모두 좋다고 야단이다.)

봉사: (산전제왕경을 외운다.)

〈산전제왕경〉
동방청제산신 남방적제산신
서방백제산신 북방흑제산신
중앙황제산신 지하팔방산신
천황대제수명장 천황상제산신
십이토공산신

노파: (이때 배를 만져 주다가 바구니에서 짚 뭉크린[35] 것을 치마 밑
에 넣어 준다. 사당은 무진[36] 배가 아퍼[37] 죽는다고 한다.)

봉사: (경문을 하다 또 귀를 기울여 듣다가 산모가 심하게 자추
는 소리에 다시 경문을 빠르게 한다.)

---

35) 뭉친
36) 점점 더
37) 아파

동두산신 남두산신

서두산신 북두산신

오방용왕산신 팔만제국왕산신

일유신산신 동방숙산신

남방숙산신 서방숙산신

북방숙산신 중앙숙산신

오방제왕산신 소원성축하옵니다.

사당: (이때 죽는다고 하다가 애기를 낳는다.)

노파: (애기 낳았다고 좋아하고 모든 관객도 좋아하면서 먼 애
기냐고 묻는다.

강보에 싼 아기를 보듬고 아들이라고 한다.)

관객들: (모두 경사 났다고 하면서,)

이 가문에 한 사람이 나가는데 새 사람이 태어났으니 이런
경사가 또 있겠느냐?

전원: (노파는 애를 안고 어른다. 모든 연출자들이 일어나 춤을
춘다.)

소리꾼: 보에 싼 애기를 받아 보듬고 애기 어르는 소리를 한다.

〈애기 어르는 소리〉

떵기떵기 떵산인가

오금에 빗장이 내 딸인가

천지부앙에 내 아들

니귀[38] 반듯 장판방에

운무중에 탄생하니

딸이라도 반가울때
깨목붕알에 고추자지가
다룽다룽 열렸네
부모 죽으면 눈물낼놈
대지롱[39]을 짚을 놈아
생애[40]뒤로 따를 놈아
아이고대고 곡할 놈아
제사상에 엎질놈[41]아
장래재산을 지킬놈아
부모선산에 벌초할 놈
선영공대할 놈이로구나
어허둥둥 내아들
두웅~웅둥 두웅둥
어허둥둥 내아들

한참 전원이 춤을 추고 놀고 있을 때 첫닭 울음소리가 들린다.
놀고 있느라고 못 듣게 되면 누구든지 닭 소리를 먼저 들은 사람
이 와서 첫닭이 울었다고 말해 준다. 이때는 하던 놀이를 전부 멈
추고 상자들에게 모두 곡하라고 한다.

대시래기가 끝나고 상두꾼들은 닭죽을 먹고 놀다가 '이슬털이'

---

38) 네 귀, 네 모퉁이
39) 대나무 지팡이, 장님의 지팡이를 잡고 안내 역할을 해 줄 아들이라는 뜻
40) 상여
41) 엎드려 절하는, 즉 제사를 지내 줄 자식이라는 뜻

를 한다. 이슬털이란 빈 상여 채만 메고 상여 소리를 하면서 마당을 도는 놀이다. [42]

주 자료와 이본의 차이점과 공통점

문화재 지정본에서 등장인물은 4명이다. 이본김양은 본은 사당 2명, 거사 2명, 가 상자 2명남, 여 역할을 하나 모두 남자, 노파 1명과 봉사점쟁이 1명으로 8명이 출연하며, 출연자가 모두 남자라는 것은 문화재 지정본과 같다. 문화재 지정본에서 거사와 사당이 부부로 중과 삼각관계의 갈등구조를 보이는데, 이본에서는 중이 등장하지 않는다. 이본에서 거사인 장님은 딸이 왜 배가 아픈지 묻는 노파에게 답하는 점쟁이이면서 여러 탈이 낀 해산을 돕는 독경을 하는 사람이다. 아이를 낳는 어머니는 문화재 지정본에서는 사당이지만, 이본에서는 처녀가 임신해서 아버지를 모르는 아이를 낳는다. 전자는 파계승과의 부정이 의심되는 결혼한 여자이고, 후자는 아직 결혼을 안 한 미혼모다. 문화재 지정본에 명시된 바가 없으나 이본에서는 다시래기를 할 시간과 첫닭 울음이 들리는 끝날 시간이 정해진다. 주 자료에서는 출연자가 신청의 전문 무속인인 데 반해, 이본에서는 마을 사람들이고 필요한 경우 재주 좋은 이웃마을 사람을 초청한다고 한다.

두 자료에서 공통점은 우울하고 무거운 분위기의 상가에 광대

---

42) 이경엽(2004a) : 앞의 책, pp204-215.

들이 와서 축제의 장을 벌여 웃음을 준다는 것과 아버지가 불확실하다는 것, 아이를 낳는 과정이 어려워서 봉사의 경문이 필요하다는 것, 우여곡절 끝에 아이를 낳고 그것을 모두 기뻐하는 것이다. 즉, 축제식 장례, 광대의 등장가상제, 병신춤, 대극의 존재, 성적 놀이, 여성의 적극적 역할, 출산과정의 어려움, 아이 탄생의 기쁨을 함께 나누는 것으로 요약해 볼 수 있다.

다른 지역 상여놀이

상여놀이는 진도에서만 하는 것이 아니다. 다른 곳에서도 상여가 나가기 전날에는 상두꾼들이 노동집단의 예비 모임으로 빈 상여를 메고 놀이판을 벌인다. 이를 빈 상여놀이라고 하는데 지방마다 명칭이 다르다. 경북 지역에서 '대돋움', 충북 지역에서는 '대도듬' 혹은 '댓도리', [43] 또 황해도에서는 '생여돋음', [44] 신안군에서는 '밤달애 놀이'라고 한다.

신안 비금도 밤달애 놀이

진도 다시래기와 가장 유사한 상여놀이는 지리적으로 가까우면서 섬이라는 비슷한 여건을 가진 신안 비금도의 밤달애 놀이다. 밤달애 놀이는 호상을 당한 상가를 위해 마을 사람들이 밤샘을 하

---

43) 임재해(2004) :《전통상례》, 대원사, 서울, p48.
44) 한국종교연구회(2004) :《종교 다시 읽기》, 청년사, 서울, p383.

면서 상주를 위로하고 돌아가신 영혼을 달래며 사자의 극락왕생을 기원하는 장례놀이다. 그 지방에서도 지역에 따라서는 이를 그냥 달애라고도 한다. 최덕원은 밤달애가 '밤夜'과 '달래다'의 고어인 '달애'의 복합어라고 설명한다.[45] 최상일이 채록한 비금도의 밤달애 노래를 인용해 보면 다음과 같다.[46]

어따 저놈의 가스낙 년아 머리만 긁적 말고 밥 잘 하라야

밥 솥에 이가 떨어져서 굼실감실한고나 에헤헤야헤

굼실감실한다 굼실감실한다

밥솥에 이가 떨어져서 굼실감실한고나 헤헤헤야헤

어드로 가자고 소그네 속작, 어드로 가자고 지그네 자근

저 건네 솔폭(솔포기) 밑으로 잠자러 갈고나 헤헤야헤

잠자러 가세 잠자러 가세

저 건너 솔폭 밑으로 잠자러 갈고나 헤헤야헤

어드로 가자고 날 조르나 어드로 가자고 날 조르나 야

서천에 개주개도로 술병장사 갈고나 헤헤헤야헤

술병장사 가세 술병장사 가세

서천에 개주개도로 술병장사 갈고나 헤헤헤야해

1989/전남 신안군 비금면 죽림리/앞소리: 박효엽

---

45) 최덕원(1990) :《南道民俗考》, 삼성출판사, 서울, p458.
46) 최상일(2009) :《우리의 소리를 찾아서 2》, 돌베개, 서울, p60.

첫 부분은 '에라 요년 가시낭년 밥 차름시로 머리긁지 마르라. 이 떨어진다. 거나해' 하는 진도 다시래기 노래와 거의 같다.

신안 비금도에서는 다시래기 연희처럼 하지는 않았으나 다시래기 연희에서 출상 전날 밤에 소고를 들고 사당패들이 했던 것처럼 춤을 추며 노래했다. 노랫말이 비속어나 난삽한 내용으로, 만약 호상일 때 흥겹게 잘 놀아 주는 것이 상가에서의 좋은 문상 태도라는 인식이 없다면 받아들이기 어려운 일이다. 다시래기에 비해서 연극적 구성이 약한 편이지만 대신 노래가 훨씬 다양하고 풍부하게 전승되고 있다. 상가 마당에서 춤추고 노래하는 것은 마찬가지이며, '솔포기 밑으로 잠자러 갈고나' 하면서 남녀 간의 성행위를 유추할 수 있는 성적인 사설이 많이 불리는 것도 다시래기와 같은 맥락의 전승으로 이해된다.[47] 그러나 아이를 낳는 구체적 대목은 보이지 않는다. 현재는 그 내용이 마당 어우르는 놀이, 주문가, 거사·사당놀이, 매화 타령, 잡가로 구성되어 있으며, 항상 같은 순서로 진행된다.

황해도 옹진의 생여 돋음(상여 돋음)[48]

호상일 때 이 놀이를 하는 것은 일제 강점기, 한국전쟁 직전까지도 지속되었다고 한다. 해가 지면 상여꾼들이 북, 장구, 꽹맹이

---

47) 이경엽(2004b) : 앞의 책, p405.
48) 이경엽(2004a) : 앞의 책, p34.

를 치면서 빈 상여를 메고 먼저 장남 집, 차남 집, 딸과 사위 집을 도는데 상여 앞에 잘 노는 사람을 태우고 우는 시늉, 상제 시늉, 재산 나누는 시늉을 한다. 상가에서는 상여 앞에 제상을 차리고 절을 하며 닭을 잡아 술대접을 한다.

경상도 안동의 대돋음[49)

대돋음을 하려면 가정 형편이 좋은 편이고, 죽은 사람의 나이가 70~80세를 넘고, 상주의 나이도 50세 정도는 되어야 한다. 대돋음은 순전히 웃기는 난장판에 한정하지 않고 사람들을 울리는 정서적 공감의 재미도 함께 하는 것이라고 한다. 주검을 싣지 않은 빈 상여에 앞소리꾼이 구슬픈 노래를 부르며 신명이 나면 춤도 춘다고 한다. 연희자가 상주와 유사한 옷을 입고 와서 상주 행세를 하며 엉뚱한 넋두리를 하거나 짓궂은 이는 안 상주처럼 삼베치마를 뒤뚱거리며 걷다가 곡을 하는 척하다가 큰 소리로 넋두리를 한다. 그 넋두리 대사의 몇 가지가 다음 예다.

'아이고 아이고 / 그나저나 잘 죽었다 / 잘 죽었다.'

'우리 아버지 돌아가시면 / 사랑차지 내 차지래요.'

'처마 끝에 놋요강을 이제 누가 왜 달라노(달라고 하느냐)?'

---

49) 임재해(1995) : "장례 관련 놀이의 반의례적 성격과 성의 생명상징", 《비교민속학》, 제12집 : pp278−281.
이경엽(2004a) : 앞의 책, p35.

'뭐를 많이 벌어와서 / 그다지도 잘 죽었노.'

'속이 다 션(시원)하지.'

　이들의 넋두리 내용을 보면 이 지역에서도 마치 진도 다시래기에서의 가 상자 역할을 하는 이의 존재를 짐작할 수가 있다.

　상여놀이들의 사회심리학적인 의미는 죽음이라는 놀랍고 큰 사건을 개인의 일이 아닌 공동체의 일로 받아들여서 하나가 되는 것이다. 죽은 자는 이승에서 마지막 밤을, 산 자의 입장에서는 죽은 자를 떠나보내기 전날 밤을 지키는 날 새기 행사다. 마을 사람들은 함께 깨어서 상가와 가족들을 위로한다. 여러 지방의 상여놀이들은 공동체가 협동하여 중요한 일을 처리하는 노동요의 형식도 가미된다. 다음 날 상여를 메고 갈 사람들을 키와 힘의 안배를 하여 자리를 정하고 미리 잘 대접하려는 의도가 있다. 나이가 든 부모가 계신 이들은 다가올 상에 대비해서 동네 반별로 계를 조직하여 미리미리 품앗이를 준비한다. 자신이 죽음을 준비하기도 하지만, 자녀도 부모의 장례를 오래전부터 대비한다.

　전승 행태가 다르더라도 다른 지역 상여놀이들도 상주 놀리기, 성적 표현, 축제식 장례의 요소들이 공통적으로 포함되나, 아이를 낳는 과정은 진도 다시래기에서만 볼 수 있다.

다시래기 과정의 상징성에 관한 고찰

시간적 위치와 분위기

죽음 후의 상·장의례 과정은 인생에서 마지막으로 거치는 통과의례Les rites de passage다. 방주네프Arnold van Gennep에 의하면 모든 통과의례는 분리의례Rites of Separation, 전이의례Transition 그리고 통합의례Incorporation의 세 단계를 거친다.[1] 일반적으로 죽음의 절차 중에 임종 직전에 죽어 가는 사람을 정침正寢으로 옮기는 천거정침薦居正寢으로 시작해서 대상 후 100일째에 행하는 길제吉祭에 이르기까지를 다음과 같이 크게 세 시기로 나눈다.

- 분리기: 영혼과 육체의 분리를 확인하는 절차, 즉 천거정침-속광屬纊 또는 속굉宏-고복皐復-사자상使者床 차리기-수시收屍 또는 천시遷屍-습襲-염殮-입관入棺
- 전이기: ① 영혼이 없는 육체를 처리하는 절차, 즉 성복成服-발인發靷-노제路祭-산신제山神祭-개토제開土祭-하관下官-매장埋葬-평토제平土祭, ② 영혼을 모셔서 영혼을 가진 존재로서 상청에

---

1) Van Gennep A(1985) : 《통과의례》, 전경수 역, 을유문화사, 서울, pp210-235.

모셔지는 기간, 즉 반혼返魂-우제虞祭, 초우, 재우, 삼우-졸곡卒哭-부제祔祭-소상小祥-대상大祥-담제禫祭

• 통합기: 조상으로서 완전히 자리 잡는 절차, 즉 길제吉祭[2]

다시래기는 전이기에 행하는 의례다

분리, 전이, 통합의 통과의례는 죽은 사람만 거치는 것이 아니라 산 사람도 거친다. 상주가 일상생활에서 분리되어 상복을 입는 전이기 동안 상주는 각종 의례를 행하고 통합의례인 길제를 통해 일상으로 돌아온다. 다시래기는 영혼과 육체의 분리를 확인하는 절차 이후, 죽은 이를 관에 넣는 입관 절차가 이루어진 다음 상자들이 옷상복을 갖춰 입는 성복례 후 다음 날 발인하기 전 그 사이, 즉 전이기에 하는 과정 놀이다. 시간도 밤이 한참 무르익은 시간에 시작한다. 이때쯤 새로운 문상객들도 없는 밤 12시경부터 새벽에 닭이 울기까지의 시간 동안, 즉 귀신이 활동할 수 있는 때에 진행한다. 귀신이 활동하는 시간은 심리학적으로는 의식이 잠든 무의식의 시간이다. 니체가 《자라투스트라는 이렇게 말했다》에서 "밤은 바로 모든 샘솟는 우물이 큰 소리로 이야기하는 곳이고, 나의 영혼도 샘솟는 우물이다."[3]라고 말하는 것처럼 밤은 영혼이 샘솟는 우물이 큰 소리로 이야기하는 시간이다.

---

2) 한국종교연구회(2004) :《종교 다시 읽기》, 청년사, 서울, pp386-388.
3) Jung CG(2002) :《원형과 무의식》, C.G. 융 기본저작집 2, 한국융연구원 역, 솔, 서울, p357.

연극은 아이가 탄생하는 것으로 절정에 이르고, 다시래기가 새벽닭이 울면 끝난다는 데서 아이의 탄생과 새벽닭의 관계를 연상시키는 이야기가 있다. 신라 김 씨 왕조의 시작인 김알지金閼智는 계림의 나뭇가지에 있는 금궤 속에서 발견되었는데, 이를 닭이 홰치는 소리로 알렸다고 한다. 김열규에 따르면 《삼국유사》에 소개된 이 이야기 속의 닭이 홰치는 새벽은 귀신이 물러가는 시간, 어둠이 끝나고 빛이 비롯되는 순간으로 새 생명이 탄생하는 시간이다. 그래서 귀신이 밤에 나타나는 것과 대조적으로 생명의 출현은 닭이 알리는 새벽에 이뤄져야 옳을 것이라는 것이다.[4] 같은 맥락에서 다시래기를 하다가도 닭이 울면 장례의 일상으로 돌아와서 곡을 다시하는 것을 이해할 수 있다.

다시래기를 하는 동안 그들은 이 연희를 즐긴다고 하지 않고 상주와 슬픔을 함께한다고 한다. 무서운 죽음과 함께하는 시간 동안 밤샘과 소란으로 공포를 이기게 된다. 주검을 지키는 밤에 함께 깨어 있는 사람들이 명송累松이라 칭하는 나무를 한 뭇씩 들고 와서 밤새워 불을 지피며 있는 것은 어둠의 적막함과 죽음을 격리시키는 역할을 하는 것으로 생각해 볼 수 있다.

죽음 현상은 심리학적 상징으로 볼 때 자아의식의 소멸을 의미하며, 의식 가능한 심적 생활의 완전한 정지 상태를 뜻한다.[5] 융은

4) 김열규(2000) :《한국의 신화》, 일조각, 서울, pp87-88.
5) Jung CG(2004a) :《인격과 전이》, C.G. 융 기본저작집 3, 한국융연구원 역, 솔, 서울, p281.

죽음으로써 혼이 몸에서 분리되어 하늘로 되돌아간다는 것은 심리학적으로 지남력 상실의 어두운 상태와 같고, 자아의식이 해리되고 분해된 상태로 정신병 상태와도 비교할 수 있다고 말한다.[6] 융은 그의 논문 〈변환의 상징Symbols of Transformation〉에서 빛과 불의 속성은 감정적인 색소의 강도를 묘사하면서 리비도로 나타나는 정신적 에너지를 표현한다고 하였고,[7] 막스 뮐러Max Müller의《비교종교학 입문》에서 다음 내용을 인용하고 있다.

"제단의 불은 희생의 주체이며 동시에 객체로 여기고, 불은 제물을 태우고 동시에 사제가 되었다. 불은 제물을 신들에게 나르고, 이 때문에 인간과 신들의 중재자가 되었다."[8]

죽음의 현장에서 불은 중요한 상징적 의미를 갖는다. 이도희는 초상난 집의 마당에 밤새도록 불을 밝히는 행위를 신체에서 유리된 혼을 저승으로 인도하는 것을 돕는 의미와 그것이 지닌 정신적 에너지를 통해 재생과 부활을 위한 의식으로 해석하였다.[9]

6) Jung CG(2004a) : 앞의 책, pp288-292.
7) Jung CG(1976) : *Symbols of Transformation*, C. W. 5, Princeton University Press, Princeton, New Jersey, p85.
8) Jung CG(2005) :《상징과 리비도》, C.G. 융 기본저작집 7, 한국융연구원 역, 솔, 서울, p246.
9) 이도희(2005) : "한국 전통 상장례 중 몇 가지 의례절차의 상징성-분석심리학적 입장에서",《심성연구》, 20(2) : p90, p95.

진도 지방에서는 죽은 사람이 사용하던 물건은 대부분 불에 태워서 그 사람을 위해서 살라 준다고 한다. 그렇지만 옷이나 물품을 자녀나 가까운 친지가 물려받아 사용하는 것도 권장된다. 이때 반드시 거쳐야 하는 사전절차가 있는데, 마당에서 피우는 불 위를 지나가게 한 다음에 입거나 사용하는 것이다. 일반적으로 죽은 사람과 연관된 장소에 있던 사람은 이 불을 넘어서 건너감으로써 정화된다고 믿는다. 상·장의례 과정에서 불은 아마도 죽음의 현장에 몰려드는 잡귀 혹은 악귀를 물리치는 힘을 갖고 있으며, 이를 통해서 정화淨火한다는 뜻이 있을 것이다. 그리고 죽음이라는 사건은 가족이나 조문객 모두의 에너지를 뺏고, 차고 우울한 분위기를 자아내므로, 불은 새로운 에너지를 공급하고 각자의 억눌린 정감을 자극하여 다시 불러일으키는 기능을 할 것으로 생각된다.

전제조건으로서의 호상(好喪)

다시래기는 원통한 죽음을 대상으로는 하지 않는다. 호상, 즉 제대로 갖추어진 삶을 살고 간 사람의 상가에서만 허용되는 연희이므로 상두계원[10]이나 상포계원[11]에 의해 그럴 만하다고 인정받아

---

10) 상두계는 마을 단위 혹은 큰 마을에서는 작은 단위로 부모상을 당했을 때 상여를 메거나 밤샘을 해 주는 공동체의 미리 준비된 모임으로 주로 남성들의 모임이다. 상두는 본래는 '향도(香徒) → 향두 → 상두'로 변화·발전한 말로 태조실록과 1504년 성현의 《용재총화》에 그 언급이 나오며, 술 마시고 노래하며 애통해하지 않는 야박해진 장례풍속을 비난하면서도 향도만은 아름다운 풍속이라고 기술했다 한다. 국사편찬위원회 편(2005) : 《상장례, 삶과 죽음의 방정식》, 두산동아, 서울, pp261-262.

야 한다. 제대로 된 죽음이란 무엇일까? 여한이 없는 '갖추어진 삶'을 산 사람들의 축복받는 죽음이다. 다시래기뿐 아니라 다른 지방의 상여놀이도 호상일 때 가능하다는 전제가 항상 붙는다.

'갖추어진 삶'에 대해 김열규는 "나이가 환갑, 진갑을 넘긴 삶 그리고 자식은 적어도 7남매 정도는 슬하에 두어야 하고 그 7남매도 이상적이기는 6남 1녀 정도, 마지못할 경우라도 5남 2녀는 되어야 한다. 또 그 집의 가장은 부귀와 영화를 누리고 자산이 많고 벼슬이 높아 이름을 세상에 드날려야 한다. 그 뒤에 아들, 딸을 빠짐 없이 장가, 시집 보내고 그 자식들마다 손자 두셋은 딸려야 한다. 자라다가 장가, 시집 못 가고 죽은 자식이 있어서는 안 된다. 이미 갖추어진 삶이 세상을 떠날 때 고통 없이 잠시 앓는 듯 마는 듯하다가 편히 잠들 듯이 죽어야 한다. 게다가 그 임종의 자리를 자식들이 빠짐없이 모여 지켜보는 가운데 숨져야 한다. 여기에 더하여 초상이 장중하고 은성해야 하고, 그 무덤자리가 명당이어야 하고, 삼대에 걸쳐 봉제사할 후손이 끊기지 말아야 한다. 이때 가까스로 '갖추어진 죽음'이 된다."고 하였다.[12]

김열규도 나중에는 자신의 주장을 바꿔 "자식은 적어도 5남매

---

11) 상을 당했을 때 상복을 만드는 등 필요한 포목을 제공해 주기 위한 계 형식의 모임으로 주로 여성들의 모임이다. 진도에서는 이들이 상여의 앞을 이끌고 가는 역할을 담당한다.
12) 김열규(1989) : "민속과 민간신앙에 비친 죽음", 《죽음의 사색》, 서당, 서울, pp115-116.

정도는 슬하에 두었어야 한다."고 한다.[13] 김현숙은 '여성 노인의
호상체험'을 조사한 한 연구에서 호상은 ① 천수를 다하고, ② 자
식 복을 누리고, ③ 부유하고, ④ 건강하게 살다가, ⑤ 자신의 본
분을 다하고, ⑥ 덕을 쌓고, ⑦ 죽음의 준비를 하고 가면서, ⑧ 고
통 없이 편하게 감을 이야기하고 있다. 자신의 본분을 다하고 자
식에게 본이 되는 삶을 살다가 남편을 앞서 보내고 가는 것을 호
상이라고 하였다.[14] 평소에 필자가 만나는 외래 진료실의 노년기
환자들이나 보호자들은 성별에 관계없이 대부분이 아내보다 하루
라도 먼저 죽는 남편이 행복하다고 한다. 일반적으로 진도에서의
호상에 대한 기준도 다른 지역과 크게 다르지 않아서 돌아가신 분
의 나이를 가장 먼저 생각한다. 자손들이 번창하고 남에게 비난
을 듣지 않을 정도로 화목하며, 사고로 혹은 갑작스럽게 죽는 것
이 아니라 일정 기간 동안 보살핌을 받으면서 자연스럽게, 그러나
고통스럽지 않게 죽는 것을 호상이라 한다. 무엇보다 자녀가 먼저
죽는 일이 없어야 한다.

한국인들은 미리 수의를 스스로 준비하거나[15] 나이 드신 부모
가 계시면 그것을 미리 만들어 놓는 것을 흉으로 생각하지 않고 오

---

13) 김열규(2001) : 《메멘토 모리, 죽음을 기억하라》, 궁리, 서울, p131.
14) 김현숙(2008) : "여성노인의 호상(好喪) 체험", (박사논문) 이화여자대학교 대학원.
15) 《삼국지》〈위지 동이전〉에는 고구려 상제와 관련하여 "남자와 여자가 혼인만 하
면 벌써 장사 지낼 때 입을 옷을 장만한다…….".라고 기록되어 있다. 한국외국어
대학교 외국학종합연구센터(2006) : 《세계의 장례문화》, 한국외국어대학교 출판
부, 서울, p32.

히려 흐뭇해했다. 일상에서 검소한 옷차림을 하시던 분들도 수의는 고급스럽고 정성스럽게 준비한다. 또한 수의는 윤달이 있는 해에 딸이 해 주면 좋다는 말도 하는데, 음력으로 달이 더해지는 해에 그것도 딸이 마련해 주는 수의는 여성성, 음과 연관시켜 볼 수 있다. 구태여 상징적인 의미가 아니라도 며느리에게 존중받을 뿐 아니라 딸도 그쯤 해 줄 수 있는 여유를 가진 부모라면 부귀를 누린 사람일 수 있다. 수의뿐 아니라 자신이 묻힐 장소를 미리 정해서 가묘를 만들어 놓거나 미리 관을 만들어 놓기까지 한다. 죽음은 두려운 일이지만 하나의 중요한 통과의례로서 오래전부터 준비해야 하는 것으로 받아들여 왔다. 노인들은 복이 있는 사람은 죽음 복을 타고나야 한다고 발원한다.

융은 〈심혼과 죽음The Soul and Death〉이라는 논문에서 "우리는 죽음이 그저 하나의 경과의 끝이라는 사실을 지나치게 확신하고 있어서 죽음을 삶과 비슷하게 하나의 목표이며 삶의 충족이라고 이해할 생각이 전혀 머리에 떠오르지 않는다."라고 하였다.[16] 인생은 목적론적인 것, 즉 목표지향성 그 자체인데 새로운 삶에 대한 모험을 두려워하고 주저한다면 삶에 대한 신경증적 회피로 전락한다. 이런 점에서 융은 "청소년기에는 공포가 삶에 대한 방해물이었는데 이제 중년기 이후에 두려움 때문에 죽음을 의식하는 삶을 겁낸다면

---

16) Jung CG(2004b) : 《인간과 문화》, C.G. 융 기본저작집 9, 한국융연구원 역, 솔, 서울, p96.

공포가 이번에는 죽음에 대한 방해물이 된다."라고 말했다. 또 "인간의 탄생은 의미를 함축하고 있다. 왜 죽음은 아니겠는가? 젊은 이는 20년 이상의 시간에 그의 개별적인 실존의 완전한 전개를 준비한다. 왜 그가 20년보다 더 이상의 시간 동안 자기의 종말을 준비해서는 안 되는가?"라고 하였다.[17]

그래서 자신의 주어진 삶을 전체로 성실하게 잘 살아간 뒤에야 융이 말하는 삶의 충족을 가져올 수 있다면 '호상好喪'이라는 개념은 문화적으로 규정된 온전한 죽음의 조건이다. 죽음을 위해 준비된 삶이라고 해석할 수 있다. 부귀, 영화, 자손의 번창 등 음양의 조화를 갖춘 결혼, 사회적으로 인정된 세간의 가치관이 반영된 삶의 목표로서의 죽음의 조건을 반영한다. 호상이라는 관념은 죽은 이가 살아온 삶의 여정에서 그가 갖추어야 할 페르소나들에 대한 집단의식의 판단일 것이다. 즉, 삶의 완성을 개인의 전체 정신의 실현보다 집단적 가치관, 즉 페르소나에 투영된 관념이다. 호상일 때만 다시래기를 한다는 것은 문화적으로 공유하는 '좋은 죽음'이라는 페르소나로 인하여 가족이나 문상객의 마음이 한결 가벼운 상태에 있어야 다시래기 놀이를 보고 즐길 수 있는 여유가 있기 때문이다.

너무 젊은 나이에 죽거나 억울하게 죽는 자는 한이 많으므로 먼

---

17) Jung CG(2004b) : 앞의 책, p99.

저 한을 풀어 주는 씻김굿이나 진오귀지노귀굿[18]이 필요하지만, 호상이면 재생의 원형상을 체험할 여유가 있기 때문에 다시래기를 할 수 있는지 모른다. 호상이라는 전제가 없다면 자녀들도 그렇게 파격적인 다시래기를 받아들일 수가 없다. 호상인 경우 다시래기는 죽은 사람의 넋에게 이제 그만하면 한을 남기지 말고 가도 되겠다는 위로 겸 협박의 의미가 되기도 하고, 남아 있는 산 사람들에게는 상실의 아픔과 미안함 그리고 죄책감을 덜어 주는 위로가 된다. 유교문화의 근엄한 의식의 대극으로서 그 그림자에 해당하는 악동 같은 광대들의 파격은 죽음이 주는 전체성을 함께 완성하고 체험하는 것이다.

축제식 장례

이청준의 소설 《축제》를 임권택 감독이 같은 이름으로 만든 영화에서는 다큐멘터리처럼 속굉, 임종, 고복, 초혼, 사자상 차리기, 부고 작성 및 발송, 호상 등 역할 정하기, 수시, 발상, 명정 쓰기, 반함, 염, 입관, 바가지 깨기, 영좌빈소 설치, 초경, 삼경, 발인제, 천구, 노제, 하관, 실토, 반혼, 초우제 같은 한국의 전통적 상례절차

---

18) 지방에 따라 사령제(死靈祭)에 대한 명칭이 다른데 대체로 중부 지방에서는 '진오귀 굿' 또는 '상문(喪門) 풀이'라 하고 남부 지역에서는 '시끔굿' 또는 '오구굿'이라고 한다. '진오귀 굿'이란 아직 마르지 않아서 '진' 오기 굿이라 하여 죽은 지 얼마 안 된 시체 앞에서 하는 굿을 말하고, 죽은 지 일 년이 지나서 하면 그냥 '오구 굿'이라 한다. 상문이란 죽은 지 한 달이 넘지 않은 망령을 두고 부르는 말이다. 유동식(1984) : 《민속종교와 한국문화》, 현대사상사, 서울, p85.

가 자막과 함께 자세하게 제시된다. 이름 그대로 장례를 축제로 표현한다. 이에 대해 김동식[19]은 장례가 '왜 잔치가 아니고 축제일까?' 하는 관점에서 축제와 잔치의 차이점을 설명한다. 잔치banquet, party는 주인중심과 손님주변의 역할이 엄격히 구분된다. 친구 아버지 고희연에 가면 가족들이 노래하는 장면에 주목하여 박수를 칠 준비를 하고 있어야 하는 것처럼, 잔치는 중심과 주변의 서열화된 구분을 전제로 주변이 중심을 향하여 종속적으로 배치된다. 축제 festival는 장 뒤비뇨Jean Duvignaud의 지적과 같이 일상의 일시적인 정지이며 일상으로부터의 이탈이다. 축제에서는 일상에서 용납되지 않던 온갖 외설스러운 말들과 무례한 행동들이 용납되고, 비밀스럽게 남아 있어야 할 사실들을 공공연하게 드러내고, 관습적인 질서를 바꾸어 놓기까지 한다. 이청준의 《축제》[20]에서도 가족들이 모여서 죽은 노인에 대해서 허물을 말하고, 문상객들의 다양성이 드러난다. 가족 간의 갈등이 표출되고, 노름판이 벌어지고 윷을 놓다가 멱살을 잡고 싸우는가 하면, 상여를 이끌어 갈 길 아재비, 즉 소리꾼은 초경도 되기 전에 만취해서 실려 나가고 장례 풍경은 삼경으로 넘어가면서 놀자판으로 변해 간다. 죽은 이는 영원한 침묵 속에 갇히게 되는 반면, 남은 이들은 저마다 자신들의 넋두리를 여과 없

---

19) 김동식(2008) : "삶과 죽음을 가로지르며, 소설과 영화를 넘나드는 축제의 발생학"이란 해설에서.
  이청준(2008) : 《축제》, 이청준 문학전집 12, 열림원, 서울, pp272-280.
20) 이청준(2008) : 앞의 책, pp152-235.

이 쏟아내는 다양한 언어의 춤추는 난무가 대극으로 동시에 존재한다. 따라서 축제에는 일상에서 경험할 수 없는 혼돈과 무질서가 개입하기 마련이다.

또 장 뒤비뇨는 '놀이'와 '축제'를 구분하여 놀이는 규칙의 수용을 이야기하며 과격한 근육행위에 기호를 부여하고 자연적인 행위로부터 분리되어 호화로운 구경거리spectacle[21]로 통합되는 것이라고 하였다. 반면에 축제는 규칙을 위반하는 것뿐만 아니라 더 나아가 모든 규칙을 파괴하는 것이다. 이는 축제 때 일반적으로 보이는 '무질서'나 '방탕'을 의미하는 것이 아니라 축제가 기호나 규칙을 파괴함을 의미하는데, 인간으로 하여금 탈문화된 세계, 즉 규범 없는 소름 끼치는 두려움tremendum과 같은 공포의 공간을 생성시키는 세계와 대면하게 하기 때문이다.[22] 민간에서 상여놀이라 말하는 놀이이고 그 과정의 일부인 다시래기는 잔치보다는 축제에 속한다고 할 수 있다. 이 시기의 상가 제청은 마치 축제의 장이 된다.

축제식 장례 풍속은 오래전부터 전해 내려온 의례다. 우리 민족의 상장에 관한 최초의 기록은 《삼국지》〈위지 동이전〉과 《후한서》에서 볼 수 있다.[23] 고구려 벽화의 무용총, 안악 3호분, 장천 1호분에는 악대 행렬도, 무악도, 백희 기악도가 있다. 이 고분벽화에

21) 번역자 류정아는 스펙터클(spectacle)을 연행적인 방법을 통해 어떤 행위를 펼쳐보이며 그것을 보는 이들에게 지각 가능하도록 하는 것이라고 설명한다.
22) Duvignaud J(1998) :《축제와 문명》, 류정아 역, 한길사, 서울, p75.
23) 국사편찬위원회 편(2005) : 앞의 책, p55.

있는 가무 백희도百戱圖는 본래 상가악喪家樂에 속하고 연희하는 이가 사람과 신을 매개하는 무巫의 역할을 수행했기 때문이라고 한다.[24]

축제식 장례 풍속은 우리 민족의 지속적인 전통이었다가 유교가 도입된 조선조에 와서는 유교식 평가 및 해석으로 금지되고 철폐되어야 할 것들로 주장된다.[25] 사대부 층에서 보면 폐풍으로 보인다고 하나 일반 백성에게는 유교식 상장이 오히려 외래적 요소로 생각되었고, 장사葬事에 향도를 불러 음식과 술을 대접하는 것은 상여를 메고 매장을 하는 등에 필요한 집단 노동력을 얻기 위한 일종의 수단이었다.[26]

역사적으로 진도군이나 신안군의 흑산도 등은 죄인을 귀양 보내던 유배지로도 유명하다. 다시래기 같은 상여놀이가 진도나 신안 지방에서 특별하게 존재하는 것이라고 보기보다는 다른 지역에서 있다가 없어진 제도가 중앙에서 멀리 떨어진 고립된 섬 지방에 상대적으로 더 오래 남아 있는 것이 아닌가 생각된다.

노래와 춤을 추는 장례 풍속은 다른 나라에도 있다. 중국 문헌 《후한서》에는 고대 왜인의 장례 풍속에 대하여 "사람이 죽으면 장례를 10여 일 지체하는데 집안 사람들은 곡하며 술과 음식을 들

---

24) 안상복(2003) : "고구려의 傀儡子(廣大)와 장천1호분 앞방 왼쪽 벽 벽화: 한국 인형극의 역사에 대한 새로운 탐색(1)", 《한국민속학》, 37 : p145.
25) 이경엽(2004a) : 《진도다시래기》, 국립문화재연구소, 대전, pp22−34.
26) 국사편찬위원회 편(2005) : 앞의 책, p70.

지 않다가 유제를 마치면 춤추고 노래하고 즐긴다."고 했다. 또 《삼국지》의 〈위지 왜인전〉에는 왜인은 상주가 소리 내어 슬피 울지만 다른 사람들은 노래 부르고 춤추며 술을 마신다는 기록이 있다. [27] 베트남에서도 문상을 할 때 악단은 앉아서 북을 치고 피리를 불며 자손들은 곡을 한다는데, 이때 주악은 문상객의 문상을 망자에게 알리는 의미를 갖는다. [28] 또한 우야와 수루미 사회를 비롯한 많은 아프리카 사회의 장례에서도 춤과 음악과 노래가 동반된다. [29] 도곤Dogon 사회 그리고 다른 아프리카 사회에서는 가면극이 동반되는 장례식이 행해진다. 이 가면극들은 산 자의 세계와 죽은 자의 세계를 상징한다고 한다. 아프리카의 세누포Senufo 사회의 장례에서도 가면극을 통해 사자의 영혼이 죽은 자의 세계로 가는 과정이 강조된다. [30] 가면극, 춤과 노래는 모두 영혼의 세계와 교류할 수 있는 매개체이므로 반드시 축원과 환희의 표현이라고만 할 수는 없다. 그러나 죽음이 슬픈 종말이 아니라 좋은 세상으로 떠나는 경사스러운 일이어서 축원의 대상이 될 수도 있다는 사실이 원시 및 고대 민족의 상·장의례에 나타나고 있다.

---

27) 한국외국어대학교 외국학종합연구센터(2006) : 앞의 책, p53.
28) 한국외국어대학교 외국학종합연구센터(2006) : 앞의 책, p138.
29) 한국외국어대학교 외국학종합연구센터(2006) : 앞의 책, p217.
30) 한국외국어대학교 외국학종합연구센터(2006) : 앞의 책, p207.

죽음과 결혼

야훼Jaffé A의 《C.G. Jung의 回想, 꿈 그리고 思想》에서 융은 '죽음 뒤의 생에 관하여' 말하기를 "죽음은 무섭게 잔인한 것이다. 신체적인 사건으로뿐만 아니라 정신적인 사건으로서 더욱 그러하다. 한 인간을 빼앗기고 남는 것은 죽음의 정적뿐이다. 어떻게든 관계를 맺을 희망이 없다(중략)."라고 하였다. 그러나 다른 관점에서는 죽음은 하나의 즐거운 사건이라고 말한다. 융은 죽음을 영원의 관점에서 보면, 하나의 결혼이며 융합의 비의라고 하였다. 영혼은 그에게 결여된 반쪽에 다다르게 한다. 그리하여 비로소 전체가 된다. 그리스도의 관 위에는 죽음의 희열이 춤추는 사람으로 묘사되고 있다. 또 에트루리아 인의 무덤은 향연으로 표현되며, 유대의 경건한 철학자이자 랍비Rabbi인 시몬 벤 요카이Simon ben Johai가 죽었을 때 그의 친구들은 그가 결혼식을 올린다고 말했다. 오늘날에도 많은 지방에서 망령절Allerseelen에 무덤으로 '소풍'을 가는 관습이 있다. 이 모든 것에 죽음은 축제라는 느낌이 묘사되고 있다.[31] 죽음의 양면성을 표현하면서 잔인하고 무서운 측면과 다른 관점에서는 즐거운 사건이라고 말하고 있다.

고향인 진도에서 필자의 할머니도 자신이 수의를 준비하면서 마지막 겉옷은 전에 시집올 때 입었던 장옷을 입고 가겠다고 했던 기

---

31) Jaffé A(2012) : 《C.G. Jung의 回想, 꿈 그리고 思想》, 개정판, 이부영 역, 집문당, 서울, pp393-394.

억이 난다. 결혼식 때 타고 가는 가마의 경우도 신분에 따라 메는 사람 수가 다르지만 죽음의 순간의 상여는 훨씬 더 화려하다. 현대에 이르러 장의차로 리무진을 선호하는 것도 죽음을 결혼과 같이 취급하거나 신분의 상승을 뜻하는 더욱 멋진 결혼으로 보려는 보상적 태도를 보여 준다.

인물들의 성격특성

상자와 대극으로서 가 상자

상자는 슬픔을 표현하는 것조차 절제하고 억압한다. 식사하는 것, 머무는 장소, 가족이나 외부와의 접촉, 특히 부부생활 등 생리적 욕구까지 금지가 많다. 그러나 반대극의 가 상자는 전혀 다른 모습으로 나타난다. 가 상자는 다시래기의 실제적 주관자이면서 슬픔에 잠긴 진짜 상제를 풍자로 위로하는 역할 이외에도 여러 악역을 맡는다. 매우 희극적인 과장된 상복 차림으로 진짜 상주에 접근해서 앞에서 소개한 대사 내용처럼 초상집에 와서 경사라 말하고 흉년에 밥만 축내는 아버지가 죽었으니 기뻐할 일이라 말한다. 이러한 태도는 상제의 극도의 슬픔에 대한 대극으로서 반대쪽 정서를 대신 표현해 주는 역할을 한다.

복장은 마람짚[32] 치마를 입고, 절굿공이, 지팡이를 지니며, 고인

---

32) 마람은 마름의 진도 지방 사투리로 짚으로 엮은 이엉을 말한다.

의 성별에 따라 어머니이면 바가지, 아버지이면 짚신을 모자처럼 쓰는데 그 상징적 의미가 자못 궁금하다. 보통 상자들은 아버지 장례의 경우에 드는 속이 비어 가벼운 대나무를 지팡이로 사용하고 여자의 경우에 오동나무 지팡이를 사용하는데, 가 상자는 절굿공이를 짚는다. 행동도 파격적이고 버릇이 없다. 제상에서 음식을 함부로 내려서 먹거나 인사하는 사람의 엉덩이를 걷어차고 생트집을 잡는다. 다시래기를 허락받는다고 상자에게 절을 해서 마지못해 상주가 자신에게 고개를 숙이면 고개를 끄덕여서 동의했다고 억지를 쓴다. 일방적으로 웃기면 닭죽을 쑤어 주고 못 하면 재주 값을 안 받겠다고 내기를 했다 공표를 한다. 가 상자는 거기 모인 동네 사람들을 먹이는 역할도 하는 그 연희의 연출자 겸 내레이터이며, 솔선수범해서 먼저 솜씨를 보이는 출연자이기도 하다. 가 상자가 극의 진행자인 동시에 출연자와 해설자를 겸하는 것에 대해 이두현은 형식이 브레히트Brecht의 서사시적 연극Episches Theater을 방불케 하며, 동화同化의 효과보다는 이화異化의 효과를 노리는 진행에서 '비非 아리스토텔레스적 연극'이라고 하였다.[33]

가 상자는 '개상주'라고도 한다. 진짜 상주와는 정반대 역할을 하는 가짜라고 처음부터 자신을 소개한다. 개는 본래 가치를 저하시키는 의미로 '살구–개살구' '멋–개멋' 하듯이 열등기능을 말한다.

---

33) 이두현(1997) :《한국무속과 연희》, 서울대학교 출판부, 서울, p211.

가 상자는 분석심리학적으로는 상주의 **그림자**[34]다. 이런 그림자 측면은 다른 지역의 상여놀이에서도 공통적으로 표현되는 부분이다. 상자의 입장에서 보면 대신 곡비를 사서라도 표현하는 비탄의 슬픔의 감정과 가 상자 일행이 보이는 희극 같은 웃음, 노래 그리고 춤을 반대의 감정으로 동시에 경험한다. 즉, 대극이 공존한다.

자신의 어머니가 돌아가셨다는 소식을 듣고 기차를 타고 가면서 온전히 슬픔에만 잠기는 것을 방해하는 또 다른 감정을 나타내는 소리들을 듣고 "한 번은 자아의식의 측면에서, 한 번은 영혼 측면에서 죽음이 묘사된다."[35]라고 한 융의 경험과 유사하게, 상가의 사람들은 다시래기 연희자들에 의해 동시에 양극단의 정서를 경험한다.

가 상자 머리의 짚신과 바가지

돌아가신 이가 남자 어른이면 가 상자는 짚신을 머리에 쓴다. 가 상자가 머리에 짚신을 건처럼 쓰고 행하는 의미는 무엇일까? 이어령은 《삼국유사》의 혜숙惠宿을 스티븐슨Stevenson의 소설 《지킬 박사와 하이드 씨》에 비유하였다.[36] 승僧 혜숙은 이중인격처럼 전혀 다른 극단의 두 사람의 삶을 살다가 한 사람한쪽 인격이 죽어 장사한 뒤에 분신이 다른 쪽에서 발견되어 죽었다는 사람이 어떻게 살아 있나 이상하게 생각하고 죽음을 처리한 무덤을 파헤쳐 보니 오

---

34) 이부영(1999) : 《그림자》, 한길사, 서울, p219.
35) Jaffé A(2012) : 앞의 책, p357.
36) 이어령(1999) : 《한국인의 신화》, 서문문고 21, 서문당, 서울, pp246-250.

직 짚신 한 짝이 있을 뿐이었다 한다.[37] 한 짝의 짚신은 그 사람의 삶의 한쪽 면을 나타낸다. 혜숙이 죽어 남긴 짚신 한 짝을 척이隻履[38]라 한다. 신발은 자신의 위치를 상징하고, 살면서 남긴 자취를 발자취, 즉 족적足跡이라 한다. 그리고 우리가 자신의 과거 경력을 요약해서 작성하는 서류를 이력서履歷書라 하는데, 이는 신발로 밟아 온 역사를 말한다. 사람은 누구나 흔적을 남긴다. 그래서 무덤에는 그 기억인 짚신 한 짝만이 묻힐는지도 모른다. 상가에서 죽은 이를 데려갈 무서운 저승사자들을 위로하기 위해 사자상使者床을 차릴 때도 세 켤레의 짚신을 준비한다. 먼 저승길을 가는 데 필요한 신발을 충분히 많이 준비한다는 의미에서 3이라는 숫자가 필요하다. 지금까지 살아온 것에도 그리고 앞으로 새로운 낯선 먼 곳으로의 여행에도 그의 발을 보호할 신발이 필요하다.

살아 있는 동안 신분이나 지위에 따라 머리에 그에 합당한 관을 쓴다. 그래서 머리를 귀하게 여긴다. 그러나 가 상자는 정반대로 몸의 가장 아래 가치기준으로 보아 제일 밑바닥인 발에 맞춰 신는 짚신을 머리에 얹어서 산 자가 그토록 귀히 여기던 것에 대한 반대 극을 표현한다. 벼슬도 지위도 다 버리고 저승에서는 단지 이승에서의 자신의 발로 지나온 삶의 자취만으로 평가받는다는 의미일 수도 있다.

---

37) 일연(1991) : "이혜동진", 《한국의 민속. 종교사상, 삼국유사》, 이병도 외 역, 삼성출판사, 서울, pp223-225.
38) 척이(隻履)에서 척(隻)은 짝이 있는 것의 한 짝, 이(履)는 신을 뜻한다.

바가지는 여성과 관련이 깊다. 여자 망인의 경우에 다시래기를 하면서도 바가지를 가 상자가 머리에 쓴다. 진도에서는 바가지를 쪽박이라고 한다. 무당이 간단한 의례를 할 때 질항아리 물동이 속의 물 위에 바가지를 엎어 놓고 그것을 두드리면서 민간에서 가벼운 병을 퇴치하길 기원하며, 대문간에 식칼을 꽂아 두고 거기에 바가지를 씌우기도 한다. 상가에서 관이 방에서 나갈 때 방의 네 귀퉁이를 돌며 마지막에 바가지를 깨뜨린다. 필자가 어린 시절 진도에서 출상할 때 본 바가지 깨뜨리기는 전라도의 다른 지역에서도 보편적인 듯하다. 이청준의 소설 《축제》에서도 관 뚜껑이 닫히고 정식 빈소로 옮기면서 "관이 문지방을 넘으면서 바가지를 깨고 나가야 당신 혼령이 집을 편히 떠나신다." 하는 대목이 나온다.[39] 이도희도 전통 상례의 분석심리학적 이해를 논하면서 같은 언급을 하고 있다.[40] 물론 이때는 남녀의 구별 없이 관이 나가면서는 같은 형식을 취한다.

상자와 가 상자의 지팡이

상자가 짚는 지팡이를 '상장喪杖'이라고 하는데, 상자라고 해서 모두 상장을 짚는 것은 아니다. 맏아들이라 하여도 양자로 다른 집에 간 사람은 안 되고, 3년 동안 상복을 입어야 할 자식만 상장

---

39) 이청준(2008) : 앞의 책, p168.
40) 이도희(2005) : 앞의 책, pp65-156.

을 짚는다. 《예기禮記》에서는 "효자가 부모를 잃으니 몸과 마음이 상하고 눈물을 흘리는 일이 수가 없고, 근심과 괴로움으로 삼년상을 나니 몸은 병들고 메마르기 때문에 지팡이로 병든 몸을 부축하는 것이다."라고 한다.[41] 그러나 약한 몸을 지탱하는 기능만으로 설명하기 곤란한 것은 상장의 길이가 허리를 구부려야 할 정도로 짧기 때문이다. 부모를 돌아가시게 한 죄인으로 보아 지팡이는 몸을 구부리고 고개를 숙이라는 의미가 더 강하다. 아버지가 돌아가시면 대나무 지팡이를, 어머니가 돌아가시면 오동나무 지팡이를 짚는다. 대나무가 둥근 것은 하늘을 상징하여 아버지를 가리킨 것이고, 오동나무 지팡이의 아랫부분을 깎아 모가 나게 한 것은 땅을 상징하여 어머니를 나타낸 것이다. 《세종실록》의 〈오례五禮〉에 따르면 지팡이로 대를 사용하는 것은 아버지는 아들에게 하늘과 같은 존재이기 때문이고, 대가 둥근 것 또한 하늘을 본뜬 것이다. 안팎에 마디가 있는 것은 아들이 아버지를 위하여 안팎의 슬픔이 있음을 본뜬 것이고, 대나무가 사시사철 변하지 않는 것은 자식이 아버지를 위하여 겨울과 봄, 여름이 지나도 변하지 않음을 본뜬 것이라고 하였다.[42]

딸을 낳으면 텃밭두렁에 오동나무를 심었다가 장성하여 시집을 갈 때 베어서 농을 짜 주었다고 한다. 대나무 상장은 견고하나 속

41) 정종수(2008) : 《사람의 한평생: 민속으로 살핀 탄생에서 죽음까지》, 학고재, 서울, pp220-221.
42) 정종수(2008) : 앞의 책, pp223-224.

이 비어서 개미나 지렁이 같은 벌레를 뭉개어 죽일 염려가 적고, 오동나무 상장도 견고한 데다가 가벼워서 벌레가 깔려도 다른 나무보다 충격을 적게 준다고도 한다. 부모의 상에다 연약한 벌레의 죽음까지 덧보탤 수 없으므로 이들 나무로 상장을 짚는다. 베트남[43]이나 중국에서 대나무가 남자와 동쪽을 상징한다 하여 아버지 장례에는 대나무 지팡이를 사용하고 오동나무가 서쪽과 여자를 상징하여 어머니 장례에는 오동나무 지팡이를 짚는 풍습은 우리와 같다.[44] 제석 본풀이에도 부모의 상을 당했을 때 대나무로 지팡이를 해서 짚는 이유를 밝히고 있다. 즉, 당금아기의 아들들이 대밭에서 아버지를 찾자, 대나무들이 "네 아버지가 죽거든 대나무로 상주 막대를 해 주면 3년간 아버지가 되어 주겠다."라고 하였다. 이후로 부모상에는 대지팡이를 짚게 되었다.[45] 최명희도 《혼불》에서 대나무와 오동나무 지팡이에 대한 설명을 자세히 하고 있다. "대나무를 베어 만든 피리나 대금, 단소 같은 악기에서 울리는 음향을 율律이라 하는데, 이것은 우주 천지 음양의 기운 중에 양성 소리다. 양陽은 하늘의 기운을 받은 것으로 아버지를 상징하니, 부상父喪에 대나무 지팡이를 짚는 것은 아버지 정신을 받들어 추모하는 것이다. 또 오동은 베어서 거문고를 만든다. 오동 중에서도 석산石

---

43) 한국외국어대학교 외국학종합연구센터(2006) : 앞의 책, p140.
44) 한국문화상징사전 편찬위원회(2000) :《한국문화 상징사전2》, 두산동아, 서울, pp523-524.
45) 한국문화상징사전 편찬위원회(2000) : 앞의 책, p547.

山에서 큰 오동은 소리가 짱짱하여 깊고 맑은데, 이것은 여呂라고 한다. 여呂는 음성陰性 소리다. 음은 땅의 기운을 말하는 것이니 어머니를 상징하여 모상母喪에 오동나무 지팡이를 짚고 울며 어머니를 그리워하고 새긴다."라고 한다.[46]

이에 반하여 가 상자의 지팡이는 절굿공이다. 절구통은 여성의 성기를, 공이는 남성의 성기로 비유하고 방아를 찧는 행위를 성행위로 유추해 볼 수 있다. 여러 가지 사변적인 논리로 상제의 지팡이를 선택한 이유와는 너무 다르게 가 상자의 지팡이는 노골적인 성적 의미를 지닌 남근phallus으로서 생산 욕구의 표현을 망설이지 않는다. 상제의 지나친 생리적 욕구 절제에 반해, 가 상자는 음식섭취나 행동의 제한이 없고 적나라한 성적 욕구의 표현을 연상시키는 절굿공이 지팡이까지 대극으로서 균형을 이룬다. 죽음의 침통하고 황폐한 분위기에서 필요한 것은 정감의 고양뿐 아니라 성적 행위로 상징되는 생산 혹은 창조적 기능일 수 있다. 가 상자의 행동은 합리적이고 고정된 상가의 행동 규범을 깨뜨리는 비합리적 충동의 세계를 나타낸다.

거사와 사당과 중

가 상자 이외의 중요 역할들로 거사와 사당과 중이 있다. 거사역의 눈 뜬 당달봉사는 눈을 뜨고도 보지 못하는 사람이다. 민속

---

46) 최명희(1998) :《혼불 3》, 한길사, 서울, pp188-189.

극에서 연희자, 특히 병신 역할의 춤을 추는 사람들이 그러하듯 건강한 사람이 그 역할을 한다. 그 역할을 오랫동안 자주 해서 이제 눈이 안 보이려고 한다고 너스레를 떨기도 한다. 보지 못하면서 아내를 지킨다 하고 자신의 보상적인 다른 기능에 지나치게 자신만만하다. 냄새에 민감하며 진돗개의 코를 가졌다고 한다. 극 중에서는 "내 눈은 못 속여!" 하고 눈 뜨고도 보지 못하는 봉사가 큰 소리를 치는 것이 역설적이다.

서편제[47]의 이야기 중에 득음을 위해 한을 남기려 일부러 딸의 시력을 상실하게 만드는 비정한 아버지의 이야기가 말해 주듯 시력상실은 듣기가 강화된 소리 얻음이다. 다시래기 현장에서는 보이는 겉모습이 아닌 존재 자체를 받아들이고 반응해야 하는지 모른다.

눈을 뜨고도 보지 못하는 거사居士란 호칭은 조선 전기의 사장捨長이 후기의 사당捨堂, 社堂, 寺黨으로 변화되면서 남자 사장을 일컫는 거사居士는 남사당으로 부르고, 여자 사장을 일컫는 회사回士는 여사당으로 부르게 되었다.[48] 정약용은 《아언각비雅言覺非》에서 거사는 걸사의 오기인데 걸사란 머리를 깎지 않은 중을 일컬으며, 걸사의 아내는 우파니優婆尼로서 방언으로는 사당이라고 이른다고 했다.[49]

궁주라고 칭하는 상주의 아내, 즉 상갓집의 안주인이 다시래기

---

47) 〈서편제〉는 이청준의 소설을 영화화한 작품으로 주인공의 아버지는 딸을 장님으로 만든다.
48) 이능화(1992) : 《조선해어화사》, 이재곤 역, 동문선, 서울, pp444-450.
49) 정약용(1979) : 《아언각비》, 김종권 역주, 일지사, 서울, p251.
   서연호(2002) : 《한국가면극연구》, 월인, 서울, p88.

연희를 하는 사람들에게 각 단계마다 상응하는 삯을 지불하며 굿을 잘 하라고 하고 모든 사람을 먹이는 역할을 하는 데 비해, 사당은 제멋대로의 행동을 한다. 사당은 눈먼 거사를 적당히 잘 구슬리면서 앞 못 보는 상대의 약점을 이용하여 정부인 중을 집 안까지 끌어들이고, 거침없는 태도로 두 남성 모두를 희롱한다. 그런 쪽에서 보면 사당은 궁주의 그림자 측면을 나타낸다. 극 중에서 사당은 남자들의 '아니마'이기도 하다. 또한 상제와 궁주 짝과 대칭이 되는 거사 혹은 중과 사당은 이들 무의식의 대극이자 모든 참여자의 무의식에 공존하는 원형적인 대극상이다.

다시래기에서 중에게 요구되는 성격은 음흉하고, 그가 하는 염불은 엉터리다. 가 상자에게 '사람 죽은 집에서 극락 가라는 염불은 안 하고 무슨 운수대통이냐.'고 핀잔을 받아 마땅하다. 봉산탈춤이나 양주산대놀이 같은 다른 탈춤마당이나 가면극에서 자주 등장하는 파계승 마당의 주인공처럼 뻔뻔해서 겉은 중이나 속은 바람둥이다. 가 상자는 그들의 아이가 중을 닮아서 도사가 될 것이라는 사당의 말에 끼어들어 "남의 각시 잘 두루는 도둑질하는 도사"라고 웃긴다.

다시래기에서 눈을 뜨고도 보지 못하는 거사, 심청전의 뺑덕어멈 같은 여장 남자의 사당, 불륜을 공공연히 범하는 중, 이 세 사람은 삼각의 갈등구조를 보이면서 그 드라마를 연출하는 가 상자와 함께한다. 모두 조선사회의 예의 바르고 경건한 이성적 시대정신인 집단의식의 그림자로서의 측면을 보이는 광대들이다. 동시에 이들, 특히 거사, 중, 가 상자는 트릭스터Trickster 원형상의 여러 측면을 나타낸다.

다시래기의 언어

죽음은 언어를 상실하고 영원히 침묵하는 것이다. 죽은 자의 영원한 침묵의 시간에 예의 바르고 품위 있는 사람들에게는 반대 극에 해당하는 거르지 않고 제멋대로의 낯선 언어들이 난무하는 곳이 또 다시래기의 현장이다.

다시래기 대사에 나오는 언어는 우리나라의 다른 가면극에서 상용되는 언어체계와 비슷하다.

> 가상제 노래가 칼로 푹 쉬셨다 피나무(저런) / 눈 꽉 감았다
> 감나무(봉사든 것이다) / 배 툭 나왔다 배나무(새끼 낫제) / 방
> 구 뽕 뀌었다 뽕나무(왔다 구리다) / 한 다리 절른다 전나무(병
> 신은 다 모였다) / 모든 나무가 매화로고나 / 우라 우라 만수 /
> 이어라(이를 우라로 기술) 대신이야 / 제활량(대활량)으로 설설
> 이 나리소서.[50]

이와 같이 언어의 유희로 유사한 소리와 연상되는 다른 의미를

---

50) 국립남도국악원 편(2005) : 《김귀봉의 삶과 예술-진도 다시래기 명인 김귀봉 구술채록 연구》, 국립남도국악원, 진도, p192, 각주 268을 참조.

새롭게 제공하여 웃음을 짓게 한다.

　비슷하게 거사의 다시래기 노래는 다음과 같은데, 이 또한 같은
맥락에서 이해할 수 있다.

　　　(노래) 에라 요년 가시낭(여자)년 밥 차름시로[51] 머리 긁지
　　마르라. 이 떨어진다. 거나해 ― 하고, 또 개타령에서는 (노래)
　　개 사가게 개 사가게 돈 닷 돈 개 사가게(느린 중모리) (노래)
　　개기개 개개야 기개개 개개야. (자진중모리)

　이 노랫말들은 자체로서 특별한 의미가 있기보다는 잠깐 장면
을 바꾸는 사이에 들어가서 새로운 분위기를 조성한다. 양주산대
놀이 같은 한국의 가면극에서 노래는 장단을 청하기 위해 짤막하
게 부르거나 첫 허두만 조금 부르다가 곧 재담이나 춤으로 바꾸어
버린다. 이두현[52]이 가면극에서 노래가 동작과 다음 동작 사이에
단지 전기적인 역할을 한다는 주장을 했는데, 이런 점에서 다시래
기의 개타령도 비슷하다.

　가면극 대사들로는 비속어, 육담, 동음이의어, 은어, 외설어, 사
투리, 유음어, 수수께끼, 관용어, 고사 및 한자성어가 사용되고,
표현기법으로는 반복법, 대조법, 반어법, 의인법, 과장법, 풍유법,

---

51) 밥 차리면서, 솥에서 밥을 밥그릇에 담으면서
52) 이두현(1996) : 《한국의 가면극》, 일지사, 서울, p121.

의태법, 직유법, 은유법 등이 사용된다고 하는데,[53] 다시래기에서도 언어의 사용이 이와 유사하다.

비속어는 남을 낮추어 부른 말이나 품격이 낮은 상말을 말하는 데 주로 하류계급, 빈민계급에서 사용된다. 비속어는 통상언어가 너무 진부하다고 느껴져서 새로운 것을 요구하는 욕망을 만족시키려는 동기, 해학이나 쾌감을 요구하는 욕망을 만족시키거나 현재 쓰고 있는 언어들에 변화를 줘서 정상적이고 보편적인 것에 대한 반감을 표현하고 이것을 희화하려는 동기에서 발생한다.[54] 전통적으로 사람과 사람 사이의 관계를 중요시하는 사회에서 가면극 중에 신분적 상하관계를 경시하고 존칭기능을 무시하는 비속어나 욕설을 마구 사용하는 것은 우리 고유의 언어적 특성이나 장벽을 무너뜨리는 서민층의 자아발견이며 또 권위주의, 형식주의, 보수성에서의 탈출을 의미한다고 전경욱은 주장한다.[55]

다시래기의 또 다른 특성은 성적인 표현을 거침없이 하는 육담이 자주 등장한다는 것이다. 육담은 '꾸밈없이 속되고 투박스럽게 하는 말' 또는 '음담 따위와 같이 야비한 이야기'다. 비슷한 용어로 외설어猥褻語는 '육욕에 관해 너무 추잡하고 더러운 말' 또는 '남녀 간의 색정에 관해 너무 난잡하게 묘사하는 말'이라는 사전적 의미가 있다. 여기서는 육담이라는 말에 외설어라는 내용을 포함한 의

---

53) 전경욱(2007) : 《한국의 가면극》, 열화당, 서울, pp241-271.
54) 전경욱(2007) : 앞의 책, p243.
55) 전경욱(2007) : 앞의 책, p245.

미로 사용한다. 이는 거사와 사당 사이에, 또 사당과 중 사이에 더욱 뚜렷한 대화양식이다. 예를 들면, "오줌은 앞구멍으로 나오고 똥은 뒷구멍으로 나오는데 어찌할 것이요."라는 사당의 말에 거사는 "참 그놈의 구멍 묘하게도 생겼다." 한다.

동음이의어와 유음어도 자주 사용된다. 앞서 말한 가짜 성주풀이에서 "칼로 푹 쑤셨다 피나무……."와 같은 식으로 표현된다. 이는 해학적이고 풍자적인 효과를 연출한다. 다시래기에서 상가에서 장사葬事를 지내는 것을 아버지 장사 혹은 시체 장사하는 행위로 표현하는 대목이 나온다.

　가 상자: 장삿집에서 장사를 하지 않으면 어디서 장사를 하나?
　산받이: 무슨 장사? 뭘 팔아?
　가 상자: 장삿집에서 팔 거라고는 뻔하지.
　산받이: 뻔하다니?
　가 상자: (비밀 이야기 하듯이) 아비 송장을 팔아야지.
　산받이: 에끼 천하에……. 진짜 상주가 들었단 말이야!
　가 상자: 그건 자네 씨가 모르는 말씀이야! 내가 돈을 벌려고 장
　　　　　사를 하는 게 아니라, 우리 아버지의 값이 얼마나 나가는지
　　　　　그걸 저울질해 보려는 것이고, 또 하나는 그렇게 해서 모은
　　　　　돈으로 아버지 제사 밑천 삼고, 비석도 해 드리고, 묘막도
　　　　　짓고, 그리고 더 중요한 것은 협조정신을 시험해 보려는 것
　　　　　이니 얼마나 효성이 지극하고 건전한 장사냐 말이야?[56]

이러한 언어적 특성이 모두 반영된 것 중에 욕이 있다. 김열규[57]
는 "우리는 이성이니 합리성이니 인품이니 하는 것이 도저히 맥을
못 추는 인간의 '자연'이 있다는 것을 안다. 그래서 욕은 발언권을
누려야 한다."라고 하면서, 욕은 감정의 발산인 동시에 감정의 달
램이고 삭임이기 때문에 감정이면서 그 이상이어서 욕을 통해 사람
들은 속이 후련한 카타르시스를 경험한다고 하였다.

다시래기 대사에서도 욕처럼 표현되는 속 후련한 감정의 발산은
지나치게 엄격한 통제된 언어를 사용하는 의식의 일방적 편향성에
대한 그림자, 즉 무의식의 열등기능의 보상으로 보아야 할 것이다.

개타령

다시래기 장면 중에 개타령이 있다. 그런데 왜 하필 개타령인
가? 이는 의식적인 것보다 집단의 무의식적 요소로 보인다. 개는
가치를 절하하는 표현을 할 때 자주 접두어로 쓰인다. 앞에서 언
급한 가짜 상자를 '가 상자' 혹은 '개 상자'라고 한다. 욕을 하면
서도 사람들은 '개자식'이나 '개새끼'라고 한다. 그러나 진도에서
개는 천연기념물[58]로 주인에게 충성하는 영험한 동물이다. 주민들
이 자랑스러워하듯 개는 사람의 말을 알아듣고 감각이 뛰어나다.
이와 관련해 거사는 "내 코가 진돗개 코다."라고 자신의 시각을 보

---

56) 국사편찬위원회 편(2005) : 앞의 책, p258.
57) 김열규(2009) : 《욕, 그 카타르시스의 미학》, 사계절, 경기, p12, p43.
58) 진돗개는 천연기념물 제53호로 지정되었다.

완하는 후각의 우월함을 말하는 양면성을 보인다.

개는 죽음과 연관이 많다. 죽음의 어머니인 헤카테는 개를 데리고 다닌다. 그녀는 저승의 문지기로서 삼중의 형상을 가진 개의 여신이다.[59] 개는 효자가 시묘살이를 할 때 집과 산소 사이를 오가며 심부름을 하기도 한다. 개는 진도 지방에서 특히 사랑받는 동물로 집안과 주인을 지켜 주는 수호자의 역할을 한다.[60] 죽은 파라오가 탈 작은 배와 더블 콤의 무덤에 있는 카누 양쪽에는 개 또는 개 머리를 가진 신, 새 또는 새 머리를 가진 신, 원숭이 또는 원숭이 머리를 가진 신이 동승하고 있다.[61] 고대 이집트에서 개는 '길을 여는 자'인 우푸아우트를 나타내고, 새매는 호루스를 나타내며, 원숭이는 토트를 나타낸다.[62] 또한 통구 각저총壁에 죽은 사람의 영혼을 지키기 위하여 개 그림이 있다.[63] 개는 천상의 신들과 저승의 신들 사이를 왕래하는 사자이기도 하고, 이승에서 사람의 친구여서 사후에도 죽은 자와 저승 신들 사이의 중개자로 통역의 역할을 한다.[64] 죽은 사람을 저승으로 인도하는 가장 유명한 개의 상은 자칼의 머리를 한 이집트의 신 아누비스인데, 이 아누비스는 부활의 대행자라

59) Jung CG(2006) :《영웅과 어머니 원형》, C.G. 융 기본저작집 8, 한국융연구원 역, 솔, 서울, p332.
60) 김종대(2001) :《33가지 동물로 본 우리문화의 상징세계》, 다른세상, 서울, p13.
61) Hancock G(2001) :《신의 지문(상)》, 이경덕 역, 까치, 서울, p184.
62) Hancock G(2001) : 앞의 책, p363.
63) 최민홍(1988) : "'한' 철학을 통해 본 죽음",《월간 광장》, 9 : p224.
64) Cooper JC(2001) :《그림으로 보는 세계문화 상징사전》, 이윤기 역, 까치, 서울, pp102-104.

고 부른다. 대부분의 신화나 종교에서 죽음의 땅으로 묘사하는 것은 우리가 무의식이라고 부르는 것이다.[65]

죽음의 기원에 대한 아프리카 신화 중에 흥미로운 이야기가 하나 있다. 시에라리온의 코노족에 따르면 옛날에 최초의 남자와 여자 그리고 이들의 남자아이가 있었다고 한다. 최고신은 그 사람들에게 세 명은 아무도 죽지 않는 대신 나이가 들면 육신에 새로운 피부가 생겨날 것이라고 했다. 신은 새로운 피부를 꾸러미에 싸서 개에게 맡겨 사람에게 가져가도록 하였다. 개는 피부 꾸러미를 들고 사람들을 향해 떠났지만 도중에 살과 호박을 마음껏 먹고 있는 다른 동물들을 만났다. 그 동물들이 개에게 와서 자신들과 함께 즐기자고 하자 개는 짐을 내려놓고 잔치를 함께 즐겼다. 동물들은 식사를 하면서 개에게 꾸러미 안에 들어 있는 것이 무엇인지 물었으며, 개는 최초의 사람들에게 전달되는 피부에 대한 이야기를 했다. 뱀이 그 이야기를 몰래 엿듣고 살짝 빠져나와서 꾸러미를 훔쳤고, 훔친 피부를 다른 뱀들과 나눠 가졌다. 그 뒤로 사람들은 죽게 되었으며, 뱀은 벌을 받아 하늘에서 쫓겨나 혼자 생활하게 되었다. 그리고 사람들은 뱀을 보면 죽이려고 한다.[66] 여기서도 개는 죽음을 있게 한 간접적 책임자로 보이는 측면이 있다.

융은 "충동은 곧잘 꿈에서 황소, 말, 개 등으로 묘사되는데, 동

---

65) Boa F(2004) : 《융학파의 꿈 해석》, 박현순, 이창인 역, 학지사, 서울, p246.
66) Parrinder EG(2006) : 《아프리카 신화》, 심재훈 역, 범우사, 경기, pp130-131.

물 형상으로 드러나는 리비도는 억압된 상태로 있는 동물적 충동
성을 나타낸다.[67] 즉, 분화되지 않은, 아직은 길들여지지 않은 리
비도를 의미한다. 다른 한편으로는 개는 재탄생의 조력자다."[68]라
고 표현한 적이 있다.

다시래기 장면에서 개타령은 앞뒤의 흐름으로 볼 때 뚜렷한 목
적이 없어 보이는 데도 자연스럽게 들어가 있다. 왜인지 모르게 들
어간 그 때문에 그것의 무의식적 작용을 생각해 봐야 하고, 그래서
삶과 죽음의 연결 혹은 부활의 대행자로서 개의 상징적 의미를 포
함한 앞의 내용들을 고려해 보아야 할 필요가 있다.

다시래기 속의 광대원형

광대원형

이두현에 의하면 광대廣大란 말은 1451년에 편찬된 《고려사高麗
史》의 〈전영보全英甫전〉에서 "우리말에 탈놀이를 하는 자를 광대라
고 한다."라고 소개되었다.[69] 다시래기의 출연자들은 탈을 쓰지는
않았으나 '연극을 하거나 춤을 추려고 낯에 물감을 칠하던 일'이란
사전적 의미로 보면 광대에 속한다고 할 수 있다.

유럽의 사육제謝肉祭, carnival에서도 광대, 익살꾼, 악마, 풀치넬라

---

67) Jung CG(2006) : 앞의 책, p23, p268.
68) Jung CG(2006) : 앞의 책, p120.
69) 이두현(1996) : 《한국의 가면극》, 일지사, 서울, p26.

꼭두각시인형, 꼬마도깨비 등이 다양한 형태로 존재한다. 이들은 푸에 블로 인디언의 의례에서 등장하는 광대와 똑같은 역할을 하며, 축제에 뒤죽박죽인 성격을 부여한다. 품격 있는 사람 입장에서의 금기에 개의치 않고 경계선을 무너뜨리는 혼돈과 무질서의 힘과 원리를 표상한다. 그러나 삶의 에너지를 궁극적으로 솟아오르게 하는 보다 깊은 존재의 영역에서 볼 때, 이 원리는 경멸의 대상이 될수 없다.[70] 융은 이를 트릭스터Trickster로 설명한다. 김열규는 '카니발적인 행동의 선동자'란 정의로 보면 한국인에게 있어서 정신력은 미숙한 대신에 감정의 힘은 매우 발달해 있는 도깨비가 트릭스터로 판단된다 하고, 건달패 · 놀이패 · 광대 · 재인 등을 연상하면 트릭스터의 구체적인 상에 어느 정도 접근하게 된다고 주장한다.[71] 융은 〈트릭스터 상의 심리학에 대하여On the Psychology of the Trickster-figure〉라는 논문에서 중세의 민중축제에서 가짜 주교나 교황을 뽑는 등 성직자를 풍자하는 일을 하는 페스툼 아시노룸Festum asinorum 을 소개하고 있다. 이는 니체가 《자라투스트라는 이렇게 말했다》의 '바보축제' 장에서 패러디parody한 적이 있다. 프랑스에서 주로 거행되는, 마리아가 이집트로 피난한 것을 기념하는 축제지만, 쉽게 오해할 수 있는 기묘한 측면이 있다. 보베Beauvais 성당에서는 마리아 역할을 맡은 소녀가 나귀와 함께 제단으로 올라가며, 그녀는

---

70) Campbell J(2003) : 《신의 가면. 1. 원시 신화》, 이진구 역, 까치글방, 서울, p312.
71) 김열규(2003) : 《도깨비 날개를 달다》, 한국학술정보(주), 경기, pp61-73.

복음서를 읽는 쪽에 자리 잡고 앉는다. 이어지는 미사의 각 종결 부분에서 회중 전체는 나귀 소리를 내었다. 또 사제는 미사가 끝날 때 "가시오, 미사가 끝났습니다Ite missaa est."라는 말 대신에 나귀 소리를 세 번 내었고ter hin-hamabit 회중은 "하느님께 감사Deo gratis."라는 말 대신에 나귀 소리Y-a(hin ham)를 세 번 내었다고 소개하고 있다. 또 융에 의하면 "트릭스터는 집단적인 그림자 상징, 모든 사람 안에 있는 저열한 성격적 특성의 핵심이다."[72] 한편 폴 라딘Paul Radin은 트릭스터가 영웅 신화의 발전 단계에서 가장 초기 단계로 이 시기의 영웅은 본능적이고 절제하지 못하며 흔히 유치한 양상을 띤다 하였다.[73]

융학파의 율라노프 부부Ann and Barry Ulanov는 〈어릿광대 원형The Clown Archetype〉에서 광대라는 도시 사람이 보기에 멍청하고 재미있는 동료이고 어리석고 멍청한 농부를 칭하는 데서 온 말이라고 한다. 어리석고 농담을 즐기는 사람으로 통치자 왕에게 대항하는 상징적인 내재화의 역할을 한다. 우리에게 어릿광대의 효과는 반대편 감정을 각성시킨다. 어릿광대는 집단의 희생양으로서 기능을 하고, 그들의 공간에서 부정되는 사회의 우월한 기능에 대한 그림자 요소를 나타내기도 한다. 어릿광대는 또 아웃사이더로서 방어적인

---

72) Jung CG(1980) : "On the Psychology of the Trickster-figure", *The Archetypes and the Collective Unconscious*, C. W. 9-1, Princeton University Press, Princeton, New Jersey, pp255-272.
73) Jung CG(1993) :《人間과 無意識의 象徵》, 이부영 외 역, 集文堂, 서울, p115.

명령에 공격적으로 도전한다. 타인에 대한 어릿광대의 중요한 영향력은 비애, 혹은 후회나 정신적 충격이나 환희 등을 떠올리면서 충만하게 되는 감정들을 일으킨다. 광대는 보편적 가치를 추구하는 데 있어서는 실수투성이다. 실수를 통하여 진정한 의미에서 우리의 조화로운 감정을 복원할 수 있다. 전체 그림을 보여 주기 위해 문을 열어 준다는 것이다. 어릿광대는 의식적 혹은 무의식적으로 무엇이 우리에게 문제가 되고 우리가 무엇을 느끼는지를 보게 하며, 비웃음을 통하여 우리가 가지고 있는 것들에 대한 정체성이 혼란스럽지 않은지 알게 한다고 하였다.[74]

다시래기에서는 등장하는 가 상자, 거사, 사당, 중 그리고 모든 참여자가 병신춤을 추거나 희극을 연출함으로써 모두 함께 어릿광대이면서 융이 말하는 트릭스터로 작용한다. 그들이 있어 축제를 축제답게 한다.

다시래기에서 여러 그림자적 측면을 연희하는 부분 인격들을 통해서 우리는 평소에 의식하지 못한 무의식의 일부를 보게 되고 춤추는 어릿광대의 원형을 통해 새롭게 경험하는 반대쪽 감정까지를 포함한 우리 자신에 대한 이해의 폭을 넓히는 새로운 변환을 경험하게 된다.

---

74) Ann U, & Barry U(1980) : The Clown Archetype, QUADRANT, *Journal of C.G. Jung Foundation for Analytical Psychology*, 13, Spring, pp4-27.

병신춤

융은 푸에블로 인디언Pueblos의 춤 스텝은 "발꿈치로 땅을 힘차게 밟는 것으로 계속 힘들여 땅을 다루는 작업이다."라고 하였고, 파우스트는 "발을 구르면서 걸어서 어머니들에게 이른다."라고 하였다.[75] 융이 말하는 리비도의 퇴행은 춤 스텝에서 발을 내딛는 의례적인 행위를 마치 어떤 유아적인 발 구르기Infantile "Kicking"[76]의 반복처럼 보이게 만든다. 유아기에 발을 구르는 행동은 어머니와 쾌감에 결부되어 있고, 또한 이미 자궁 속에서 훈련된 동작이다. 발과 발을 내딛는 동작은 생식의 의미를 가지며, 이는 자궁 안으로 다시 들어가려는 의미도 있다. 말하자면 춤의 리듬은 춤추는 자를 무의식 상태, 즉 자궁으로 옮겨 놓는다.[77]

다시래기의 춤들은 사당과 중이 추는 허튼 춤, 거사인 봉사가 술 취해서 추는 춤, 사당의 곱사춤, 소극적인 발림 춤몸짓 춤과 상여소리를 할 때 가 상자가 추는 허튼 춤이 있고, 여흥으로 추는 진도지방 특유의 북춤이 있다.[78] 그런데 보릿대 춤, 곱사의 반신불수 춤이나 장님의 술 취한 몸짓의 춤은 이중의 서러움을 가지는 겹병신춤을 춘다고 한다. 병신춤을 추는 것이 다시래기에서만 있는 일

---

75) Jung CG(2006) : 앞의 책, p246.
76) Jung CG(1976) : *Symbols of Transformation,* C. W. 5, Princeton University Press, Princeton, New Jersey, p315.
77) Jung CG(2006) : 앞의 책, p247.
78) 이두현(1997) : 앞의 책, p239.

은 아니다. 밀양백중놀이[79]에서도 중풍쟁이, 난쟁이, 곱추, 배불뚝이, 떨떨이, 히줄래기, 문둥이, 봉사, 꼬부랑 할미, 절름발이 등 병신 모습을 한 10명의 놀이꾼이 양반을 희롱하며 등장함으로써 양반은 내쫓기듯 물러나고 이들은 덧배기 장단에 맞춰 허튼 춤 형태의 병신 모습을 한 해학적인 춤을 춘다. 양반에 대한 모욕과 풍자를 위한 무언의 몸짓이 바로 병신춤이다. 병신 흉내를 내다가 어느 정도 춤판이 무르익으면 정상적인 사람의 원래 모습으로 돌아와서 신명 나게 덧배기 춤을 추다가 다시 병신춤으로 돌아간다.

본래 이름이 '병신 굿 놀이'였던 백중놀이는 1975년에 '밀양 들놀이'로 바뀌었다가 '밀양백중놀이'가 되었다. 김미숙[80]은 "밀양백중놀이에서는 정상적인 춤보다는 정상을 벗어난 파격, 즉 일상생활을 떠난 이탈을 춤으로 추고 보는 가운데 삶의 비극이 희극으로 해체된다."고 한다.

한국의 전통적인 춤은 건강한 몸으로 아름다움을 표현하고 경건하게 신 앞에 자신을 헌신하는 몸짓을 통해 감정을 표현한다. 동시에 우리 민속에서는 또 가면극이나 연희에서 병신춤이 자주 등장한다. 양반춤을 추는 경우도 양반을 비웃는 춤이다. 병신춤은 익살로 웃기려는 시도가 숨어 있다. 병신은 어딘가 열등하고 결함이 있는 병든 사람의 자기표현이다. 이를 심리학적으로 말하면 열

---

79) 국립문화재연구소 편(2004) : 《밀양백중놀이》, 국립문화재연구소, 서울, pp149-150.
80) 국립문화재연구소 편(2004) : 앞의 책, pp163-164.

등한 기능이라고 할 수 있다. 양반의 그림자, 의식에서 버려진 무의식에 억압된 감정들이다. 부끄러워 감추거나 아니라고 부정하고 싶은 병신 몸을 신나게 드러낸 춤사위는 개성화 과정에서 무의식을 의식화하는, 즉 그림자를 춤추게 하는 것에 비유할 수 있다. 장례의식은 죽음을 완성시키는 상징극으로 죽음이 삶의 완성이기에 대극합일의 춤이 연출될 수 있지 않을까 생각해 본다.

슬픔의 대극으로서 희극과 유머

죽음은 죽은 자의 슬픔일 뿐만 아니라 살아남은 이의 슬픔이기도 하다. 죽음이 구체적 현실로 산 자에게 주는 심적 반응은 죽은 이와 감정적 관계가 긴밀했을수록 상실감과 수반되는 석별의 정도 크고 애틋하다. 이부영에 따르면 죽음이 산 자의 의식 속에 남아 있는 죽은 자와 관계된 모든 심적 콤플렉스를 허무와 미지의 세계로 사자와 함께 무자비하게 빼앗아 가면 생존자는 의식의 전 질서가 무너지고 공허감에 사로잡히며 통곡이 뒤따른다. 통곡은 공허와 단절을 메우려는 정동情動이며, 하나의 해결책이기도 하다.[81]

우야와 수루미 사회를 비롯한 많은 아프리카 사회의 장례에서도 춤과 음악과 노래가 동반된다. 가나의 아칸Akan과 가Ga 사회에

---

81) 이부영(1968) : "韓國巫俗關係資料에서 본 「死靈」의 現象과 그 治療(第一報)",《神經精神醫學》, 7(2) : pp5~14.
이부영(2012) :《한국의 샤머니즘과 분석심리학: 고통과 치유의 상징을 찾아서》, 한길사, 경기, pp425~426.

는 직업적으로 장례식에 불려 다니면서 곡을 해 주는 여자들이 있어 상갓집의 분위기를 돋운다.[82] 사람을 사서 대신 울게 하는 상가 풍습은 우리나라에서도 있어서 이들을 조정에서는 곡반哭班, 개인 가정에서는 곡비哭婢라 하였다. 곡비哭婢는 곡을 전문으로 하는 여성으로 그녀들에게는 곡이 생업이고 경제활동이다. 지금의 강화는 경기 일대에서 곡비로 이름난 고을이기도 했다. 김열규는 고대 희랍에도 매우 극적인 몸놀림으로 남의 상례에서 비통하게 우는 여성이 있었다고 한다.[83] 앞서 곡비를 예로 들었듯이 이부영은 죽은 자를 위한 곡哭은 게르만German족 사이에도 널리 퍼져 있었고, 죽은 자를 위해서 곡하는 부인을 곡부哭婦, Klageweiber라 했는데, 이는 얼마 전까지도 바덴Baden 지방, 노르웨이, 스위스, 그라우뷘덴 Graubunden 지방에 남아 있었다고 소개하고 있다.[84] 한국외국어대학교의 외국학종합연구센터에서 펴낸 《세계의 장례문화》에는 한국의 곡비와 비슷하게 대신 울어 주는 직업이 일본, 베트남, 이슬람문화권인 중동, 아프리카 가나의 아칸과 가 사회에서도, 독일, 러시아, 이탈리아 등에서도 모두 존재했다고 한다.

다시래기의 연희 장면을 보면 심각한 죽음의 현장에서 웃음이 터져 나온다. 울음과 함께 공존하는 대극의 감정을 본다. 그 이

---

82) 한국외국어대학교 외국학종합연구센터(2006) : 앞의 책, p217.
83) 김열규(2001) : 앞의 책, p179.
84) 이부영(1970) : "'死靈'의 巫俗的 治療에 對한 分析心理學的 研究", 《최신의학》, 13(1) : pp129-144. 이부영 교수 논문집 제1권.

전까지는 격식에 맞추어 절제된 의례로서 곡비哭婢를 고용해서라도 최대한 서럽게 우는 장면이 연출되다가, 곡을 중단하고 다시래기를 하고 놀이가 끝나면 다시 되돌아가서 곡을 시작한다. 곡을 하는 것도 남자 상자의 경우 "어이, 어이, 어이 어이……."라고 하고, 여자 상자의 경우 "에고…… 에고…… 에고……."라고 곡을 한다.[85] 김열규는 이를 율격이 파도를 타고 보통 울음과는 달리 아리랑처럼 세마치장단의 토리를 갖추고 있다고 한다.[86]

이처럼 남자들의 곡은 감정이 억압되어 있듯이 죽음에 대한 태도도 억압되어 있는 것인데 상례를 통하여 이 두 겹의 억압이 풀려가는 것이다.

다시래기를 전형으로 하는 여러 장례놀이에서 울음과 웃음, 비탄과 농탕질이 공존하는 소용돌이를 지적할 수 있다. 울음으로 감정이 촉발되면, 그래서 그것이 걷잡을 수 없이 고조되면 절로 다른 색조의 감정의 표출방식을 촉발하는 것이다.[87] 김대행은 장례식에서의 다시래기를 '웃음으로 눈물 닦기'[88]로 보았다. 문상이란 단순하게 고인이나 상주에게 예를 표하는 것에 그치지 않고 상당한 시간을 거기서 함께 보내는 것이라고 생각되어 왔기에 문상객들은 음식 대접도 받고 적당할 만큼의 시간을 함께한다. 그는 문상의 민

---

85) 정종수(2008) : 앞의 책, p256.
86) 김열규(2001) : 앞의 책, p179.
87) 김열규(2001) : 앞의 책, p187.
88) 김대행(2005) :《웃음으로 눈물 닦기》, 서울대학교 출판부, 서울, pp36-48.

속에 웃음으로 눈물 닦기가 중요한 요소로 자리 잡고 있다면서 가장 최선의 위로가 상주를 웃게 만드는 것이고, 이것이 본질적인 문상이라고 주장한다. 그런 면에서 보면 다시래기는 웃기는 문상이다. "상주를 웃겨야 문상을 잘 한다."[89]라는 말처럼 울음을 웃음으로, 침울함을 명랑함으로, 엄숙함을 익살스러움으로, 어둠을 밝음으로, 죽음을 삶으로 전환시키는 구실을 하는 것이 바로 다시래기다. 유교적 합리주의 세계관에서는 죽음이 생명의 끝이자 인생의 종말이지만, 무교적인 세계관에 입각해서 보면 이승의 죽음은 곧 저승에서의 환생이다. 다시래기는 '다시나기'라는 말에서 유래되었다는 사실도 이러한 세계관을 반영한다.[90]

이부영은 〈한국 전통에서 유머의 문화적 배경: 위대한 유머를 향해 유머 너머의 유머Cultural background of humour in Korean tradition: Towards the great humour, a humour beyond the humour〉라는 논문에서 다시래기는 애도하는 집에 방문해서 못생겨 보이는 남자가 늙은 임산부로 변장해서 아이를 출산하는 장면을 연기하여 슬픔에 잠긴 애도자들을 웃지 않을 수 없게 만든다고 하며 다시래기는 '재탄생으로서의 죽음'이라는 신화 모티브를 암시한다고 설명하고 있다. 그는 또 한국 민속극 탈춤에서도 양반이나 불승의 위선을 조롱하는 유머는 인간 본능의 한 측면이 억압되는 사회적 긴장의 특별한 해결

---

89) 임재해(2004) :《전통상례》, 대원사, 서울, p56.
90) 임재해(2004) : 앞의 책, p58.

책의 하나일 뿐 아니라 처용 춤과 노래처럼 유연한 버림의 차원 높은 미소를 제공한다고 하였다. [91)

유머Humour를 유묵幽默이라고 번역한 임어당은 《장자莊子》에 나오는 과부 이야기를 소개하고 있다.

> "산책길에서 돌아와서 왜 상심한 표정이십니까?" 묻는 제자에게 장자가 "내가 산보하고 있는데 상복을 입은 부인이 길 옆에 쪼그리고 앉아 새로 단장한 무덤에다가 부채질을 하고 있지 뭔가? 봉분을 덮은 흙이 아직 마르지도 않았지, 내가 하도 이상해서 '왜 그렇게 하느냐?' 물었더니 '남편이 죽기 전에 무덤이 마른 다음에 재가하라고 했는데 이 빌어먹을 날씨 좀 보라고요!' 하지 뭔가?"

이렇게 소개한 뒤에 그는 노자와 장자가 없었다면 중화민족은 일찌감치 신경쇠약에 걸린 민족이 되었을 것이라고 한다. [92) 유머는 민중의 정신적 건강의 균형을 유지하는 데도 중요한 역할을 담당한다.

---

91) Rhi Bou-Yong(1998) : "Cultural background of humour in Korean tradition: Towards the great humour, a humour beyond the humour", L'Humour - Histoire, Culture et Psychologie (Guy Roux, M. Laharie). Publications de la Societe Internationale de Psychopathologie de I' Expression et d' Art-Therapie, 1998, pp106−111.
92) 임어당(2003) : 《유머와 인생》, 김영수 편역, 아이필드, 경기, pp115−116.

키스터 다니엘Kister Daniel은 제주도 영개 울림이 한창 진행 중인 와중에 터지는 웃음과 일반적으로 굿에서 발견할 수 있는 웃음은 한과 비애에 그 뿌리를 두고 있으며, 비애와 부조리에 직면하여 그것들로부터 건전하게 거리를 두게 하기도 하고 정화를 가져오는 풀이, 대담한 저항 그리고 때로는 기쁨을 주기도 한다고 하였다.[93] 또한 키스터 다니엘은 거리굿 훈장거리에서 우스꽝스러운 희화화가 이끌어 내는 희극적 즐거움은 웃음거리가 된 사람들과 비교해서 웃고 있는 사람들 편에서는 우월함을 의식하는 데서 나오는 것으로 보일지 모른다고 하였다.[94]

프로이트는 《농담과 무의식의 관계Jokes and Their Relation to the Unconscious》에서 유머를 단지 경제적 관점에서만 다루었고, 유머에서 얻어지는 즐거움이라는 소득이 정서적 지출의 경제학에서 기인한다고 지적했으나, 〈유머〉라는 논문에서는 유머를 다음과 같이 말하고 싶었는지도 모른다. "보아라, 이것이 그렇게 위험해 보이는 세계다. 그러나 애들 장난이지, 기껏해야 농담거리밖에 안 되는 애들 장난이지!"[95]

다시래기의 현장에는 산 사람들뿐만 아니라 죽은 자도 함께 머물며 보고 있는 자리다. 이 연희는 죽은 자도 겪어야 할 전체성의

---

93) Kister DA(1997) : 《삶의 드라마-굿의 종교적 상상력 연구》, 서강대학교 출판부, 서울, p120.
94) Kister DA(1986) : 《巫俗劇과 不條理劇: 原型劇에 關한 比較研究》, 정인옥 역, 서강대학교 출판부, 서울, p67.
95) Freud S(1998) : 《창조적인 작가와 몽상》, 정장진 역, 열린책들, 서울, p17.

실현이기도 하지만 상대적으로 산 자를 위로하는 놀이의 성질이 보다 더 강한 듯하다. 그 과정에서 희극적인 요소들은 죽음을 별것 아닌 것으로 만들어 버리는 효과를 발휘한다. 죽음은 너무 큰 감당하기 어려운 사건이기 때문에 대극의 균형이 필요한 것일 수 있다.

융이 '무의식의 심리학'에 대한 논문에서 히스테리 환자가 그녀의 아버지의 죽음의 소식을 듣고 갑자기 웃음 발작을 일으킨 예를 소개한 적이 있다. [96] 이는 이상한 현상이나 우연만으로 설명하기보다 공존하는 양극단의 감정들이 동시에 존재하고 표현될 수 있다는 예일 수 있다.

융은 자신의 경험을 바탕으로 '죽음 뒤의 생에 관하여' 좀 더 구체적으로 기록하였다. 자신의 어머니가 돌아가신 소식을 듣고 밤에 기차를 타고 집으로 가는 동안 기차 안에서 커다란 비탄에 빠졌다. 그러나 가장 깊은 가슴속에서는 슬퍼할 수 없었다. 그것도 기묘한 이유에서였다. 기차로 오는 도중 끊임없이 무도곡, 홍소哄笑, 마치 결혼식을 올리는 것 같은 즐거운 소란을 겪었던 것이다. 명랑한 무도음악, 들뜬 웃음이 있어 그는 그 자신을 슬픔에 내맡길 수만은 없었다. 한편으로는 따뜻함과 기쁨을, 다른 한편으로는 충격과 슬픔의 끝없는 상반된 감정의 변화를 경험하고 이 대극은 죽음이 한 번은 자아의식의 측면에서, 다른 때는 영혼 쪽에서 묘사

---

96) Jung CG(1977) : *Two Essays on Analytical Psychology*, C. W. 7, Routledge & Kegan Paul Ltd., London, p38.

되는 것으로 설명할 수 있다고 하였다.[97]

죽음을 앞둔 사람의 꿈을 관찰한 융은 전체적으로 무의식적 심혼은 현실의 구체적인 죽음에 관하여 거의 야단법석을 떨지 않는 것에 놀랐다고 말하며 이로 미루어 무의식의 입장에서는 죽음이란 상대적으로 하찮은 것일지 모른다고 하였다.[98]

다시래기에서도 죽음을 별것 아닌 것으로 보는 한편 그것을 통하여 공존하는 대극이 하나가 되는, 그래서 전체가 되는 과정을 보여 준다. 그러나 만약 다시래기가 죽음의 슬픔을 날려 보내는 한낱 코미디에 불과하다면 그것은 큰 의미가 없을 것이다. 다시래기가 없이도 어차피 다른 장례 판에서도 축제가 벌어지고 있기 때문이다. 다시래기에는 중요한 신화소가 있다. 즉, 아기의 잉태와 출산의 주제가 그것이다.

출산과 죽음의 의식과의 관계

아버지가 불확실한 아이

가 상자는 관객들 중에서 품행이 바르지 못한 사람을 사당으로 뽑겠다고 하며 지목하고, 대상이 된 사람은 '간나구(간나히', 즉 품행이 바르지 못한 여성 취급을 한다고 불평하면서도 그 역할을 하기

---

97) Jaffé A(1990) : 앞의 책, p357.
98) Jung CG(2004) : 앞의 책, p103.

위해 나온다. 이렇게 아이를 낳는 사람은 여장 남자인 사당이며, 누구의 아이인지 의심스러우니 품행이 방정하지 못한 사람이다. 눈 먼 남편을 앞에 두고도 공공연하게 중과 불륜을 저지르는 행태는 전통 유교식의 윤리적 관점에서는 비난을 받을 만하지만, 그래서 또 웃음을 자아낸다. 이로써 의식의 편향된 태도를 비웃는다. 또 이본김양은 본의 경우는 처녀가 임신해서 아비를 모르는 아이를 낳는 다. 아버지가 분명하지 않은 아이는 일반적으로 영웅이 탄생하는 전제조건으로 '비범한 출생처녀의 출산, 기적적인 수태, 혹은 비자연적인 기관에서 출생'[99])이 민담이나 신화 혹은 우리나라의 무조전설에서도 볼 수 있 는 것과 유사하다. 아버지가 불확실하다는 것, 즉 거사의 아이라 고 하거나 중의 아이 혹은 상주의 아이라고 하는 것들로 봐서 누 군지 모르거나 혹은 공동체가 맞아야 하는 귀한 존재이면서 자칫 소홀히 하기 쉬운 존재다. 인간 아버지와 초자연적인 신 아버지에 의해 탄생하는 영웅들의 경우처럼 다시래기에서 태어난 아이도 특 별한 존재라는 것을 짐작케 한다.

거사·사당놀이에서 중을 불러들여 장님인 거사를 속이는 행위 에 대해 가 상자는 이를 고발하고 관객과 하나 되어 비난하는 듯 하다. 그러나 아이를 낳는 장면에 이르면 모두가 아이의 출산에 협조적이다. 세속적 갈등은 아기의 탄생이라는 원형적 사건 앞에

---

99) Jung CG(2002) : 앞의 책, p255과 Jung CG, & Kerényi C(1993) : *Essays on a Science of Mythology*, Princeton University Press, Princeton, New Jersey, p85 참조.

서 해소된다. 아기의 탄생은 치유적인 힘을 가지고 있다. 이러한 태도는 김양은의 이본에서도 마찬가지다. 봉사가 조심스럽게 점괘를 말하는데 그 어미인 노파는 미혼의 딸이 산달이라는데도 놀라지 않는다. 그저 탈 없이 무사히 순산하기를 바랄 뿐 아이의 도덕성을 탓하지 않는다. 분위기로는 부정한 사당을 비웃거나 나무라는 듯하나, 그 사당 역할을 하는 이도 실제는 남성이다. 남성 중심의 가부장적 사회에 대한 철저한 평가절하가 이루어진다. 지나친 유교적 윤리기준을 강조하는 의식적 태도에 대한 무의식의 보상이라고 할 수 있다. 큰소리를 쳐 봐야 남자가 아이를 낳을 수는 없다. 다른 한편으로 사당 역의 남성은 자웅동체의 양성이나 되어야 출산이 가능하다는 점에서 특별한 능력을 가져야 한다. 물론 남사당 같은 남자만으로 구성된 연희 패에서는 중국의 경극처럼 남자가 여자의 역할도 해야 한다. 박수가 여자 옷을 걸치고 춤추거나 시베리아 샤먼의 성전환 이야기와 맥락을 같이하는 현상이라고 할 수 있는데, 여장 남자박수는 양성원형Hermaphroditus archetype을 구현하는 것으로 볼 수 있다.

키스터 다니엘 A.의 '굿의 종교적 상상력 연구'인 《삶의 드라마—굿의 종교적 상상력 연구》에서는 굿거리 12거리 중 마지막 '해산거리'에 막 아이를 낳으려는 여인이 고통 속에서 삼신할머니를 찾는다. 남자 무당이 이 여인 역을 연기하는데, 이 여인은 자기 배속의 아이가 마을의 알 만한 사람 중 한 사람의 아이일 거라고 넌지시 말하여 폭소를 유발한다. 그러나 이 여인이 낳은 아이는 갑작스럽게 병이 나서 죽는다. 이 촌극이 그런 의미에서는 부조리극에 속한다는 주장을 하고 있다.[100] 여기서 필자가 보고자 하는 점은 다시래기뿐만 아니라 다른 극에서도 출산 장면은 자주 언급되는 대목이라는 것이다. 또 기존의 아버지의 아이가 아닌 다른 사람의 아이, 새로운 아이의 탄생이다. 아이는 융의 주장대로 "대극을 융합하는 상징이며 하나의 중재자, 치유를 가져오는 자, 즉 전체성의 실현자다."[101] 다시래기에서 말하는 아이는 죽은 자를 그대로 대신하는 복제품의 아이가 아닌 새로운 부성을 받아들인 독립된 새로운 전체의 출생을 의미한다. 이렇게 아이는 성공적으로 태어나고, 그렇다고 일찍 죽지도 않고 상주에게 맡겨진다는 것을 주목해야 한다.

파계와 부정

가 상자는 가장 음흉한 사람을 중의 연기자로 고른다고 한다. 중은 속세를 떠나서 욕망으로부터 자유로워지기를 갈망하는 수도자다. 한국의 다른 가면극에서도 중은 자주 등장한다. 양반에 대한 반감으로 그들이 놀림감이 되듯이 중도 비난의 대상처럼 출연한다. 이름하여 파계승 마당이다. 중의 페르소나를 여지없이 깨버리는 파계승은 유교이념이 지배적인 사회에서의 불교에 대한 비하와

---

100) Kister DA(1997) : 앞의 책, p146.
101) Jung CG(2002) : 앞의 책, p253.
　　Jung CG, & Kerényi C(1993) : 앞의 책, p83.

반발의 표현이지만 도덕적인 위선의 표본을 목중의 파계에서 폭로하려는 의도를 가지고 있다. 양주산대놀이[102]에서도 제5과장의 제1경은 '염불놀이'인데, 8명의 목중이 나와서 염불을 하면서 사실은 장난으로 염불을 비꼬고 "우리는 겉은 중이지만 속은 멀쩡한 오입쟁이"라고 말한다. 또 제3경에서는 '애사당 법고놀이'라 하여 목중墨僧, 目僧들이 애사당이라는 창녀를 희롱하고 법고를 함부로 친다. 남의 스캔들에 흥분하여 성토하는 마음 뒤에 자기는 차마 못하지만 기존의 도덕질서를 어기는 자들에 대한 은연중의 선망과 경탄이 숨어 있지 않다고 부정할 수 없는 것처럼 다시래기에서 중은 긍정적인 수도자의 반대 역을 하는 파계승으로 또 다른 그림자 중의 하나다. 중의 입장에서는 파계이지만 사당의 입장에서는 부정이다.

파계와 부정은 전통적 기존 질서로부터 일탈이다. 집단의식의 측면에서는 '도덕적 퇴행'이지만, 이것이 국면의 변환, 즉 일상성으로부터의 일탈의 계기가 되고, 사건을 촉발하는 시발점이 되어 분위기를 역동적인 형태로 변화시킨다. 이는 새로운 미래의 삶의 양식을 준비하는 무의식적 동기의 시작이다. 이것은 단순한 세속적인 삼각관계나 성적 스캔들이 아니다. 상징적으로 볼 때 눈 뜬 장님같이 비현실적이고 허세와 경직된 가치관으로 대변되는 남성적 집단의식과 사당은 형식적으로만 결합된 듯 보이는 민중의 아니마다. 그녀는 오히려 시대적으로 유교에 의해 구박받는 누미노제를

---

102) 조동일(1989) :《탈춤의 역사와 원리》, 기린원, 서울, pp139-140.

지닌 마술적 종교적 이미지를 지닌 중에게 더 친화성을 지니고 있다. 그 아이가 누구의 아이인지에 관해서는 명백히 하지 않은 채 처음에는 관련 없어 보이던 상주어떤 때는 가 상자에게 맡기는 것도 흥미 있는 일이다. [103]

거사와 중은 대극이고, 아니마사당는 이 대극 사이를 오가며 갈등을 부추긴다. 아기는 이 갈등의 소산이며 동시에 해결책이다. 대극갈등은 하나인 것, 즉 전체성의 상징인 아이의 탄생으로 해소된 듯하다. 그러나 아기의 친권을 주장하면서 대극갈등이 재연되고, 그 해결은 네 번째 인물이자 최초의 시작인 상주에게 아기를 맡기는 것이다. 이로써 무의식은 드러나는 현실과 손을 잡는다. 다시 말해, 무의식의 상들은 의식화되고 무의식에서 생성된 새로운 에너지는 의식으로 흘러들어 의식의 결손을 치유하는 힘이 된다. 죽음의 상실을 겪은 상주는 이렇게 새로운 생명을 얻는다. 이것은 죽음 다음의 새로운 가치관의 탄생을 위해서는 반드시 거쳐야 하는 과정일 수 있다.

추자도의 산다위[104]에서도 장례 지내는 무덤을 만드는 옆에서 낯선 남자를 대상으로 마을 여성들이 단체로 성적인 의미를 가진 상징적 윤간행위를 통해 새로운 출생을 받아 내려는 의도를 엿볼 수 있다. 자연에서 대지는 씨 뿌리는 자를 거부하지 않는 것처럼

---

103) 국립문화재연구소의 영상자료(DVD)에서는 상주에게 아이가 맡겨지나, 이두현의 연희본 각본에서는 가 상자가 아이를 가지고 도망간다.
104) 전경수(1994) : 《한국문화론: 전통편》, 일지사, 서울, pp198-203.

이것이 섬 지방의 특성인지 모계사회의 특성인지 흥미 있는 일이다. 다시래기에서는 사당을 사이에 두고 아이의 아버지로 가능한 대상이 상주, 가 상자, 중, 장님 거사처럼 불분명하고 다수이며, 이본에서는 아예 아버지가 누구인지 언급조차 없다. 이는 산다위에서 낯선 남성 하나에 미래의 어머니가 여럿이라는 점과는 크게 다르다. 그러나 양쪽 모두 풍요를 연상시키는 구도로 볼 수 있다.

죽음과 새로운 탄생

아이가 태어나자 이본에서는 "이 가문에 한 사람이 나가는데 새 사람이 태어났으니 이런 경사가 또 있겠느냐?"라고 한다. 가문에서 죽은 자를 대신할 새로운 아이의 탄생을 이해하려면 어린이 상에 대한 확충이 필요하다. 융은 희랍신화 입문에서 케레니Kerényi와 함께 '어린이'에 대한 신화학과 심리학적 고찰을 통해 어린이의 상징적 의미를 밝혔다.[105] "하나의 원형으로서 어린이는 미분화된 열등한 기능으로서의 유아적인 면이 아니라 무한한 발전 가능성을 내포하는 생명력"이라고 말한다. 또한 어린이는 정신적 토양, 즉 무의식에 가깝기 때문에 의식의 장애 없이 무의식의 소리를 전달할 수 있는 것이다. "어린이 상은 대극을 융합하는 상징, 하나의 중재자, 구제자, 즉 전체성의 실현자다. 어린이는 버림받은 자, 내맡겨진 자이면서 동시에 신적인 힘을 가진 자, 보잘것없고 불확실한 시

---

105) Jung CG, & Kerényi C(1993) : 앞의 책, pp70-100.

작이면서 영광스러운 결말이기도 하다."[106]

다시래기의 이 과정은 죽음이 상실이 아닌 새로 태어남이며, 살아남은 자에게는 새로운 독립된 지도자로의 변환을 가져다준다는 것을 의미한다. 상가에서 아버지의 죽음은 상자가 비로소 그 집안의 장자로서의 지도자적 위치를 차지하는 것을 의미한다. 이 과정은 상례를 진행하면서 겪는 성인식으로 비유될 수 있다. 죽은 자와 산 자 모두의 갱신更新이라는 이중적 의미가 있다.

일본에서는 연장자가 정식으로 은퇴하기까지는 그 연장자의 명령이 엄중히 지켜진다. 이미 성장한 몇 명의 아들을 둔 아버지라도 그 자신의 아버지가 생존해 계시면 어떤 일을 결정할 때 일일이 그 아버지의 승인을 얻어야 한다. 일본에서 널리 알려진 하나의 수수께끼가 있는데 '부모에게 의견을 제안하고자 하는 자식은 머리에 털을 가지고 싶어 하는 중과 같다. 그 까닭은?'이다. 이에 대한 해답은 '아무리 하고 싶어도 되지 않는다.'는 것이다.[107] 서양인의 시선으로 보면 낯설고 이상한 문화가 같은 동양권에서 보면 그리 어색하지 않다. 부모가 돌아가신 후에야 비로소 아들은 독립된 결정권을 가진다는 것은 일본뿐 아니라 우리나라도 비슷하다.

죽음의 꿈은 독립을 의미한다고도 한다. 스승이 죽는 꿈, 부모가 죽는 꿈을 통해 제자나 자녀는 비로소 독립을 준비한다.

---

106) Jung CG(2002) : 앞의 책, p253, p271.
107) Benedict R(1995) : 《국화와 칼: 일본 문화의 틀》, 김윤식, 오인석 역, 을유문화사, 서울, p64.

교회에서 장례 미사 중이다. 조문객들이 내 곁을 지나갔다. 나는 아내와 아이들과 함께 있었고, 아버지도 어딘가에 계셨으며, 형제들도 부인들과 모두 와 있었다. 어머니를 찾을 수 없어서 물어보니 누군가가 어머니가 심장마비로 돌아가셨다고, 이 장례식이 그녀의 장례식이라고 말했다. 나는 무척 슬펐지만 다른 한편으로는 어머니가 편안한 죽음을 맞았다고 생각했다.

베레나 카스트Verena Kast는 35세 남자가 꾼 이 꿈을 인용하면서 "꿈에서 어머니와 아버지가 죽고 그들을 애도하는 장면은 지금까지의 아들이나 딸 노릇이 끝났음을 의미하는 분리의 꿈이다. 이때 분리가 어머니와 아버지의 죽음으로 표현되어야 하는 것은 대부분 아들과 딸들에게 과거에 대한 그리움이 매우 크기 때문이다. 극단적인 이별의 장면이 선택되어야 할 정도로 부모와의 분리가 쉬운 일이 아니라는 점을 암시한다."라고 설명하였다.[108]

죽음이란 우리를 변화시키고자 끊임없이 몰아대는 권력이라고 볼 수 있다. 변화에 대한 생각은 매혹적일 수 있으나 변화의 대가는 헤어짐과 상실이다. 그것을 간과한다면 진정 변화가 일어나야 하는 심리치료에서조차 변화는 절대 일어나지 않는다.[109] 왜냐하면 오직 애도의 감정만이 변화를 가져오고 이별할 수 있게 하며 새

---

108) Kast V(2007) : 《애도: 상실과 마주하고 상실과 더불어》, 채기화 역, 궁리, 서울, p182.
109) Kast V(2007) : 앞의 책, p201.

로운 관계를 준비시키기 때문이다.

꿈과 신화에서 죽음은 보편적 상징이다. 심리학적인 죽음은 한 단계에서 다음 단계로의 성장과 변환의 확실한 증거다. 과거의 자신이 죽고 새로 태어난 자신이 등장한다.[110] 죽음을 상징적으로 보아 자아의식의 상실이라고 볼 수 있으며 민간신앙에서 쓰는 저승과 신령이 범람하는 사자의 세계를 그대로 의식의 저편이라는, 즉 무의식관이 원시적인 사령계와 일치하는 점이 많다는 것을 이부영은 지적하였다.[111]

《티베트 사자의 서The Tibetian Book of the Dead》의 심리학적 해설에서 융은 사자에게 베푸는 이 과정이 바르도의 삶으로 들어가는 죽은 자의 입문식이며 영혼이 태어나면서 잃어버렸던 신성을 되찾게 해 주는 하나의 입문과정이라고 하였다. 살아 있는 자의 입문식에 있어서 초월이란 죽음 너머의 세계가 아니라, 사고와 관점의 대전환을 뜻한다. 입문식은 가장 높은 차원에서 시작해서 점점 낮은 차원으로 내려가서 결국 자궁에서 환생하는 것으로 막을 내린다. 오늘날 서양에서 행해지는 유일한 입문과정은 정신과 의사들이 치료 목적으로 활용하고 있는 무의식의 분석이다. 의식의 밑바닥 층들을 분석하는 것은 소크라테스적 의미로 보면 지적인 산파술에 해당된다. 아직 씨앗의 형태로 잠자고 있는 의식의 내용물을 끄집어내기

---

110) Johnson RA(2006) :《신화로 읽는 여성성, She》, 고혜경 역, 동연, 서울, p127.
111) 이부영(1968) : 앞의 책, p11.

때문이다. 프로이트의 무의식 분석은 아래 차원부터 시작하는 데 반해, 사자의 서의 바르도 체험은 위의 차원에서 아래 차원으로 내려오면서 진행된다고 하였다.[112]

융은 또 신들과 영들의 세계는 사실 내 안에 있는 '집단적 무의식'에 지나지 않는다고 하였다. 집단적 무의식이 곧 신들과 영들의 세계다. 거기에 어떤 지적인 곡예도 필요치 않고, 다만 인간의 전 생애, 어쩌면 완성을 향해 한 걸음씩 다가가는 무수히 많은 생들이 있을 뿐이라 하면서, 거기서 다시 '내가 완전함을 향해 다가간다 하지 않고 완성을 향해 다가간다고 한 것을 주목하라.'고 강조한다.[113]

죽음은 산 자에게도 죽은 자에게도 새로운 탄생을 준비하게 한다. 그런 의미에서 상가에서 새로운 탄생을 연희하는 다시래기는 삶과 죽음을 대하는 원형적 모습의 하나로 보인다.

다시래기가 죽음의 현장에서 행해지는 의례라는 점에서 죽음을 보는 일반적인 관념과 연관시켜 좀 더 자세히 관찰해 보고자 한다. 죽음을 낡은 몸을 벗고 새로운 세계로 옮겨감으로 표현한 것은 《바가바드 기타》에서도 볼 수 있다. "사람이 마치 낡은 옷을 버리고 새 것을 입는 것과 같이, 그와 같이 이 몸으로 사시는 혼도 낡아 버린 몸들을 버리고 다른 새 것으로 옮겨 가신다."[114] "모든

---

112) Sambhava P(2000) : 《티벳 사자의 서》, 류시화 역, 정신세계사, 서울, pp167-168.
113) Sambhava P(2000) : 앞의 책, p184.

산 것의 모양이 그 처음에는 나타나 뵈지 않고, 그 중간에는 보이고, 그 끝에 가서는 다시 뵈지 않는다."[115]

융은 흑인 신화를 인용하면서 "어떤 늙은 여인의 실수로 죽음이 세상에 들어왔다고 한다. 그 늙은 여성은 통상적으로 행해진 허물 벗기왜냐하면 당시는 인간들이 뱀처럼 허물을 벗으면서 젊어졌기 때문이다를 하고 나서 방심하여 그만 새 피부 대신에 헌 피부를 다시 입었다. 그 때문에 그녀는 죽게 된 것이다."라고 하였다.[116] 같은 허물을 반복한다는 것은 죽음을 의미하는 것으로 해석할 수 있고, 죽음이라는 것을 통해 기존 삶의 태도의 허물을 벗으면 새로운 피부를 얻어 다시 살아난다는 의미일 수 있다. 허물은 우리말에서 껍질이라는 의미뿐만 아니라 잘못이라는 뜻도 있다는 것이 재미있다.

죽음과 결혼 모티브에 대해서 폰 프란츠는 "무의식은 정신이 종종 죽음을 대극의 합일, 즉 내적인 전체성의 완성으로 나타낸다."[117]라고 하였다. 죽음은 새로워지는 것, 새로운 세계로 옮겨 감이거나 해방됨이고 본래 자연으로 돌아가는 것이다. 그래서 전체가 되는 것으로 보인다.

죽음 직전의 수많은 사람을 만나서 인간의 죽음과 죽어 가는

114) 함석헌 주석(1996) :《바가바드 기타》, 한길사, 서울, p102.
115) 함석헌 주석(1996) : 앞의 책, p105.
116) Jung CG(2006) : 앞의 책, p299.
117) Von Franz ML(translation by Hull RFC)(1966) : *Aurora Consurgens*, Inner City Books, Toronto, p428.
    이도희(2005) : 앞의 책, p112에서 재인용.

과정을 연구했던 엘리자베스 퀴블러 로스Elisabeth Kübler-Ross는 자신의 죽음에 대해서 "육체로부터 해방되어 이 생애를 졸업하는 날, 난 은하수로 춤추러 갈 거예요. 9년 동안 나를 한 의자에 앉아 꼼짝없이 갇혀 있게 한 신에게 화가 납니다. 나비가 누에를 벗고 날아오르는 것처럼 나도 내 육체를 두고 떠날 겁니다."[118]라고 말하고 있다. 침대에서 오랜 기간을 움직일 수 없었던 환자의 경우에 죽음은 낡은 허물을 벗고 날아가듯이 한 단계 과정의 졸업일 수도 있다. 우리말에 죽음을 '돌아가신다'고 하는데, 이는 본래의 근원으로 돌아감을 뜻하는 표현이다. 중국의 장자가 아내를 보내고 곡을 하다가 나중에는 질그릇 항아리에 물바가지를 두드리면서 노래하는 대목이 있다.

"이것은 봄, 가을, 겨울, 여름이 갈마들어 사시가 운행하는 것과 같은 이치라네. 이제 내 아내는 드러눕듯이 천지라는 거대한 방에서 잠들게 되었는데 내가 꺼이꺼이 소리 내어 따라 통곡하면 나 자신이 명命에 통하지 않는 것 같아 그만두었다네."[119] 삶과 죽음은 똑같이 자연의 한 변화 현상에 불과하다. 죽음의 현장에는 먼저 통곡의 시간 뒤에 노래함으로 축하해야 할 또 다른 의미가 공존한다. 또 앞서 언급한 《바가바드 기타》의 표현이나 죽은 사체를 땅에 묻어 봉분을 만드는 장례 풍속도 흙에서 나서 죽어 어머니 대지

---

118) Kübler-Ross E, & Kessler D(2007) : 《상실 수업: 〈인생수업〉 두 번째 가르침》, 김소향 역, 이레, 서울, pp8-12.
119) 이강수(2002) : 《노자와 장자: 무위와 소요의 철학》, 길, 서울, pp108-109.

로 돌아간다는 것과 같은 의미다.

진도에서는 장지에서 사체를 매장할 때 관을 해체하고 시체만을 꺼내서 매장하는 경우가 있다. 또 지금은 섬 지방에서도 사라져 가는 '초분'을 만들어 한참 뒤 뼈만 남고 살이 다 해체될 때까지 두었다가 다시 장례하는 관습이 있었다. 살은 이 세상에 버리고 가야 할 것으로 조상의 땅에 들어갈 때 씻어 버리고 가야 할 삶의 잔재일는지 모른다. 그래서 우리는 죽음 직후 관의 머리맡에서 아직도 씻김굿을 한다. 우리가 흔히 쓰는 말에도 '이 직장에 뼈를 묻을 각오로 일하겠다.'는 표현이 있다. 뼈는 재생에서 중요한 역할을 한다.

출산과정의 어려움

새로운 생명의 탄생인 아이의 출산은 고통과 어려움이 동반된다. 아내의 출산을 돕는 경문을 하거나 힘을 주는 역할을 쿠바드 신드롬Couvade Syndrome과 연관시키는 이도 있다. 다시래기 과정에서 거사는 아이를 잘 낳으라고 독경을 하면서 사당에게 "내가 힘을 쓸 테니 자네가 낳기만 하소."[120]라고 말한다. 남자는 큰소리만 칠 뿐 실제로 출산 현장에서 역할은 아이의 흉내 수준이다. 쿠바드[121]는 출산에 임해서 아버지도 임산부인 어머니와 같은 금기를 깨지 않거나 같은 행동휴식, 격리, 고통, 출산의 축하를 받는 일을 하는 관습인데, 이

---

120) 이두현(1997) : 앞의 책, p211, 김열규(2001) : 앞의 책에서도 같은 주장.
121) Lévi-Strauss C(2001) : 《야생의 사고》, 안정남 역, 한길사, 서울, p286.

는 부친을 사회적으로 출산에 참여시키기 위한 상징적 행위라 한다. 이러한 관습이 유럽 일부 지역이나 남아메리카에도 남아 있다. 특히 모계사회에서 많이 볼 수 있는데, 부권의 확인을 목적으로 한다고 할 수 있다. 레비-스트로스Lévi-Strauss는 《야생의 사고La Pensée Sauvage》에서 "쿠바드에서 이를 남자가 산부의 대신이 된다고 말하는 것은 잘못이다. 때때로 남편과 아내는 태어나서 수 주 내지 수개월 동안 중대한 위험에 노출되어 있는 자기들의 아이와 동일시되기 때문에 똑같이 신중을 기해야 한다. 또한 남아메리카에서 남편 쪽이 아내보다 더 엄격하게 신중을 기하는 예도 있는데, 이는 수태와 임신에 관한 원주민의 이론에 따라 남편의 몸이 태어나는 아이의 몸과 동일시되기 때문이다. 어느 경우에도 부친이 모친의 역할을 연출하지는 않고, 아이의 역할을 담당한다. 전자에 대해서 인류학자가 오해하는 경우는 드물다. 그러나 인류학자들이 후자를 이해하는 경우 역시 드물다."라고 한다. [122)]

한국의 옛 풍습에 아이의 출산과정에서 남편이 산실 문밖 문기둥에 버티고 서서 창호지를 찢고 산실 안으로 상투를 들이밀면 그것을 부인이 잡고 선 자세로 힘을 썼다고 한다. 또 산달이 되면 남편이 삼으로 왼새끼를 꽈서 두었다가 산실에 밧줄처럼 매어 놓고 잡고 일어서서 힘을 주기 위한 용도로 그것을 사용했는데, 이를 '삼신 줄' '삼신 끈'이라 하고 아들을 낳은 줄은 비싸게 팔리기

---

122) Lévi-Strauss C(2001) : 앞의 책, pp286-287.

도 했다. [123] 다시래기에서 거사가 "내가 힘을 쓸 테니 자네는 낳기나 하소." 하는 대목은 오히려 평안북도 박천 지방에서 산모가 진통을 시작하면 남편이 산실 지붕에 올라가 용마름을 붙들고 비명을 지르며 뒹굴어 떨어지는 '지붕지랄'[124]이라는 것과 유사하다. 일부러 지붕에서 떨어진다는 것은 아내의 산고를 함께 나눈다는 의미도 있지만 아이가 엄마 배 속을 쉽게 빠져나오라는 기원이 담겨 있다. [125]

죽음의례와 출산의례는 많은 점에서 유사하다. 출생의례는 죽음의례보다 간단하지만 의례의 주기가 3이라는 숫자와 연관이 된다. 출생의례는 삼3, 태胎와 밀접한 관련이 있다. 잉태, 출산, 육아의 신을 삼신이라 한다. 삼신은 곧 태의 신이자 출산의 신이다. 태를 가른다고 할 때 '삼 가른다'는 말을 쓴다. [126] 그러나 이능화의《조선여속고女俗考》에 따르면 호산지신護產之神이 셋이기 때문에 삼신이라 하고, 우리말로 태를 '삼'이라고 하므로 태신胎神은 삼신이다. 곧 우리말 삼胎을 숫자 삼三으로 인정하여 태신을 삼신으로 한 것이니 이는 잘못 풀이한 부회附會다. [127]

출산의례에서 산후 3일, 세 이레삼칠일, 삼 개월백일, 세 돌과 상례가 거의 일치한다는 것이다. 산후 3일째에 비로소 아기에게 젖을

---

123) 이규태(1995) :《韓國人의 性과 迷信》, 기린원, 서울, p175.
　　　정종수(2008) : 앞의 책, pp67-68.
124) 이규태(1995) : 앞의 책, p175.
125) 정종수(2008) : 앞의 책, p73.
126) 임재해(2004) : 앞의 책, pp103-106.
127) 이능화(1990) :《朝鮮女俗考》, 김상억 역, 동문선, 서울, p281.

물리고, 산모와 아기가 목욕을 하는가 하면 '태'도 이때 처리한다. 장례 후 3일 만에 치르는 삼우제, 약 3개월 만에 행해지는 백일 잔치는 비슷한 시기에 행해지는 졸곡제에 해당하고, 출산 뒤 3년까지 치러지는 돌잔치는 삼년상과 적절히 대응된다. 일반적으로 부활, 재생에 3일이 연관된다. 달이 완전히 이지러진 다음 3일 만에 떠오르는 것도 이와 연관시켜 볼 수 있다. 죽음은 곧 저승에서의 부활이자 재생이다. [128]

죽음과 출산의 과정은 공통적으로 어렵고 고통스러우며 위험을 감수해야 한다. 출산의 순간에는 아이는 울지만 부모와 가족은 기뻐한다. 그러나 죽음의 순간에는 주위 사람들은 서럽게 우는데 죽은 자는 오히려 고통으로부터 편안한 모습이 된다.

다시래기와 성(性)

다시래기의 과정 중에는 노골적인 성적인 표현이나 희롱이 포함되어 있다. 실제로 사당은 거사를 속이고 정부인 중을 불러들여서 은밀한 부위를 만지기도 한다. 신안 비금도의 밤달애[129]에서도 거기에 참석했던 사람들이 끝나고 돌아가는 길에 실제 성행위를 하는 경우도 있다고 하고, 추자도의 여성에 의한 상가에서의 상징적 윤간행위인 산다위[130]나 진도에 있는 하사미 마을의 대바구 혼[131]

---

128) 임재해(2004) : 앞의 책, pp103-106.
129) 이경엽(2004a) : 앞의 책, pp40-43.
130) 전경수(1994) : 앞의 책, pp198-203.

등을 보면 죽음의 현장에서 공동체 구성원들에 의한 성적 행위나 표현은 죽음이 끝남이 아니라 새로운 출산 혹은 풍요fertility의 시작으로 옮겨 감을 기원하고 있다. 장례가 망자를 중심으로 한 통과의례라면 마을 공동체 입장에서는 공동체 성원의 상실을 보상해야 한다는 점이 미해결로 남는데, 산다위는 여성 집단에 의한 윤간이라는 강제적 행위로 표현된다. 그 상징적 의미는 그 집단 구성원 중에서는 비교적 낯선 새로운 한 명의 남성에게서 많은 자손을 기대하므로 다산 혹은 풍요를 유추해 볼 수 있다.

추자도에서 상여가 장지에 도착하고 죽은 자를 매장하고 봉분이 형성되며 산신제가 봉행되면, 상주들이 묘 앞에 엎드려서 곡을 할 때 여인들의 상포계행사가 일어난다. 상주들의 행제 장소에서 10여 미터 떨어진 곳에서 네 사람의 여인들이 한 남자의 사지를 각각 하나씩 들고 나머지 계원들은 모두 그 남자에게로 모여들어서 무차별로 남자의 몸을 만진다. 어떤 부인들은 남자의 성기를 만지기도 한다. 말과 행동이 모두 남녀 간의 성교와 밀접한 관계를 갖는다. 계장의 신호로 대상이 지목되면 4명의 여자가 남자의 몸을 붙잡고 공중에 뜬 남자에게 풀어 주면 얼마나 돈을 낼 것인지 흥정을 하고, 흥정이 끝나면 남자는 땅에 내려져 주머니에서 보석금으로 정해진 그 돈을 내고 풀려난다.

131) 전경수의 《한국문화론: 전통편》(1994)에서 하사미란 마을 이름은 연구자가 그 지명을 노출시키지 않으려고 새로 바꾸어 부른 가상의 지명이다. 필자로서도 구태여 마을의 실명을 밝힐 필요는 없을 것 같다.

남편과 사별한 부인이 죽은 남편의 역할을 대신해 줄 수 있는 새로운 남편을 맞아들이는 경우를 '대바구 혼'이라고 한다. 그 새로운 남편, 즉 대부(代夫)를 대바구라고 한다. 주민들은 대바구의 형태상의 의미를 '대신 박는 사람', 즉 죽은 남편을 대신하여 그 부인과 성교를 하는 사람이라는 뜻이라고 했다 한다. 과부가 전남편의 종족원이 아닌 남자와 재혼을 함에도 불구하고 전남편의 종족이 계속 몇 가지 권리와 이권을 갖고 있는 콰이오족의 경우와 누어족의 대부가 하사미의 대바구 혼인에서 나타나는 현상과 유사하다고 한다. 어린 시절 필자의 기억으로도 진도 지방에서는 대바구란 말을 누군가를 대신하는 사람으로 사용했다. 대개는 바람직하지 못하고 뭔가 제 역할을 못하는 빈축의 대상인 사람을 가리켜 '누산네'라 하고 아이에게 "너 누산네 대바구 났냐(못난 그 사람의 대신 역할을 하기로 작정했냐)?"라고 말하기도 했다.

유교적 관습에서는 부모의 상을 당했을 때 아이를 갖는 것을 금기시하고 상중에 출생한 아이는 벼슬에 등용하지 못하도록 하고 있다. 영조 20년서기 1744년에 펴낸《속대전》'혼가' 조에서는 "혼인은 가례에 따라 이미 납폐한 뒤라도 양가 부모상이 있으면 3년을 기다려야 하며, 어기는 자는 곤장 100대라." 했다. 또한《전율통보典律洞補》에서는 "조부모상, 부모상을 당하고도 혼인한 자는 곤장 80대를 치고, 유죄流罪까지의 벌도 준다." 했다.[132] 그러나 부모의 유훈에 따른 것은 예외로 한다. 우리나라뿐 아니라 베트남에서도 상중에 혼례는 물론 부부관계도 금하고 있다.[133] 인도에서도 상주는 장례식에 관계된 모든 절차가 끝날 때까지 성관계나 음식과 음주를 금한다.[134] 그런데 역설적으로 다시래기 과정 중에서는 아이를 낳는 장면이 연출되고, 신안의 밤달애, 추자도의 산다위에서도 장례식에서 성행위를 연상케 하는 언급들이 있다. 유교의 가르침을 의식에 비교한다면 부모를 잃은 자식은 그분을 돌아가시게 한 죄인이니 즐기는 성행위를 해서는 안 된다. 그러나 무의식적 의례로서의 다시래기나 밤달애는 초상집에서 한 사람이 가고 그를 대신하는 새로운 생명을 받아들임을 의미한다. 분석심리학적으로는 상·장의례와 연관된 지나치게 금욕적이고 권위적인 질서를 강조하는 집단의식의 치우친 태도에 대한 무의식의 보상작

---

132) 이능화(1990) : 앞의 책, p227.
133) 한국외국어대학교 외국학종합연구센터(2006) : 앞의 책, p137.
134) 한국외국어대학교 외국학종합연구센터(2006) : 앞의 책, p155.

용으로 볼 수 있다. 물론 이 경우의 수태는 쾌락을 위한 성행위의 결과가 아니라 전체성의 요구에 따른 자연 그대로의 과정으로 보아야 한다.

상가에서 볼 수 있는 성적 행위는 다른 나라에서도 볼 수 있는데, 조엔 카스Joan Cass는 《역사 속의 춤Dancing Through History》에서 "메룬의 팡위Pangwe족 춤꾼들은 장례식에서 성기를 드러내려고 허리에 두르는 옷을 공중에다 빙빙 돌리며, 얍Yap 섬에서는 소녀가 죽으면 여자들이 풀로 만든 스커트를 들어 올려 음부를 노출시킨다. 또 얍족의 추장이 죽으면 뒤따르는 춤꾼들은 격렬한 성적 행위를 한다."라고 묘사하고 있다. [135]

또 다시래기에서 보이는 것과 유사한 성적 놀이가 인도네시아의 바라Bara족, 중국의 흰 바지 야오족요족, 瑤族의 장례식에서 일어나는 성적 제의와 유사하다는 안철상의 주장도 있다. [136]

다시래기 현장에서 여성의 역할을 하는 여장 남자인 사당의 적극적 행동은 활기를 띠게 한다. 그러나 남편으로 나오는 거사는 눈 뜬 봉사이고, 그는 눈앞에 아내의 정부인 중을 보지 못하고 단지 냄새가 난다고 의심하고 더듬거린다. 융은 유럽의 여성에 대해서 이야기하면서 "대부분의 남성은 에로스에 대해서는 장님이다.

---

135) Cass J(1989) : 《역사 속의 춤》, 김말복 역, 이화여자대학교 출판부, 서울, p27.
136) 안철상(2009) : "인도네시아 바라(Bara)족, 중국 흰 바지 야오족(瑤族)의 장례에서의 성적(性的) 제의와 진도 다시래기의 아기 낳기 놀이의 비교", 《비교민속학》, 제38집 : pp165-203.

그래서 에로스를 성욕과 혼동하는 용서받을 수 없는 오해를 한다. 남성은 여성과 성관계를 가지면 그녀를 소유했다고 생각한다. 하지만 그는 결코 그녀를 소유한 것이 아니다. 왜냐하면 여성에게는 에로스적인 관계만이 중요하기 때문이다. 부부생활에서의 성생활은 그녀에게 단지 부가적인 관계일 뿐이다."라고 하였다. [137)138)]

다시래기에서 눈 뜬 봉사인 거사는 융의 말처럼 대부분의 남성이 아내에 대한 에로스적 측면에서는 장님이라는 것을 상징적으로 더욱 강조하는 배역이라 할 수 있다. 물론 같은 남자인 중의 경우라고 해서 더 나을 것이 없다. 그러나 사당은 둘 사이에서 갈등을 부추기기도 하고 또 해소시키는 역할을 한다.

장례식에서 죽음 처리, 즉 사체를 직접 다루거나 매장하는 곳과 씻김굿이나 다시래기 현장에는 아이들과 젊은 여성을 격리시키는 일반적인 관례나이 튼 여성은 예외와는 다르게 다음 날 여성들이 상여를 이끄는 모습을 진도에서는 볼 수 있다. 상여 행렬 맨 앞에서 무녀나 소리꾼이 상여 소리를 메기면 바로 뒤에서 후렴을 따라 한다. 흰 소복을 입은 마을의 부녀자들이 흰 광목을 상여에 매달아 어깨에 메듯이 양쪽 앞에서 운상 행렬을 이끌고 간다. 움직일 때는 상여 소리를 하지만 상여가 쉬는 동안에는 놀이판을 벌여 신나는 노

---

137) Jung CG(2007) : 《사랑에 대하여, 사랑에 대한 칼 융의 아포리즘》, Schiess Marianne 엮음, 한오수 역, 솔, 서울, p51.
138) Jung CG(1970) : "Woman in Europe", *Civilization in Transition*, C. W. 10, Princeton University Press, Princeton, New Jersey, pp123-124.

래를 부르며 춤을 추고 논다. 이 모습을 낯선 사람들이 보기에는 이해하기 어렵지만, 진도에서는 보편적이고 지속적인 전통으로 그 점이 마치 축제처럼 느껴진다. 다시 상여가 움직이면 고인을 보내는 그리고 가족과 헤어지는 망인의 아쉬움과 회한을 슬프게 노래한다. '저승으로 가는 것은 아쉽지만 머무는 순간에는 즐겁게'라는 의식적인 의도가 어느 정도는 개입된 것으로 생각된다.

이미 언급했듯이 여성은 고인을 모시는 산에까지 함께 가지 않는 다른 지역과 다르게 진도에서는 오히려 여성들이 앞에서 상여를 이끌고 간다. 이들은 도중에 상주나 친척들에게 돌아가신 이의 저승길의 여비라는 명목으로 돈을 요구하는데, 그 돈은 여성 상포계 원들의 기금을 마련하는 데 쓰거나 일정액을 제외한 일부를 상주에게 돌려주기도 한다. 상여를 메는 남성들의 경우 그들도 상여 앞에 새끼줄을 매고천을 건다고 한다 돈을 거두어서 거기에 꿴다. 이들은 따로 상여를 만들거나 수리하는 경비와 관리 비용으로 저금한다. 운상하는 장면을 보면 남성들은 복장이 평상복에 모자나 흰 수건, 장갑 등으로 구분하고 여성보다는 복장이 자유롭다. 호상계혹은 상포계는 진도에서 발견되는 특별한 조직이며, 운상 시에 놀이를 전담하는 여성들의 놀이 공동체라는 특징이 있다. 흰 천으로 상여를 앞에서 끄는 여성들은 남성에 비해 활동적인 섬 지방 여성들의 특성을 장례식에서 나타내고, 심리학적으로 저승, 즉 무의식으로 가는 안내자로 아니마의 인도를 의미한다. 이경엽은 비슷한 모습으로 중국 복건성의 남안시 사황촌 현지조사에서 장례 행렬의 맨 앞에

악대가 연주하고 뒤이어 두 줄로 상여를 끌고 가는 여자들과 상여를 맨 남자들이 뒤따른다고 보고했다. [139)]

---

139) 이경엽(2004a) : 앞의 책, p67.

끝맺는 말

지금은 실제 상가에서 다시래기를 찾아보기 어렵다. 단지 무대 위에서 행사로 보여 주는 공연물이 되었다. 제의나 의례로서 그 생명력을 상실한 것이다. 이는 죽음에 대한 현대인의 태도 변화와 연관될 수 있다. 오늘날 상가에서는 곡소리도 점차 사라져 간다. 동시에 죽음을 새로운 변화나 재탄생으로 보기보다 종결로 보는 경향이 있다. 장례를 주검을 처리하는 과정으로 보고, 완성으로 보기보다는 허무로 처리해 버리는 면이 있다. 지나친 슬픔이라는 의식적 태도가 없다면 무의식이 보상할 대극의 존재조차 필요 없을는지 모른다.

처음 다시래기가 무형문화재로 지정될 당시에 뭔가 부족하다하여 거사 · 사재놀이가 빠지고 거사 · 사당놀이가 추가되었다고 하는 것과 같이 인위적인 보존은 생명력을 상실하게 할 수가 있다. 연희자가 마을 사람들이 아닌 전문 세습무계 출신이라는 문화재 지정 당시의 주장 이후 연희에 초청되는 사람들의 몸값이 부담스러워진 것도 변화의 한 축이 될 수 있다. 일상적인 장례의 참여자로서 만약 그들이 무계의 사람이었다면 다시래기의 대가로 받는 돈은 많지 않았을 것이다. 어린 시절을 진도 지역에서 살던 필자의 기억으로는 본래 세습무계의 단골은 마을 단위로 영역을 정하고 그가 꾸리는 살림도 주민들이 일 년에 두 번씩 추수시기에 각자의 경제적 형편에 따라 정해진 양의 곡식들을 거두어 주는 것으로 유지하던 것으로 기억된다. 이는 야장[1]의 경우도 마찬가지였다. 상을 당해서 따로 엄청난 고가의 값을 요구하기보다 봉사하고 상주가 그에 상응하는 답례를 했을 것이다. 그러나 문화재 지정 이후에 재주가 있는 연희 패를 초빙하는 것은 새로운 경제적 부담으로 작용했을 것이다. 씻김굿은 경제적 부담이 어느 정도 된다 하더라도 상가에서 고인을 위한 상주가 드리는 효도로 여겨져서 받아들이기가 비교적 용이하다. 그러나 다시래기는 의식수준에서 용납되기 어려운 과제다. 개성화 과정에서 자신의 그림자를 의식화하고 받아들이기가 힘들듯이 유교적 가치관에서 너무나 파격인 데다 경제적 부담까지 주어진다면 그것을 하는 상가가 없어질 것이다.

유교적 영향에 기독교를 비롯한 외래종교의 영향이 보태지고, 새마을운동 등에 의해 미신타파가 주장되며 산업화되고, 가족제도가 핵가족화되면서 죽음을 대하는 태도도 변한 것이다. 섬세한 죽음과 장례의 과정, 철저하고 지나치게 엄격한 형태로 진행되던 집단의식의 일방적인 태도를 보상하는 무의식의 표현이 다시래기였다면, 오늘날 죽음을 종말로 보려는 태도나 너무 쉽게 정리해 버리는 사회 풍토가 장례절차를 변화시키고 죽음이 버림받는 사회, 소홀히

---

1) '석수아치' 혹은 '성냥쟁이'로 대장간의 기술자를 칭했다.

되는 사회구조 속에서 다시래기는 점차 사라질 수밖에 없다.

우연인지 다시래기가 중요무형문화재 제81호로 지정된 1985년 바로 그해에 진도대교가 개설되어 진도는 육지와 연결된 섬이 되었다. 조선시대에 그토록 정부에서 없애려 해도 존재하던 다시래기가 뒤늦게 정부에서 무형문화재로 보호하려 하는데도 사라져 간다는 것은 의식 차원에서는 이해하기 어렵다. 보존하려는 의도가 있어 각본대로 원형대로를 고집하다 보면 오히려 일상에서 그때그때 무의식의 흐름에 따라 자연스럽게 표현되어 오던 의례가 일종의 연희로 바뀌면서 새로워지지 못하고 정형화된다. 재주를 부려 재미를 부여한 것이 오히려 지루하고 재미없는 형태로 도태된 것은 아닌지 생각해 본다.

지금도 상가의 한쪽에서 술과 음식을 접대하고 윷놀이나 화투도박, 취해서 싸우는 것들조차 허용하거나 방치한다. 일상의 이탈과 파격, 어지러운 난장판 같은 그림자가 춤추는 표현의 허용이 전통상례의 엄격한 진행에 공존하는 축제로 그 잔재만 남아 있다. 상가에서 상여놀이는 있지만 재생의 다시래기가 없어지고, 대신에 무대에서 굿으로 연희되는 다시래기 극에서는 생생한 죽음의 실재가 없다. 대극의 공존이 없고 따로따로 어느 한쪽도 진지한 삶의 드라마나 통과의례로서의 생명력을 상실한 채로 감정이 없는 형식과 시늉만 존재한다. 즉, 출산으로 표현되는 상징적인 재생행위는 없다.

결론적으로 다시래기에서는 극심한 비탄의 슬픔과 동시에 다른 한쪽에서는 희극과 웃음이 공존한다. 그림자적 요소를 가진 여러 등장인물을 통해서 열등기능인 병신춤으로 무의식적 요소들이 활성화되고 전체가 되는 경험을 한다. 다시래기 과정에서 아이의 출산은 죽음을 통한 새로운 탄생을, 그것도 죽은 자는 저승에서, 산자는 새로운 지도자로서의 이중의 탄생, 즉 갱신을 의미한다. 상자로 대변되는 자아의 입장에서는 다양한 그림자와 열등한 기능을 의식화하고 활성화하여야 한다는 개성화 과정의 과제를 부여받는다. 전체가 되려면 그리고 창조적인 무한한 가능성의 전체성의 상징인 아이를 낳으려면 난산의 고통을 견뎌야 하고, 판단의 눈을 감은 장님의 독경이 필요하다. 하지만 다시래기는 그보다 먼저 오랜 기간 잘 살아온 기존 질서의 죽음, 즉 심리학적 의미의 호상이 전제되어야 한다는 것을 말해 주고 있다. 전제되는 호상은 제대로 된 삶을 의미하고, 이것은 외적 인격으로서 페르소나의 형성과 구분을 요구한다.

죽음은 분리이고 독립이면서 새로운 탄생이며 결혼이기도 하고 전체성의 실현이다.

'보배섬珍島' '옥주沃州' 혹은 '바구니 섬'이라고 불리는 진도는 필자가 거기서 낳고 자라서 어린 시절을 보낸 곳이고, 얼마 전까지 필자의 어머니가 계시던 곳이다. 잊고 있었던 기억을 포함한 필자의 무의식의 영향이 논문의 주제로 다시래기를 선택하는 데 일부 작용했을 것이다. 필자는 논문을 마무리하는 과정 중에 어머니의 죽음을 가까이서 지켜보게 되었다. 남들이 호상이라고 이야기하며 위로해도, 그녀가 93세라는 나이로 세상을 떠나셨다고 해도 아들에게는 기쁜 마음으로 보내 드리기에 어려움이 있다. 출산과정이 힘들다고 하나 죽음의 과정도 그에 못지않게 더 큰 고통의 과정인 것 같다. 기억을 부분적으로 잃어 가고 언어를 잃어 가는 과정을 거치면서 그녀가 처음 언어를 배우던 그 시절을 역으로 경험하는 것처럼 마지막에는 어린애와 같이 단지 '아야, 아야' 소리만을 내시던 기억이 난다. 두 달 정도를 물 이외에는 전혀 드시지 못해도 태변처럼 안에 가진 것을 마지막까지 다 내보내고 아무것도 가진 것이 없이 홀홀히 한마디 말도 없이 영원한 침묵으로 가셨다. 마지막에 이르러서는 혈관을 통한 수액 공급을 받아들이지 못해서 불룩한 풍선처럼 허물 같은 피부에 물주머니가 생기고 혈관을 찌른 바늘자국에서 물이 나오던 모습을 보면서 병원에 모시고 있는 것도 자식으로서 불효가 됨을 느꼈다. 아들에게 어머니는 첫사랑인 것 같다. 이제 필자도 고아가 되었다. 슬픔과 웃음 그리고 난장판을 경험하면서도 죽음이 완성되는 경험을 아직 필자는 마감하지 못한다. 두 감정을 교대로 반복 경험하면서 장례를 치른 한참 뒤에도 언뜻언뜻 느껴지는 슬픈 감정과 고통은 계속된다. 어머니는 낡고 닳은 몸의 허물을 벗고 이제 다른 새로운 몸으로 훨훨 나들이를 가셨을까? 미련처럼 버리지 못한 연민이 시간을 필요로 한다. 그래서 삼년상처럼 일정한 기간이 필요한 모양이다.

필자는 연구원과정을 마무리하는 논문을 아이를 출산하는 사당의 고통에 비유해 본다. 이 작품이 눈먼 거사의 자식일지, 중의 자식일지, 아니면 가 상자의 자식일지 모른다. 의식의 차원에서는 왜 나를 안 닮았느냐고 부정을 의심하는 심사가 필요할는지 모른다. 그러나 다시래기 과정에서처럼 눈먼 거사의 독경이 필요하다. 판단의 눈으로 보지 않고 고통의 출산과정을 통해서 갈등은 새로운 창조에 의해 치유되는지도 모른다.

참고문헌

국립남도국악원 편(2005) : 《김귀봉의 삶과 예술-진도 다시래기 명인 김귀봉 구술
   채록 연구》, 국립남도국악원, 진도.

국립문화재연구소 편(2004) : 《밀양백중놀이》, 국립문화재연구소, 서울.

국사편찬위원회 편(2005) : 《상장례, 삶과 죽음의 방정식》, 두산동아, 서울.

김대행(2005) : 《웃음으로 눈물 닦기》, 서울대학교 출판부, 서울.

김동식(2008) : "삶과 죽음을 가로지르며, 소설과 영화를 넘나드는 축제의 발생학",
   《축제》, 이청준 문학전집 12, 열림원, 서울.

김열규(1989) : "민족과 민간신앙에 비친 죽음", 《죽음의 사색》, 서당, 서울.

_____(2000) : 《한국의 신화》, 일조각, 서울.

_____(2001) : 《메멘토 모리, 죽음을 기억하라》, 궁리, 서울.

_____(2003) : 《도깨비 날개를 달다》, 한국학술정보(주), 경기.

_____(2009) : 《욕, 그 카타르시스의 미학》, 사계절, 경기.

김종대(2001) : 《33가지 동물로 본 우리문화의 상징세계》, 다른세상, 서울.

김현숙(2008) : "여성노인의 호상(好喪) 체험", (박사논문) 이화여자대학교 대학원.

류시화 편(2009) : 《사랑하라 한번도 상처받지 않은 것처럼》, 오래된미래, 서울.

문화재연구회(1999) : 《연극과 놀이》, 중요무형문화재 2, 대원사, 서울.

박상학(2011) : "진도 다시래기의 상징적 의미", 《심성연구》, 26(2) : pp149-188.

서연호(1997) : 《한국 전승연희의 원리와 방법》, 집문당, 서울.

_____(2002) : 《한국가면극연구》, 월인, 서울.

신재효(1987) : "심청가", 《한국 판소리 전집》, 서문당, 서울.

아키바 다카시(秋葉隆)(2000) : 《춤추는 무당과 춤추지 않는 무당》, 심우성, 박해
   순 역, 한울, 서울.

안상복(2003) : "고구려의 傀儡子(廣大)와 장천1호분 앞방 왼쪽 벽 벽화: 한국 인형극의 역사에 대한 새로운 탐색(1)", 《한국민속학》, 37 : pp129-155.

안철상(2009) : "인도네시아 바라(Bara)족, 중국 흰 바지 야오족(瑤族)의 장례에서의 성적(性的) 제의와 진도 다시래기의 아기 낳기 놀이의 비교", 《비교민속학》, 제38집 : pp165-203.

유동식(1984) : 《민속종교와 한국문화》, 현대사상사, 서울.

이강수(2002) : 《노자와 장자: 무위와 소요의 철학》, 길, 서울.

이경엽(2004a) : 《진도다시래기》, 국립문화재연구소, 대전.

_____(2004b) : 《지역민속의 세계》, 민속원, 서울.

_____(2004c) : "무형문화재와 민속 전승의 현실", 《한국민속학》, 40(1) : pp293-332.

이규태(1995) : 《韓國人의 性과 迷信》, 기린원, 서울, p175.

이능화(1990) : 《朝鮮女俗考》, 김상억 역, 동문선, 서울.

_____(1992) : 《조선해어화사》, 이재곤 역, 동문선, 서울, pp444-450.

_____(2008) : 《조선무속고: 역사로 본 한국 무속》, 서영대 역주, 창비, 경기.

이도희(2005) : "한국 전통 상장례 중 몇 가지 의례절차의 상징성—분석심리학적 입장에서", 《심성연구》, 20(2) : pp65-156.

이두현(1996) : 《한국의 가면극》, 일지사, 서울.

_____(1997) : 《한국무속과 연희》, 서울대학교 출판부, 서울.

이두현 교주(1997) : 《韓國假面劇選》, 교문사, 서울.

이두현, 정병호(1985) : 무형문화재 지정보고서 제161호, 문화재 관리국.

이부영(1968) : "韓國巫俗關係資料에서 본 「死靈」의 現象과 그 治療(第一報)", 《神經精神醫學》, 7(2) : pp5-14.

_____(1970) : "'死靈'의 巫俗的 治療에 對한 分析心理學的 研究", 《최신의학》, 13(1) : pp75-90. 이부영 교수 논문집 제1권.

_____(1998) : 《분석심리학: C.G.Jung의 인간심성론》, 일조각, 서울.

_____(1999) : 《그림자》, 한길사, 서울.

_____(2002) : 《자기와 자기실현》, 한길사, 서울.

_____(2011) : 《분석심리학》, 제3판, 일조각, 서울.

_____(2012) : 《한국의 샤머니즘과 분석심리학: 고통과 치유의 상징을 찾아서》, 한길사, 경기.

이어령(1999) : 《한국인의 신화》, 서문문고 21, 서문당, 서울.

이청준(2008) : 《축제》, 이청준 문학전집 12, 열림원, 서울.

임어당(2003) : 《유머와 인생》, 김영수 편역, 아이필드, 경기.

임재해(1995) : "장례 관련 놀이의 반의례적 성격과 성의 생명상징", 《비교민속학》, 제 12집 : pp278-281.

_____(2004) : 《전통상례》, 대원사, 서울.

일연(1991) : "이혜동진", 《한국의 민속. 종교사상. 삼국유사》, 이병도 외 역, 삼 성출판사, 서울.

장수미(2001) : 《한국의 굿놀이(상)》, 서문당, 서울.

장주(1988) : 《장자》, 김학주 역, 을유문화사, 서울.

전경수(1994) : 《한국문화론: 전통편》, 일지사, 서울.

전경욱(2007) : 《한국의 가면극》, 열화당, 서울, pp241-271.

정약용(1979) : 《아언각비》, 김종권 역주, 일지사, 서울, p251.

정종수(2008) : 《사람의 한평생: 민속으로 살핀 탄생에서 죽음까지》, 학고재, 서울.

조동일(1989) : 《탈춤의 역사와 원리》, 기린원, 서울.

최덕원(1990) : 《南道民俗考》, 삼성출판사, 서울, p458.

최명희(1998) : 《혼불 3》, 한길사, 서울.

최민홍(1988) : "'한'철학을 통해 본 죽음", 《월간 광장》, 9 : pp218-229.

최상일(2009) : 《우리의 소리를 찾아서 2》, 돌베개, 서울.

최인학(2004) : 《바가지에 얽힌 생활문화》, 민속원, 서울.

한국문화상징사전 편찬위원회(2000) : 《한국문화 상징사전2》, 두산동아, 서울.

한국외국어대학교 외국학종합연구센터(2006) : 《세계의 장례문화》, 한국외국어대학 교 출판부, 서울.

한국종교연구회(2004) : 《종교 다시 읽기》, 청년사, 서울.

함석헌 주석(1996) : 《바가바드 기타》, 한길사, 서울.

Ammann R(2009) : 《융 심리학적 모래놀이치료: 인격 발달의 창조적 방법》, 이유
경 역, 분석심리학연구소, 서울.

Ann U, & Barry U(1980) : The Clown Archetype, QUADRANT,
Journal of C.G. Jung Foundation for Analytical Psychology, 13,
Spring, pp4−27.

Benedict R(1995) : 《국화와 칼: 일본 문화의 틀》, 김윤식, 오인석 역, 을유문화
사, 서울.

Boa F(2004) : 《융학파의 꿈 해석》, 박현순, 이창인 역, 학지사, 서울.

Campbell J(2003) : 《신의 가면. 1, 원시 신화》, 이진구 역, 까치글방, 서울.

Cass J(1989) : 《역사 속의 춤》, 김말복 역, 이화여자대학교 출판부, 서울.

Cooper JC(2001) : 《그림으로 보는 세계문화 상징사전》, 이윤기 역, 까치, 서울.

Duvignaud J(1998) : 《축제와 문명》, 류정아 역, 한길사, 서울.

Freud S(1998) : 《창조적인 작가와 몽상》, 정장진 역, 열린책들, 서울.

Hancock G(2001) : 《신의 지문(상)》, 이경덕 역, 까치, 서울.

Jaffé A(2012) : 《C.G. Jung의 回想, 꿈 그리고 思想》, 개정판, 이부영 역, 집문
당, 서울.

Johnson RA(2006) : 《신화로 읽는 여성성, She》, 고혜경 역, 동연, 서울.

Jung CG(1970) : "Woman in Europe", *Civilization in Transition*, C. W.
10, Princeton University Press, Princeton, New Jersey.

_____(1976) : *Symbols of Transformation*, C. W. 5, Princeton
University Press, Princeton, New Jersey.

_____(1977) : *Two Essays on Analytical Psychology*, C. W. 7, Routledge
& Kegan Paul., London.

_____(1980) : "On the Psychology of the Trickster−figure", *The
Archetypes and the Collective Unconscious*, C. W. 9−1, Princeton
University Press, Princeton, New Jersey.

_____(1993) : 《人間과 無意識의 象徵》, 이부영 외 역, 集文堂, 서울.

_____(2002) : 《원형과 무의식》, C.G. 융 기본저작집 2, 한국융연구원 역,

솔, 서울.

_____(2004a) : 《인격과 전이》, C.G. 융 기본저작집 3, 한국융연구원 역, 솔, 서울.

_____(2004b) : 《인간과 문화》, C.G. 융 기본저작집 9, 한국융연구원 역, 솔, 서울.

_____(2005) : 《상징과 리비도》, C.G. 융 기본저작집 7, 한국융연구원 역, 솔, 서울.

_____(2006) : 《영웅과 어머니 원형》, C.G. 융 기본저작집 8, 한국융연구원 역, 솔, 서울.

_____(2007) : 《사랑에 대하여, 사랑에 대한 칼 융의 아포리즘》, Schiess Marianne 엮음, 한오수 역, 솔, 서울.

Jung CG, & Kerényi C(1993) : *Essays on a Science of Mythology,* Princeton University Press, Princeton, New Jersey.

Kast V(2007) : 《애도: 상실과 마주하고 상실과 더불어》, 채기화 역, 궁리, 서울.

Kister DA(1986) : 《巫俗劇과 不條理劇: 原型劇에 關한 比較硏究》, 정인옥 역, 서강대학교 출판부, 서울.

_____(1997) : 《삶의 드라마—굿의 종교적 상상력 연구》, 서강대학교 출판부, 서울.

Kübler-Ross E, & Kessler D(2007) : 《상실 수업: 〈인생수업〉 두 번째 가르침》, 김소향 역, 이레, 서울.

Lévi-Strauss C(2001) : 《야생의 사고》, 안정남 역, 한길사, 서울.

Parrinder EG(2006) : 《아프리카 신화》, 심재훈 역, 범우사, 경기.

Rhi Bou-Yong(1998) : "Cultural background of humour in Korean tradition: Towards the great humour, a humour beyond the humour", L'Humour - Histoire, Culture et Psychologie (Guy Roux, M. Laharie). Publications de la Societe Internationale de Psychopathologie de l' Expression et d' Art-Therapie, 1998, pp106-111.

Sambhava P(2000) :《티벳 사자의 서》, 류시화 역, 정신세계사, 서울.

Van Gennep A(1985) :《통과의례》, 전경수 역, 을유문화사, 서울, pp210-235.

찾아보기

인명

김귀봉 187
김대행 271
김동식 241
김미숙 268
김양은 192, 213
김열규 187, 233, 236, 260, 264, 270
김현숙 237

니체 232

레비스트로스 290

막스 뮐러 234

방주네프 231
베레나 카스트 284

서연호 254
스티븐슨 248

안상복 243
안철상 187, 295
야훼 188
엘리자베스 퀴블러 로스 288
유동식 240
율라노프 부부 265

융 48, 188, 233, 234, 238, 245, 248, 262, 264, 267, 275, 276, 282, 285, 287, 295, 296
이경엽 187, 192, 297
이능화 254, 291
이도희 188, 234, 250
이두현 187, 191, 247, 257
이부영 188, 189, 269, 272
이어령 248
이청준 189, 240, 241, 250
임권택 240
임어당 273
임재해 226, 229, 272

장 뒤비뇨 241, 242
장자 288
전경수 281, 292
전경욱 188, 258
정병호 193
정약용 254
조동일 280
조엔 카스 295

최덕원 227
최명희 252
최상일 227

케레니 282
키스터 다니엘 188, 274, 278

폰 프란츠 287
폴 라딘 265
프란츠 188

프로이트 274, 286

함석헌 287
허옥인 191, 214
혜숙 248

내용

가 상자 211, 247, 248
가 상자 놀이 193, 194
가례 56
가면극 244, 256
강림 83
갖추어진 삶 236
갖추어진 죽음 236
개 261
개성화 과정 168, 169, 172, 269, 300
개타령 206, 212, 260
갱신 283
거사 212, 253, 254
거사·사당놀이 191, 193, 202, 216
검은 원물질 94
결혼 245
결혼식 245, 246
계림 233
고구려 벽화 242
고복 77
곡 270, 271
곡반 270
곡부 270
곡비 270
광대 240, 263

구슬 112
궁주 196, 255
급묘 66
길제 69
꿈 276

나귀 소리 265
남근 253
남사당 254
남자 상자 271
남쪽 81
넋두리 229
노동요 230
노래와 춤 243
놀이 242
눈 131

다시나기 272
다시래기 186, 191, 211, 233
다시래기 노래 228, 257
다시래기의 춤 267
담제 69
대극 242, 246, 248
대극갈등 281
대극의 합일 287

대나무 125, 126, 252
대나무 상장 251
대도듬 226
대돋음 226, 229
대렴 62, 119
대바구 혼 292
대상 69
대시래기 213
댓도리 226
도곤 사회 244
독립 283
돌아가신다 288
동음이의어 259
동전 112
동쪽 73

리비도의 퇴행 267

머리카락 101
모계사회 290
목신경 219, 221
목표지향성 238
무의식 262
무의식의 보상작용 294
문상 64, 271
문지방 129
민속극 187
민중의 아니마 280
밀양 들놀이 268
밀양백중놀이 268

바가바드 기타 286
바가지 128, 194, 248, 250
바라족 187
반 106

반곡 67
반함 61
발인 66, 127, 130
밤달애 292
밤달애 놀이 226
밤샘 214
방상 130
백화 97, 99
백희도 243
버드나무 110
변환의 상징 234
병신 굿 놀이 268
병신춤 212, 267, 268
보베 성당 264
복 59
부모의 상 294
부부관계 294
부정 280
부제 68
부조리극 279
부채 141
북쪽 79
분리의례 231
불 81, 234, 235
비범한 출생 277
비아리스토텔레스적 연극 247
비속어 258
비합리적 충동 253
뼈 289

사당 212, 253
사당 출산놀이 213
사대부 243
사육제 263
사자놀이 193

사자밥 60, 83
사자상 87
사자의례 57
사회심리학적인 의미 230
산 자 269
산다위 281, 282, 292
산전제왕경 219, 222
산파술 285
살 289
삶의 완성 269
삼국지 242
삼신 끈 290
삼신 줄 290
삽선 138
상두계원 235
상두꾼 195, 214, 215
상복 63
상여 돋음 228
상여놀이 226, 230
상장 250
상주의 그림자 248
상징적 윤간행위 281
상포계원 235
상·장의례 55
새 사람 223
새로운 탄생 286
새벽 233
생여돋음 226
석신경 219, 220
성 292
성관계 294
성복 63
성적 제의 187
성적 행위 253, 295
성적인 표현 292

성주풀이 196
성행위 294
세계의 장례문화 270
세습무계 192
세종실록 251
소렴 62, 116
소름 끼치는 두려움 242
소상 68
속광 74
속대전 294
속신 47
손발톱 101
솔포기 228
수시 59
수의 104, 238
술 152, 153
습 61, 93
습의 104
시사전 91
시체 장사 259
신안 비금도 226
신화소 276
심리학적인 죽음 285
쌀 106, 107
쌀뜨물 95, 98
쑥물 95, 96
씨앗 109
씻김굿 240, 289

아기의 잉태 276
아기의 탄생 278
아니마 255
아니마사당 281
아니마의 인도 297
아버지가 불확실한 아이 276

아버지의 죽음 275
아이 279
아프리카 사회 244
애도 284
애사당 법고놀이 280
야오족 187
양극단의 정서 248
양성원형 278
양주산대놀이 257, 280
어라하만수 197
어린이 282
어릿광대 265, 266
언어 256
에너지 235
에로스 295
여사당 254
여성 297
여성 노인 237
여성성 238
여자 상자 271
연꽃 135
열등기능의 보상 260
열등한 기능 268
영들의 세계 286
영여 133
영웅신화 265
영좌 115
영혼의 요소 100
예기 251
오동나무 125, 126, 251, 252
오동나무 지팡이 253
오례 251
옥 106, 112
옷 79
외설어 258

욕 260
우임 116
우제 67
웃기는 문상 272
웃음 발작 275
위지 동이전 242
위지 왜인전 244
유교식 평가 243
유교적 영향 300
유머 272, 274
유배지 243
유아적인 발 구르기 267
유음어 259
육담 258
음택 풍수 162
음흉한 사람 279
의식수준의 저하 73
이력서 249
일반인의 태도 46

자궁 267
자기완성 188
자아의식의 상실 285
자아의식의 소멸 233
잔치 241
장님 295
장자 273
장지 162
재비꾼 195
재생 189
재탄생의 조력자 263
잼부닥불 216
저승사자 83
전 149
전이기 231, 232

전이의례 231
전체성의 상징 281
전체성의 실현 274, 279
전체성의 완성 287
절굿공 253
절굿공이 247
정신적 에너지 234
정침 72
정화 235
제 149
제단의 불 234
제물 151
제의 151
조가비 106
조개 112
조발낭 100
조상 64
조상숭배 57
족적 249
졸곡 68
좋은 죽음 239
좌임 116
주관자 246
죽은 자 269
죽음 75, 169, 238, 276, 302
죽음 복 238
죽음 현상 233
죽음과 결혼의 모티브 117
죽음과 관련된 내용의 꿈 45
죽음의 기원 262
죽음의 꿈 283
죽음의 땅 262
죽음의 양면성 245
중 212, 253, 279
중개자 261

중요무형문화재 제81호 191
즐거운 사건 245
지붕지랄 291
지팡이 124
진도 186
진도대교 301
진돗개의 코 254
진오귀굿 240
진주 106, 112
집단의 희생양 265
집단의식 239
집단적 무의식 189, 286
짚신 194, 248, 249

창조적 기능 253
천구 65
첫닭 울음소리 224
초월적인 경험 168
초종 59
축제 241, 242
출산 276
출산의례 291
춤의 리듬 267
치장 64
칠성판 119, 122

콩 87, 88
쿠바드 신드롬 289

통곡 269
통과의례 231
통합의례 231
트릭스터 264, 265, 266
트릭스터 원형상 256
특별한 존재 277

파계 280
파계승 280
페르소나 190, 239
푸에블로 인디언 267
품앗이 230
풍수적 명당 162

하느님께 감사 265
하사미 292
한국인의 죽음관 170
해방 288
해산거리 278
향 95

향탕수 95
허물 287
허물벗기 287
호상 186, 235, 239, 302
혼백 115
혼불 76
화톳불 60, 83, 89
확충 190
회사 254
후한서 242, 243
훈장거리 274
희생 151
히스테리 환자 275

저자 소개

이부영(Rhi, Bou-yong)은 서울대학교 의과대학을 졸업하고 동 대학
원에서 의학 석사 및 박사 학위를 받았으며 신경정신과 전문의다.
1966년에 스위스 취리히 체. 게. 융(C. G. Jung)연구소를 수료하여
우리나라 최초의 융학파 분석가[국제분석심리학회(IAAP) 정회원]가
되었다. 1986년에 귀국한 후 서울대학교 의과대학 신경정신과 교수
직으로 봉직하였고, 1997년 정년퇴임 후 서울대학교 의과대학 명예
교수로 추대되었다. 일찍이 한국분석심리학회 창립에서 시작하여
정신의학의 인문사회 분야 발전에 이바지하였고, 주로 분석심리학
의 전문교육, 보급 및 연구에 매진하면서 분석심리학 분야뿐 아니
라 문화정신의학 분야의 수많은 논문과 저서를 발표해 왔다. 그 공
적으로 분쉬의학상을 비롯하여 국내외 여러 학회에서 수상하였다.
1997년에 한국융연구원을 설립, 그 책임자로서 현재까지 C. G. 융
의 분석심리학 전문가 교육과 연구에 헌신하고 있다.
(E-mail: jungkr@chollian.net)

이도희(Lee Dohee)는 서울대학교 의과대학을 졸업했고, 동 대학원에서 의학석사 학위를 받았다. 서울대학교병원 신경정신과에서 전공의 수련을 받아 정신과 전문의가 되었고, 한국융연구원 수련과정을 마친 융학파 분석가이며, 국제분석심리학회(IAAP) 정회원이다. 한국분석심리학회 회장을 역임하였고, 현재 서울 논현동에서 개인 클리닉 '이도희정신과의원'을 열고 임상진료와 분석상담을 하고 있다. 한국융연구원 이사, 간행위원, 교육 및 지도분석가로 활동하고 있고, 동 연구원의 상임교수로 강의 및 세미나 지도를 하고 있다. 또한 서울대학교병원 정신건강의학과 초빙교수로 전공의 정신치료 지도감독을 하고 있다.
(E-mail: doheenp@naver.com)

박상학(Park Sanghag)은 진도에서 출생하여 조선대학교 의과대학을 졸업하고 동 대학원에서 의학박사 학위를 받았다. 조선대학교병원에서 신경정신과 전공의 수련을 받았고, 한국융연구원의 수련과정을 수료하여 국제공인 융학파 분석가이자 국제분석심리학회(IAAP) 정회원이 되었다. 조선대학교 의과대학장을 역임하고 정신과학교실 주임교수와 정신과 과장, 광주광역시 자살 예방 센터장을 역임하였다. 현재는 신경과와 정신과 전문의이고, 조선대학교 의학전문대학원 및 조선대학교병원 정신건강의학과 교수이며, 한국분석심리학회 회장이다.
(E-mail: shbpark@chosun.ac.kr)

한국융연구원 연구총서 4

한국 전통 상·장의례의 상징성
Symbolism of Korean Traditional Funeral Rite

2016년 7월 5일 1판 1쇄 인쇄
2016년 7월 15일 1판 1쇄 발행

지은이 • 이부영 · 이도희 · 박상학
펴낸이 • 김진환
펴낸곳 • (주) **학지사**
　　　　04031 서울특별시 마포구 양화로 15길 20 마인드월드빌딩
대표전화 • 02)330-5114　　팩스 • 02)324-2345
등록번호 • 제313-2006-000265호

홈페이지 • http://www.hakjisa.co.kr
페이스북 • https://www.facebook.com/hakjisabook

ISBN 978-89-997-0976-0 93180

정가 17,000원

이 도서의 국립중앙도서관 출판시도서목록(CIP)은 서지정보유통지원시스템 홈페이지(http://seoji.nl.go.kr)와 국가자료공동목록시스템(http://www.nl.go.kr/kolisnet)에서 이용하실 수 있습니다.
(CIP제어번호: CIP2016013985)

교육문화출판미디어그룹 **학지사**

심리검사연구소 **인싸이트** www.inpsyt.co.kr
원격교육연수원 **카운피아** www.counpia.com
학술논문서비스 **뉴논문** www.newnonmun.com